中國學術思想 研究輯刊

十三編

林慶彰 主編

第 **18** 冊

韓愈與宋學
——以北宋文道觀為討論核心（上）

張瑞麟 著

花木蘭文化出版社

國家圖書館出版品預行編目資料

韓愈與宋學——以北宋文道觀為討論核心（上）／張瑞麟 著
— 初版 — 新北市：花木蘭文化出版社，2012〔民101〕
目 4+210 面：19×26 公分
（中國學術思想研究輯刊 十三編：第 18 冊）
ISBN：978-986-254-802-8（精裝）
1.（唐）韓愈　2.學術思想　3.宋代文學　4.文學評論
030.8　　　　　　　　　　　　　　　　　101002170

ISBN-978-986-254-802-8

9 789862 548028

中國學術思想研究輯刊
十三編　第十八冊　　　　　ISBN：978-986-254-802-8

韓愈與宋學——以北宋文道觀為討論核心（上）

作　　者　張瑞麟
主　　編　林慶彰
總 編 輯　杜潔祥
出　　版　花木蘭文化出版社
發 行 所　花木蘭文化出版社
發 行 人　高小娟
聯絡地址　新北市永和區中正路五九五號七樓
　　　　　電話：02-2923-1455／傳眞：02-2923-1452
網　　址　http://www.huamulan.tw 信箱 sut81518@gmail.com
印　　刷　普羅文化出版廣告事業
封面設計　劉開工作室
初　　版　2012 年 3 月
定　　價　十三編 26 冊（精裝）新台幣 42,000 元
　　　　　　　　　　　　　　　　　　版權所有·請勿翻印

韓愈與宋學
——以北宋文道觀爲討論核心（上）

張瑞麟　著

作者簡介

張瑞麟，一九七四年生，臺灣宜蘭人。私立淡江大學中國文學系、國立暨南國際大學中國語文學系碩士班、國立成功大學中國文學系博士班畢業，取得文學博士。曾為台中縣立成功國中實習教師，今為國立勤益科技大學、私立朝陽科技大學兼任助理教授。研治二程、宋代文化思想、宋代文學理論。作品有碩士論文《二程思想在學術史上的意義——以「自得」概念為樞紐之探討》、博士論文《韓愈與宋學——以北宋文道觀為討論核心》，期刊論文數篇。

提　　要

　　本文探究，以韓愈為焦點，文道觀為視角，剖析宋學的發展與演變。目的，除了說明韓愈對宋代學術的影響外，進一步將明晰其間蘊含的意義。為了釐清問題，掌握精神，研究方式，將採原典之回歸，而創新詮釋，則由科際的整合，關注於宋代經學、史學、文學等研究成果，並廣納相關研究資料，促使形成新的視野，因此資料多擷取自《全宋文》。基於關鍵資料的掌握，可知韓愈在宋代曾掀起兩次的崇尚風潮，第一次風潮讓韓愈修辭明道之文道一體的觀點進入到宋儒的視野，而第二次風潮則產生了意義的連結。有關此意義的內涵，即是韓愈在「不傳」、「不明」的敘述中所開啟之價值思維的探究，以及在「自立」、「立言」、「明道」、「能自樹立」的追求中所彰顯的主體精神。「初期宋學」的尊韓，即是未能加以契會，故終歸於沈寂。然而，此間存在之「元和風尚」的思維脈絡，實有奠基之作用。歐陽脩即在此基礎上，重契韓愈的學術精神，確立了宋學以價值與主體為核心的發展方向。此後，王安石、蘇軾、二程等即分別延續此學術精神而展現了各自成家的思維特色。至於印本文化，不僅促成宋代學術精神的展現，且使宋儒的視野從「師道」轉向「友道」之人與人間的對話，這也正是儒家「為己之學」的一種深化。

誌　謝

　　終於又告了一段落。如同碩士的學習階段一樣，我得到了許多人的幫助，才能順利地成長。家庭，一個堅實的後盾。歲月的流失，雖然讓父親與母親的身體變得虛弱，但是他們的關懷和付出實有增無減。美娟辛苦的照料著生活的瑣事，兄長與妹妹亦竭力協助，當然子恆的貼心懂事，都是讓我得以成長的動力。另一方面，即是協助我打開視野的指導教授。不論是碩士學習階段的高大威老師，或者是現在指引我方向的張高評老師與林朝成老師，他們寬闊的視野，深厚的學養，紮實的工夫，都是讓我可以不斷地在學業上有所突破的重要憑藉。當然，老師們的循循善誘，呵護與照顧，實是關鍵。

　　感謝李威熊老師、夏長樸老師、鍾彩鈞老師與王偉勇老師辛苦擔任口試委員，由於得到老師們的肯定，讓我擁有了自信，而從不同面向的細膩指點，讓我的論文能夠顯得緊密。

　　此外，同儕的互助，包括：景潭、童照、嘉璟、鑑毅、韻文、芳祥與瑋儀，因為有他們，使整個求學的過程，順利而精彩。而美端學姐長期的照顧，書蓉學妹在口試過程中之瑣事的處理，都值得致上深深謝意。

　　張高評老師說過，多堅持，在放下擔子時，會獲得意想不到的甜美果實。確實，沒有擔負，何來擁有？因此，在卸下擔子時，一方面是檢視自己所擁有的東西，而另一方面正是養足力氣，準備邁向另一段路程。由是，博士論文的寫作，實際上就只是一個段落，在喜悅擁有的成果時，不僅感謝眾人的幫助，更希望在未來的研究路上，能夠繼續得到真心的關懷。

目次

第一章　緒　論

一、研究背景及目的

　　宋代學術的內容是豐富而精彩的，尤其是在儒學的發展上，呈現了本質上的轉化，其中二程（程顥：伯淳，1032～1085；程頤：正叔，1033～1107）更扮演著關鍵性的角色，是故碩士論文即以二程爲對象，以「自得」概念爲樞紐，探究其爲何能夠在與當時之各學術範疇間的互動裡，展現自身在學術史上特殊的價值與意義。在此研究裡，不僅是看到了個人學術的價值內涵，更彰顯出整體性的視角在理解宋儒學術生命時的重要性。〔註1〕

　　淵源的探討一直是學術研究的主要議題之一，對於理學，釐清爲何會產生、形成或開啓這樣的價值內涵，依舊是目前被關注而有待詮解的焦點。不過，經過了二程的研究，令人可喜的發現是，在整體性價值精神的掌握下，原本讓人非議的概念，在獲得脈絡性的理解下，其實蘊含著不同的深刻意義，有關二程在文學方面的解讀即是。〔註2〕換言之，當個人的學術從整體性來考量，尤其是對宋儒而言，就能展現一家之氣象，對照於宋人在詩學上有「自成一家」的自覺走向〔註3〕，學術上的多元思維面貌應該是存在的

〔註1〕張瑞麟：《二程思想在學術史上的意義：以「自得」概念爲樞紐之探討》（南投：國立暨南國際大學中國語言研究所，2000年7月）。

〔註2〕除碩士論文外，從二程論述，甚至是理學家論述的針對性而言，其間存有商榷的空間。見拙著〈宋代理學和文學的對立與對話（上）〉，《宋代文學研究叢刊》第12期（2006年6月），頁131～145；〈宋代理學和文學的對立與對話（下）〉，《宋代文學研究叢刊》第13期（2006年12月），頁137～151；〈宋代理學「攝文歸理」之思維與表現特質〉，《臺北大學人文學院人文集刊》第8期（2009年6月），頁29～62。

〔註3〕張師高評於〈宋詩新變與自成一家〉指出其研究所得之著作，「書名標榜『傳

〔註4〕，如秦觀（少游，1049～1100）稱述「蘇氏之道」顯然就透露了這樣的訊息。由是，擴大視野到理學的範疇之外，重新詮釋理解「宋學」〔註5〕的豐富內涵，在意義上，實不亞於對理學形成的探究，甚至因而得以洞悉儒學發展的脈絡。

被視爲理學先驅的韓愈（退之，768～824），除了作爲追溯的角色之外，在轉向關注於宋學的內涵時，宋代學者所呈現之相關的評論內容，讓人感受到韓愈學術在宋代具有的聚焦性，而評論內容所顯示之推崇、批判與反思的不同現象，似乎與宋學的發展有著緊密的連繫性關係，是故本篇論文之研究題目將之訂定爲「韓愈與宋學——以北宋文道觀爲討論核心」。其中涉及的主要對象，包括了韓愈、宋學與文道觀三者，也就是說，可以將此三者視爲是本篇論文所構成的主要元素，而研究的目的，在探討三者之最大公約數。從各單位元素來看，雖有四面八方無限開展的可能，卻也難以彰顯其特殊的價值，唯有在相互連繫中並畫出了方向，始能在延展中深化彼此的意義。一位儒者，一代學術，一個觀點，如何展現它們的意義呢？從言語道斷的思維而言，三者性質雖有所區別，但這不過是三種不同型態下的現象呈現，意義將取決於詮釋者是否能夠抉發其間所存在的連繫性關係。因此，文章所劃定的方向，其蘊含之意乃是：透過關注於北宋儒者在文道觀中所呈現之有關韓愈學術的接受與批判，探究韓愈與宋代學術發展間具有之價值與意義的思維

承開拓』『新變代雄』『會通化成』，此正宋詩相較於唐詩，自成一家之層面與策略。」見《自成一家與宋詩宗風：兼論唐宋詩之異同》（臺北：萬卷樓圖書股份有限公司，2004年11月），頁2。

〔註4〕 劉子健即認爲當以多元的角度進行關照，而採行一有機的分析模式。文見氏著《中國轉向內在——兩宋之際的文化內向》（南京：江蘇人民出版社，2002年1月），頁40。

〔註5〕 「宋學」廣義來說是指宋代一朝的學術，不過如同夏君虞的界定：「所謂宋學者，乃指趙宋一代三百餘年儒家中心思想之義理學而言。研究宋學者，當先以宋代之義理學爲對象⋯⋯。」而所謂「義理學」即所謂的「理學」。由此可知，理學的卓越成就籠罩了有宋一代的學術，使得「理學」與「宋學」幾乎劃上了等號。如林繼平的《宋學探微》（臺北：蘭臺出版社，2002年3月），即以理學家爲討論焦點，而杜保瑞的《北宋儒學》（臺北：臺灣商務印書館股份有限公司，2005年4月），亦以北宋五子爲論述對象。換言之，狹義的「宋學」，即界定爲「理學」。然而，這樣的界定，隱含對於其他學術的衡定，是否恰當呢？本文以爲是有待商榷的，因此試圖從多元並存的角度，嘗試論述宋學的多元內涵。夏氏論述見《宋學概要》（臺北：華世出版社，1976年12月），頁1～31。

脈絡。這是一個從韓愈到宋學的連續性、整體性的觀照，不僅意在釐清韓愈到宋學的脈絡性發展，而且是對韓愈、宋儒之整體性以及宋學之多元性內涵的掌握。

如此取逕是否合宜呢？從研究對象本身的價值與內涵作進一步的思考，韓愈、宋學、文道觀三者實具有意義上的緊密關聯。

以韓愈而言，很明顯的，本文初步能夠呈現的成果，即是在展示：隨著宋代學術的發展，有關韓愈的詮釋將有相應的演變，而其中即蘊含著價值的精神與意義的脈絡。眾所皆知，在唐代，韓愈乃是以「古文」〔註6〕的寫作以及「明道」〔註7〕、「闢佛」〔註8〕的主張，彰顯了自身在學術上的獨特價值，然而這樣的價值呈現，實不僅止於其生存之時空而已，最顯著的例子莫過於其古文的寫作具體影響著宋代的古文發展。〔註9〕此外，諸如韓詩之於

〔註6〕韓愈明確指陳自身爲文之意蘊，足資探究其所謂「古文」之內涵者，主要有三篇文章：一爲〈與馮宿論文書〉所云：「僕爲文久，每自則意中以爲好，則人必以爲惡矣：小稱意即人亦小怪之，大稱意即人亦大怪之也。時時應事作俗下文字，下筆令人慚：及示人，則人以爲好矣：小慚者亦蒙謂之小好，大慚者即必以爲大好矣，不知古文直何用於今世也：然以竢知者知耳。」（見馬其昶校注、馬茂元整理《韓昌黎文集校注》，上海：上海古籍出版社，1987年6月，頁196）二爲〈答劉正夫書〉所云：「或問：爲文宜何師？必謹對曰：宜師古聖賢人。曰：古聖賢人所爲書具存，辭皆不同，宜何師？必謹對曰：師其意，不師其辭。又問曰：文宜易宜難？必謹對曰：無難易，惟其是爾。」（同前書，頁207）三爲〈題哀辭後〉：「今劉君之請，未必知歐陽生，其志在古文耳。雖然，愈之爲古文，豈獨取其句讀不類於今者邪？思古人而不得見，學古道則欲兼通其辭：通其辭者，本志乎古道者也。」（同前書，頁304～305）

〔註7〕除〈原道〉（《韓昌黎文集校注》，頁12～19）之作顯示出韓愈在儒學思想上的體認外，〈爭臣論〉中云：「愈曰：君子居其位，則思死其官：未得其位，則思修其辭以明其道：我將以明道也，非以爲直而加人也。」（《韓昌黎文集校注》，頁112～113）與〈進士策問‧其四〉（《韓昌黎文集校注》，頁103）中以「夫子既沒，聖人之道不明」作爲提問之前提，皆顯示了韓愈學術在「明道」上的盡心。

〔註8〕有關韓愈對於佛教的排斥與批判，論述之觀點主要呈現在〈原道〉、〈原性〉、〈進學解〉、〈論佛骨表〉、〈送王秀才序〉。

〔註9〕有關韓愈在「唐代文化史上之特殊地位」，陳寅恪已透過〈論韓愈〉（《陳寅恪論文集》，臺北：九思出版有限公司，1977年12月，頁1281～1292）一文，作了充分的展示，雖六點論述，學界仍各有看法，不盡認同，然其中對闢佛、明道、古文三者的關注則是一般。對於這三者，張清華於《韓學研究》（南京：江蘇教育出版社，1998年8月，頁146、152、160）中認爲「明道」乃是中唐古文運動的理論基礎，「文以明道」即是韓愈文體改革的指導思想，清楚地

宋詩〔註 10〕與儒學思想之於新儒學〔註 11〕，亦展現出與宋代學術發展具有連續而不可分割的關係。尤其是當學界開啓由「文化變遷」〔註 12〕的角度來探究相關議題之後，中唐與宋代就被視爲是一個連續性的整體發展，韓愈與宋代學術的關係自然就顯得更加緊密了，其間所蘊含之意義自當存有深究的價值。對於韓愈在宋代學術方面所扮演之角色與地位，學界亦多有指陳，如陳寅恪云：「唐代之史可分前後兩期，前期結束南北朝相承之舊局面，後期開啓趙宋以降之新局面，關於政治社會經濟者如此，關於文化學術者亦莫不如此。退之者，唐代文化學術史上承先啓後轉舊爲新關捩點之人物也。」

指出了明道與古文之不可分割的關係，而傅樂成於〈唐型文化與宋型文化〉（《漢唐史論集》，臺北：聯經出版事業公司，1977 年 9 月初版，頁 367）雖以爲韓愈之闢佛沒有發生很大的影響，但提出其古文寫作的用意，亦是在於闢佛，則闢佛本與儒家思想相對而相關外，與古文寫作亦存在著緊密的關聯性，如是，三者實存在著環環相扣之意義上的關係。雖然韓愈古文寫作可以追溯其效法之對象，但從「意義的發展」來說，以傅樂成謂韓愈爲宋代古文大盛之「開風氣的先驅」，唐宋古文發展實應視爲一個新的階段與領域，錢穆於〈雜論唐代古文運動〉云：「韓柳二公，實乃承於詩賦五七言詩盛興以後，純文學之發展，已達燦爛成熟之境，而二公乃站於純文學之立場，求取融化後起詩賦純文學之情趣風神以納入於短篇散文之中，而使短篇散文亦得侵入純文學之閫域，而確占一席之地。故二公之貢獻，實可謂在中國文學園地中，增殖新苗，其後乃蔚成林藪，此即後來之所謂唐宋古文是也。故苟爲古文，則必奉韓柳爲開山之祖師。」（《中國學術思想史論叢（四）》，臺北：東大圖書股份有限公司，1991 年 4 月，頁 53）正清楚揭示出由唐而宋韓愈在古文發展上所具有的地位。

〔註 10〕 韓詩與宋詩間的關係，可參見曾金城：《韓愈詩歌唐宋接受研究》（淡江大學中國文學系 96 學年度博士論文）與龔鵬程〈從杜甫、韓愈到宋詩的形成〉（《唐代思潮》，宜蘭：佛光人文社會學院，2001 年 6 月，頁 653〜679）的說法。

〔註 11〕 從思想史的角度來說，韓愈的儒家思想乃是宋代儒學發展的先驅，幾乎已成定論。至於「新儒學」的提法，乃是依據牟宗三的觀點，見《宋明儒學的問題與發展》（上海：華東師範大學出版社，2004 年 5 月），頁 6。杜維明亦以爲宋明儒學的稱謂比宋明理學的稱謂來得適宜。見杜維明：《現代精神與儒家傳統》（臺北：聯經出版事業公司，1997 年 5 月），頁 417。

〔註 12〕 關於唐宋社會文化變遷的討論，形成所謂「唐宋轉型」的思維脈絡，最受關注者，莫過於內藤湖南的提法，王水照更撰文賦予更大的意義。論述分別見內藤湖南：〈近世史的意義〉，《中國史通論》（北京：社會科學文獻出版社，2004 年 1 月），頁 323〜334；〈概括的唐宋時代觀〉劉俊文編、黃約瑟譯《日本學者研究中國史論著選譯》（北京：中華書局，1992 年 7 月），頁 10〜18。王水照：〈重提「內藤命題」〉，《文學遺產》2006 年第 2 期。龔鵬程則以爲鎖定於「文化變遷」的角度，對於「唐宋變革」的討論將更具意義，見氏著〈唐宋文化之變遷〉，《唐代思潮》，頁 442〜470。

〔註 13〕視韓愈乃是開啓宋代文化學術新局面的關鍵角色，肯認之意不可謂不大。錢鍾書亦云：「韓昌黎之在北宋，可謂千秋萬歲，名不寂寞者矣。歐陽永叔尊之爲文宗，石徂徠列之於道統。」〔註 14〕文與道乃宋代學術發展的核心，藉宋儒將韓愈標舉爲文宗與道統之所在，則推尊之意可謂無以復加。錢穆則有云：「然則治宋學當何自始？曰：必始於唐，而昌黎韓氏爲之率。……治宋學者首昌黎，則可不昧乎其所入矣。」〔註 15〕不僅揭示了唐宋之間連續性關係，也可肯定了韓愈的學術精神對於宋學的意義。因此，不論是對於韓愈學術本身的理解而言，或者是對於宋代學術精神的適切掌握而言，由韓愈這個「點」作爲思維之基礎而尋覓其與宋學兩者之間所畫出的精神脈絡，是具有極爲重要的價值。以往對個人學術的關注，多將重心鎖定於其自身學術的內涵及其相較於當時學術所具有的特殊價值，這近似於「點」的盡情描繪，雖不失其精彩，但想要以此而充分體現出韓愈的學術價值與特色，顯然是有所不足的，畢竟韓愈的學術生命仍須透過其思維脈絡爲儒者所承繼而持續在宋代延展著。換言之，當宋儒推展了韓愈之學術的價值精神，並將其融入於宋學之中，那麼將視野延伸至宋代，將連繫於兩者之間的思維脈絡加以釐清，這應是彰顯韓愈之核心價值的妥善方式之一，是以本文嘗試以此爲之。

　　本文關注的焦點，若以鳥之雙翼爲喻，韓愈是一翼，宋學即是另一翼。若再進一步分辨，就整個研究的終極關懷來說，韓愈算是個討論的著力點，或者說是開啓意義的始點，而最終乃是要歸諸於宋學的釐清與闡釋。

　　宋學，何以需要再加以釐清或闡釋呢？首先，即是對於宋學內涵的理解問題。雖說讀者在每一次的接受過程中，都賦予了新的詮釋，在新的詮釋中產生意義，但是在實際上，長久以來不斷詮釋所形成的接受慣性，讓內涵趨於一致性，將宋代學術局限在理學的討論〔註 16〕，理學成爲宋代學術的表徵，

〔註 13〕陳寅恪：〈論韓愈〉，《陳寅恪論文集》，頁 1292。

〔註 14〕錢鍾書：《談藝錄》（北京：生活・讀書・新知三聯書店，2001 年 1 月），頁 187。

〔註 15〕錢穆：《中國近三百年年學術史》（臺北：臺灣商務印書館，1996 年 7 月），頁 2。

〔註 16〕以往討論宋代學術，莫不鎖定在理學家身上，將理學與宋學等同視之。如林繼平在《宋學探微》（臺北：蘭臺出版社，2002 年 3 月）中，就以理學家的學術當作宋學的完整內涵來陳述。鄧廣銘即以爲理學只是宋學的一個支派，其間存有區別，不應該把兩者等同起來。見氏著〈略談宋學〉，《鄧廣銘治史叢

理學的形成與發展就代表著宋代學術的形成與發展，漠視了其他異質之學術的存在與價值，這如同將唐詩、宋詞視爲其一代學術之表徵一樣，漠視了宋代在詩領域所呈現之嶄新面貌與美學價值，這是一元的強勢論斷，基於典範的判準，將不能契合於自身理論框架的學術內涵，驅逐於詮釋的視野之外，排他性讓多元詮釋喪失了存在的空間，然而如同歐陽脩（永叔，1007～1073）所云：「文章如精金美玉，市有定價，非人所能以口舌定貴賤也。」〔註17〕具有價值的學術內涵終難以被掩飾或漠視，以宋詩而言，在轉換了以唐詩爲典範的視野之後，意義就不斷地在重新詮釋的過程中彰顯開來，宋學將會是如何呢？或許有人會以爲本文是要將理學作爲宋學建立的對立面，藉由貶低理學的內涵來展現宋學的價值，實則不然，因爲這樣的思維仍是在一元的思維框架中糾纏，宋詩之於唐詩，就是從多元並存的角度才得以建構其價值，是以釐清宋學的內涵，不必然要與理學產生對立的關係，相反地其中更存在著因宋學的釐清而進一步彰顯理學之價值的可能性。〔註18〕換言之，理學可因宋學而見其精微，宋學可因理學而成其廣大。

其次，就宋學的詮釋價值而言。依據王國維所云：「故天水一朝，人智之活動與文化之多方面，前之漢唐，後之元明，皆所不逮也。」〔註19〕陳寅恪亦云：「華夏民族之文化，歷數千載之演進，造極於趙宋之世。後漸衰微，終

稿》（北京：北京大學出版社，2000 年 10 月二刷，1997 年 6 月第 1 版），頁 163～176。漆俠沿著鄧廣銘的說法，將理學納入到宋學的體系中而與各家各派並列以觀，詳見氏著《宋學的發展和演變》（石家莊：河北人民出版社，2002 年 10 月）。

〔註17〕蘇軾：〈與謝民師推官書〉，孔凡禮點校《蘇軾文集》（北京：中華書局，2008 年 7 月），頁 1419。

〔註18〕一元的具有規律性的承繼關係，或許較爲讓人容易理解與接受，然而價值思維脈絡的存在，並非預設著實踐體系只有單線發展的可能，也不必然存在著所謂形成、發展而衰落規律法則，畢竟站在詮釋者的角度來說，所處的位子時時充滿著特別的挑戰，其中蘊含著無限開展或突破舊有格局的可能，何有因循之規律？何有集大成之終結？因此，多元性思索不僅較能貼近詮釋之對象，更能展現其獨特的意義，尤其是對於特別強調自得與自成一家的宋學而言。近年，即使在理學領域內，也有企圖用多元的角度來詮釋，如杜保瑞所云：「宋明諸儒皆是一大學說體系中的一部份，並沒有誰更證成了儒學的問題，只有誰從什麼角度論述理論的問題。」（《北宋儒學》，臺北：臺灣商務印書館股份有限公司，2005 年 4 月，頁 2）因此，從多元性思索，或說保存其多元性，應該是在對宋學的解析與理解上一個具有意義的思維角度。

〔註19〕王國維：〈宋代之金石學〉，收於《海寧王靜安遺書（四）》之《靜安文集續編》（臺北：臺灣商務印書館股份有限公司，1979 年 5 月），頁 1885。

必復振。」〔註20〕錢穆亦云：「治近代學術者當何自始？曰：必始於宋。」
〔註21〕由推崇之意，可以想見在其視野中宋代學術所具有的價值與意義。然而，學術的價值，不僅是有賴於擁有深廣的學術內涵，更取決於價值精神是否依然不滅，所謂「人能弘道，非道弘人」〔註22〕，就是說學術的價值精神必須透過人之自覺的實踐而加以體現，這是「生命的學問」〔註23〕所獨具的特質，在此生氣蓬勃生意盎然底下，學術因而具有存在的價值。相反地，若學術失去了與人內在精神的契合，失去了讓人得以實踐、體貼的元素，即使崇高，縱然奧妙，當束諸高閣時，仍僅是「無靈魂的軀殼」〔註24〕，沒有任何存在的真實價值與意義。如是，陳氏與錢氏將宋學視為學術文化往前發展之核心或源頭，其中所蘊含之意實是揭示此價值精神依然在活躍著。

再以今日所謂新儒學的開展來說，實質上即是站在宋代理學的基礎上，藉由價值精神之廓清與系統之梳理，從而企圖繼續往前拓展與建構符合於當今時代課題下的價值內涵。是故，當宋學仍是具有學問的生命，一方面自然就展現出其重要性與價值性，另一方面更賦予了承受的學者以無限的權力，即在體貼入微的過程中，若有一絲之不安，即當以「創造性的詮釋」〔註25〕探尋、建構一個能「安」、可「安」的意義脈絡或是價值體系。綜觀今日對於宋學的研究成果，或主理學家、或主文學家、或兼容並蓄，呈現出不同的詮釋面貌，這或許正吻合於宋代學術的特點，所謂「學統四起」〔註26〕，意義

〔註20〕陳寅恪：〈鄧廣銘宋史職官志考證序〉，《金明館叢稿二編》（北京：生活・讀書・新知三聯書店，2001年7月），頁277。陳氏以為往後學術的發展「惟可一言蔽之曰，宋代學術之復興，或新宋學之建立是已。」雖言「新」，然其精神實為一脈之相承。

〔註21〕錢穆：《中國近三百年年學術史》，頁1。

〔註22〕《十三經注疏・論語注疏》（臺北：藝文印書館，1993年9月），頁140。

〔註23〕牟宗三視中國的思想為一生命的學問，詳見〈關於生命的學問〉，《生命的學問》（臺北：三民書局股份有限公司，1997年3月），頁33～39。

〔註24〕原為傅樂成指東漢末年以後儒學缺乏激盪的狀態，語見〈唐型文化與宋型文化〉，《漢唐史論集》，頁339。

〔註25〕「創造的詮釋學」為傅偉勳的提法，內容包含五個層次，包含：實謂、意謂、蘊謂、當謂、必謂，其意向乃是專為中國思想傳統而設方法論嘗試。見氏著〈創造的詮釋學及其應用〉，《從創造的詮釋學到大乘佛學——「哲學與宗教」四集》（臺北：東大圖書股份有限公司，1999年5月），頁1～46。

〔註26〕清・全祖望在〈宋元儒學案序錄〉中指出：「慶曆之際，學統四起。」清楚地指出當時學術發展的盛況。見沈善洪主編、吳光執行主編：《黃宗羲全集》第3冊，《宋元學案》（杭州：浙江古籍出版社，2005年1月），頁28。

近似於在社會變遷之下再次開啓之「哲學的突破」〔註27〕，宋儒如同回轉至先秦而爲「子學之儒」〔註28〕，是以在內涵上展現多元的思維面貌，然而在詮釋之中存在著相互衝突的些許癥結，這些難以化解的矛盾，讓宋學的整體性產生了損傷，所謂「宋學精神」〔註29〕竟成一家之言、莫衷一是的個別闡釋而已。因此，創造性的詮釋仍不斷地在進行著，以期探究出一個更爲適切的闡釋模式，讓宋學不僅展現出多元的思維內涵，更具有整體性的精神脈絡，本文亦嘗試爲之。

以文道觀而言，在中國文學的批評視野中，一直是被置於關注的焦點之一，郭紹虞即明白指出這「實是中國文學批評史上最重要的問題」〔註30〕，

〔註27〕「哲學的突破」是指突破對既有規範的思維模式，透過理性的反思，開啓一個有關於人生命價值的新思維。關於此說法，最初爲存在主義哲學家雅斯培所提，其中重要觀點尚有「樞紐時代」（"axialage"）以稱述四大文明由原始階段突入高級文化的階段，而余英時認爲進一步以較清楚且寬廣的視野來看待全世界的文明當爲派森思（Talcott Parsons），是以引伸其說而進行詳細的闡釋，闡釋中思索及社會變遷使「士」的階層形成而與「哲學的突破」構成緊密的相關性，論述縝密值得參究。見余氏著《中國知識階層史論》（臺北：聯經出版事業公司，1980 年 8 月），頁 30～38。杜維明則對「軸心時代」的涵義進行了闡述，而以多元文化與反思爲肯認之思維取向。見氏著〈軸心時代的涵義〉，《現代精神與儒家傳統》，頁 1～41。

〔註28〕錢穆特別指出除原周孔並稱轉變爲孔孟並稱外，宋儒多泛濫於「先秦之子部」，因言「漢儒乃經學之儒，而宋儒則轉回到子學之儒」並斷言：「宋儒之經學，實亦是一種子學之變相。」透過子學具有多元走向的特性藉以描繪宋儒的學術多元面貌，不失爲一足以令人耳目一新的比喻，然而經、子抑揚相對，是否適當仍有商榷空間。見氏著《朱子學提綱》（臺北：東大圖書股份有限公司，2001 年 6 月），頁 11～12。

〔註29〕錢穆在《中國近三百年年學術史》（頁 7）中指出宋學的精神有兩個，包括：「革新政令」與「創通經義」，但在〈初期宋學〉（《中國學術史論叢（五）》（臺北：東大圖書股份有限公司，1991 年 8 月），頁 3～4）則指出新文學／古文運動、新教育與變法運動三者，而「完養心性」實爲更重要的「中心精神」。牟宗三則指出宋明儒的主要目的「是在蘊醒先秦儒家之『成德之教』，是要說明吾人之自覺的道德實踐所以可能之超越的根據。」（《心體與性體》，臺北：正中書局，1996 年 2 月，頁 37）張師高評則以會通化成作爲宋型文化的核心，見《會通化成與宋代詩學》（台南：國立成功大學出版組，2000 年 8 月），頁 1。龔鵬程則以「知性的反省」作爲思維的核心，見龔鵬程：〈知性的反省——宋詩的基本風貌〉，見《文學與美學》（臺北：業強出版社，1995 年 1 月修訂版），頁 152～203。劉方即企圖釐清這個內涵，詳見〈宋型文化的內涵特徵——精神內核〉，《宋型文化與宋代美學精神》（成都：巴蜀書社，2004 年 8 月），頁 34～50。

〔註30〕郭紹虞：〈中國文學批評史上文與道的問題〉，《郭紹虞說文論》（上海：上海

並據此以拆解中國文學觀念的演進，由於體貼深入、脈絡清晰，深深影響著
學者在相關議題上的詮釋取向。〔註31〕尤其，對於宋代文學思想而言，「文」
與「道」成為了詮釋與評價的基準，所謂的「文統」與「道統」的說法，無
疑就是這個思維的具體化呈現。〔註32〕由此可見，不論是韓愈，或是推動宋
學發展的儒者，作為其學術思維核心之文道觀的釐清，將有助於理解其學術
之型態與思維之脈絡，是以本文以此作為研究的切入點。

　　綜上所述，基於韓愈的學術具有開啟宋代學術發展的特性，以及文道觀
蘊含了此間脈絡之發展，三者實具有內在緊密環扣的關係，是以本文擬定以
韓愈為焦點，透過文道觀為通孔，剖析宋學的發展與演變。這不僅可以瞭解
宋代學者對於韓愈學術的看法，進一步拓寬韓愈研究的視野，有關宋儒文道
觀的詮釋分析，將可清晰其學術的多元內涵與精神脈絡，並得以進一步調適
順遂有關於宋學的詮釋問題。

二、文獻回顧與評述

　　從詮釋的角度來說，因為終極的關懷指向於內在的核心精神，所以不同
的研究對象卻可能探究出相近的思維內涵，相反地同樣的研究對象則可以因
關懷議題的差異而有迥然不同的成果呈現。前者具有異代啟發、同代相映的
作用，後者如以韓愈而言，若用心於創作手法之拆解一類，尚有連繫性關
係，但未免評述過於鬆散，將於正文中再行聚焦註解。以下，將具體鎖定於
與本文研究議題緊密相關之著作進行評述，所擇取者，將考量其範疇與詮釋
之取向。

　　與本文研究範疇之劃定有近似者，主要的專著包括：

　　其一，為張蜀蕙所作之《書寫與文類——以韓愈詮釋為中心探究北宋書

古籍出版社，2000 年 5 月），頁 66。王水照亦指出「『文道關係』是宋代文學
思想中的一個基準」，遠承《文心雕龍》，近襲韓愈，而有新的展開，見〈宋
型文化與宋代文學〉，《宋代文學通論》（開封：河南大學出版社，1997 年 6
月），頁 15。

〔註31〕郭紹虞以中國文學觀念之演進與復古作為順逆的兩種變化，而文與道於其間
實為論述之核心，見氏著：《中國文學批評史》（臺北：文史哲出版社，1990
年 7 月），頁 1～10。

〔註32〕郭紹虞以為北宋文論之於道德問題實為批評史上最精彩之一幕，其中並點出
了文統與道統的說法，筆者以為今日對於「文統」說法的聚焦，或許即源自
於郭氏之倡述。見氏著〈中國文學批評史上文與道的問題〉，《郭紹虞說文
論》，頁 66～88。

寫觀》。〔註33〕文分八章，目的在「透過北宋文人對於韓愈的詮釋，來理解北宋文人的書寫觀。」其關注焦點實是鎖定在「書寫」與詮釋者——「北宋文人」，而從其用「書寫」所強調的開放性，「努力的拼出這些詮釋者的心靈圖象」乃是最終之企圖。所謂的「詮釋者」，當是集中所論述的歐陽脩、王安石（介甫，1021～1086）、蘇軾（子瞻，1036～1101）與黃庭堅（魯直，1045～1105）四人。此外，以結論所云：「中唐到北宋的韓愈詮釋中，批評家對韓愈古文的看法一直是沒有太大的改變。然而對韓愈詩的看法上，唐人與宋人是相當不同的。」則論述依據乃是「以宋人對韓愈詩的詮釋爲主軸」。以作者詮釋的成果來看，文章中分別清楚的揭示了四家在透過韓愈的表述中，顯示出因自身的個性與經驗而在書寫觀上展現了獨特性。然而，這樣的詮釋，雖於文中揭示了宋人於文較唐人多了思考的質素，但是在詮釋取向的刪削取捨下，理學不入法眼，宋學整體精神的關注就顯得欠缺，詮釋或成爲個體獨特性的展現，而缺乏了脈絡性的彰顯。此外，對於韓愈古文的詮釋視野，宋人實是存在著很大的變化。

其次，爲谷曙光所作之《韓愈詩歌在北宋的接受歷程及其詩學意義發微》。〔註34〕文分內外兩篇，內篇細分六段詳述韓愈詩歌在北宋時期的接受與影響之情形，外篇分別將「以文爲詩」及與「北宋詩學」的相關作爲探究焦點。論述內容清晰呈現韓詩在北宋時期接受的情形，並鎖定於「以文爲詩」將之作爲闡釋脈絡，從而與北宋詩學的走向，甚至是宋型文化的精神相關聯。然而，從作者論述的焦點與呈現的特色而言，確實將可知之宋詩特色或宋型文化的面向作了相映的彰顯，但是當「宋學」是有待詮釋開展，「宋型文化」的核心精神仍可再深入體認，那麼在此之外，仍有寬廣的詮釋空間。

其三，爲高光敏所作之《北宋時期對韓愈接受之研究》。〔註35〕文分八章，其中對於接受的詳細情形以四個章節表述，分別由人與文兩個部分而再以前後期之不同來進行陳述。論述主要在呈現宋人「心目中的韓愈的形象，並說明此與原來的韓愈有何不同。」是以研究局限在韓愈接受的狀態呈現，並未

〔註33〕 張蜀蕙：《書寫與文類——以韓愈詮釋爲中心探究北宋書寫觀》，政治大學中國文學研究所 88 學年度博士論文。
〔註34〕 谷曙光：《韓愈詩歌在北宋的接受歷程及其詩學意義發微》，安徽師範大學碩士學位論文，2003 年 5 月。
〔註35〕 高光敏：《北宋時期對韓愈接受之研究》，臺灣師範大學國文研究所 92 學年度博士論文。

將研究的觸角深入到學術的精神脈絡。

其四，爲王光強所作之《韓詩對宋詩的影響縱橫談》。〔註36〕文分縱橫兩篇，縱篇討論歷時性的接受變化，橫篇以北宋文化思潮與宋人個人氣質兩點討論對韓詩接受的因素。大體亦是緊密圍繞於宋人對韓詩接受狀態的討論，格局未出前面所述著作之外。

其五，爲楊國安所作之《宋代韓學研究》。〔註37〕文分七章，第一章已開宗明義透過「宋代儒學的演進和韓愈地位的變化」勾勒出論述焦點的價值，而後分別依序對生平、《韓集》的校勘與集注、韓文的研究與接受、韓詩的接受與研究各立專章進行探究，可以說企圖全面性的呈現韓愈在宋人學術思維上的評價，從研究的成果來看，涉及的層面包含了文、史、哲三個領域，不僅實踐了所謂「綜合的、跨學科的」研究，也印證了其賦予所謂「韓學」該有的豐富內容。然而，也就是因爲要展現所謂韓學的豐富內容，其全面性論述，雖兼及各面向，但是對於焦點問題的思維脈絡並無暇顧及，這亦是本文猶有可爲者。

此外，與議題緊密相關之文道觀的討論，所見專著有：朱剛所作之《唐宋四大家的道論與文學》〔註38〕，作者跳脫了以往對於「道」的理解格局，而重新體認「道」對「文」具有的意義；王宏田所作之《論文道之辨的文化內涵與價值取向》〔註39〕，直接鎖定「文」、「道」進行檢視，除可以清楚瞭解歷來的認知外，作者最終轉向於所謂「文體道用」的詮釋，亦可見其對「道」的內涵有一定的肯認；劉儒鴻所作之《宋人對文道關係的論辯》〔註40〕，主要呈現宋人對於文道關係理解的狀態，但仍然糾纏於文道合一與分離的辨析；劉方所作之《文化視域中的宋代文論》〔註41〕，是有意識的尋

〔註36〕王光強：《韓詩對宋詩的影響縱橫談》，天津師範大學碩士學位論文，2005 年 5 月。

〔註37〕楊國安：《宋代韓學研究》（北京：中國社會科學出版社，2006 年 5 月）。研究的成果應爲作者 2002 年博士畢業之研究成果，然以所見出版作品之時間，故以此爲準。

〔註38〕朱剛：《唐宋四大家的道論與文學》（北京：東方出版社，1997 年 10 月）。

〔註39〕王宏田：《論文道之辨的文化內涵與價值取向》，山東師範大學碩士學位論文，2003 年 4 月。

〔註40〕劉儒鴻：《宋人對文道關係的論辯》，政治大學中國文學研究所 93 學年度碩士論文。

〔註41〕劉方：《文化視域中的宋代文論》（上海：學林出版社，2006 年 6 月）。著作中具體論及文道觀者，以〈道的重建與文的再思〉來展開。

求詮釋突破的論著，對以往研究的思維視野與材料運用深切反思，除了拓展運用的材料而強調宋代詩話的價值，更特別針對「道」與「文」的概念進行重新理解與詮釋，所得成果於體「道」中有了新的呈現；李麗琴所作之《道之文——論經學信仰與儒士對文道關係的理解》〔註42〕，從「文學爲何」的反思切入，此中即意味著將重新理解「道」與「文」的關係，是以論述乃通過對劉勰（彦和，約 465～522）、韓愈與朱熹（元晦，1130～1200）的解析，論證歷代儒士對「道之文」的言說是其經學信仰在自己時代的詩學表現的觀點。以上，對於文道觀的處理，皆以開展意義的角度試圖開啓新的詮釋視野，足資藉鑑。

又，從論述的最終意向來說，有兩本論述值得關注，一是林素芬所作之《北宋儒學道論研究：以范仲淹、歐陽脩、邵雍、王安石爲探討對象》〔註43〕，已嘗試開展對「道」內涵的理解，指出四種「道論」的類型，可以說已經透過多元的角度來理解這時期的學術面貌。二是包弼德所作之《斯文：唐宋思想的轉型》〔註44〕，其研究顯得與本文所關注、思維的取向更加的貼近。包氏的論述以文道關係爲核心，透過「文」來穿透「道」，不僅如「斯文」之意不拘於傳統一意導向文學性的思維，正視了於「文」中所具有之文化傳統的意蘊，並開啓「道」的認知取向，從而詮釋出唐宋在學術轉型上具有的內涵，獨特的詮釋視野深具啓發性。

至於有關「古文」方面的討論，由於所展現的意義，不僅僅是文學呈現的問題，其中更蘊含學術文化的思維脈絡，尤其在以文道觀爲焦點的討論中，實具有極爲緊密的關聯。〔註45〕這方面的研究論述可資參照、藉鑑者，

〔註42〕 李麗琴：《道之文——論經學信仰與儒士對文道關係的理解》，首都師範大學博士學位論文，2008 年 3 月。

〔註43〕 林素芬：《北宋儒學道論研究：以范仲淹、歐陽脩、邵雍、王安石爲探討對象》，臺灣大學中國文學研究所 93 學年度博士論文。

〔註44〕 包弼德著；劉寧譯：《斯文：唐宋思想的轉型》（南京：江蘇人民出版社，2001 年 1 月）。另外，其研究的思維脈絡在接受訪談時更有清楚的表述，見周武〈唐宋轉型中的「文」與「道」〉，《社會科學》2003 年第 7 期，頁 91～100。

〔註45〕 錢穆將古文運動視爲以佛老爲對象之宋代尊儒下的新文學運動，屬於宋學的中心精神之一。見氏著〈初期宋學〉，《中國學術史論叢（五）》，頁 3～4。余英時則將古文運動視爲是宋代在「儒家要求重建一個合理的人間秩序」這一主線下的重要一環。參見氏著《朱熹的歷史世界——宋代士大夫政治文化的研究》（北京：生活・讀書・新知三聯書店，2004 年 8 月），頁 36～64。

如：何寄澎之《北宋的古文運動》〔註46〕，然誠如作者所云：乃求「明此運動之性質以及發展過程。」對於其中之「內蘊」，將有待深入。祝尚書之《北宋古文運動發展史》〔註47〕，亦針對古文運動發展的歷程，進行清楚的呈現與探究。

至於短篇之期刊論述，可資藉鑑者，有：陳新璋〈宋代的韓愈研究〉〔註48〕，文中簡要的評述了有關宋代韓愈研究的情形，其中包含了文集的校注部分，已能清楚讓人瞭解到宋代韓愈研究的大致輪廓；龔鵬程〈從杜甫、韓愈到宋詩的形成〉〔註49〕從反省韓愈詩歌在宋代的實際地位開始，解析韓愈與宋詩間具有的詮釋變化，進而觸及到「文學史的建構」問題，整體論述透過曲折的辯證，不僅呈現了歷史之真實的一面，更彰顯了意義之真實的一面。

綜上所述，藉由韓愈學術的研究，學者透過自身所形成的視角，各有其精闢的見解，對於往後研究或有相資為用之處。此外，在議題關注的視野上，亦多有批判性的轉進，如包弼德從斯文傳統延續的角度進行探究並提出古文是價值觀的展現，對本文的研究即有很大的啟發，然而即是因為視野的不同，詮釋的目的與體會的根本差異，使得本文得以在這些研究的基礎上，更進一步的深入探究其中蘊含的意義。

三、研究方法與進行步驟

（一）研究方法

論文的進行，基本的研究方式仍是採用針對資料之處理的比較、分析、歸納的傳統方法來進行。雖然顯得單純，但資料的整理原是最為關鍵所在，因為這是意義得以確立的堅實基礎。〔註50〕尤其，新的資料，或是關鍵資料的獲得闡明，實足以撼動整個詮釋的方向與架構。因此，本論文的進行，即極力挖掘具有價值的關鍵性資料作為各章節的詮釋基礎。

〔註46〕何寄澎：《北宋的古文運動》（臺北：幼獅文化事業公司，1992 年 8 月）。
〔註47〕祝尚書：《北宋古文運動發展史》（成都：巴蜀書社，1995 年 11 月）。
〔註48〕陳新璋：〈宋代的韓愈研究〉，《華南師範大學學報》（社會科學版），1997 年第 2 期，頁 72～78。
〔註49〕龔鵬程：〈從杜甫、韓愈到宋詩的形成〉，《唐代思潮》，頁 653～679。
〔註50〕張岱年有〈整理史料的方法〉闡述深入，足資思索，詳見氏著：《中國哲學史方法論發凡》（北京：中華書局，2005 年 3 月），頁 82～109。

　　當然，資料的處理最終乃是爲了詮釋的開啓，因此理解、詮釋的視角，實具有更爲關鍵的意義。而這樣的視角，並非外在的給予，應是環扣於資料本身，是以如何確立解讀的視角同樣是關鍵的課題。

　　運用什麼樣的角度切入，可以較好的呈現出所要研究的內涵呢？試觀以韓愈、宋學與文道觀爲主題的詮釋策略。

　　以韓愈而言，雖然說有一大部分的研究是鎖定在韓愈自身的學術範圍內進行分析，不過聚焦的議題，如與佛教的關係、韓柳異同、以文明道、以文爲詩、平易與奇險、儒學復興運動……等問題的探究，或許其中本就蘊含與宋學有緊密的相關性，但似乎無意間已預設了論述的詮釋方向，以致於詮釋的成果少有能令人興起嶄新的感受。近年學界則受到在西方早已行之有年的詮釋學〔註51〕與讀者反應理論〔註52〕的影響，認同於對讀者閱讀視野的關注，因此掀起了一股接受、影響的研究風潮。新的視野形成新的詮釋，確實能夠使舊的議題產生新的感受而深具意義。以韓愈的研究而言，唐宋兩時期當是關注的核心，一是歷史的眞實，一是價值的眞實，兩者相映成章共同建構起韓愈學術的整體內涵。所謂「韓學」〔註53〕的開啓與推動，正是在填補這價值的眞實的空缺。然而，本文以爲學者對於所謂讀者視野的展示，並未眞實的契合於讀者／宋儒本身，雖然說詮釋就是一種再創造，就是一種不可避免的滲入了主觀意圖的視野，但是很明顯的，從詮釋、分析的成果來看，論述的角度依舊置外於詮釋的對象，就如同冷眼對待的旁觀者一樣，以一個評價者的角色進行理性的估量，而估量的基準卻沾染上了成見，適成圍繞於現象上的批判與詮釋，並未眞切的呈現閱讀者的內在精神，是以似未盡彰顯此視野的獨特價值。〔註54〕當如何開展？本文以爲從多元、對話的詮釋架構，應可掌握到核心的思維脈絡與展現出不同的詮釋面貌，以下詳述之。

〔註51〕潘德榮：《詮釋學導論》（臺北：五南圖書出版有限公司，1999 年 8 月）。

〔註52〕金元浦：《接受反應文論》（濟南：山東教育出版社，1998 年 10 月）。

〔註53〕卞孝萱在爲張清華的論述作序時指出「韓學」乃發端於 1986 年饒宗頤在〈宋代潮州之韓學〉的演講，並指出兩宋是韓學的發端。見張清華：《韓學研究》，頁 6～7。

〔註54〕龔鵬程於講評意見中指出歐陽脩何以在韓愈的詮釋中取得優勢，應是關注的焦點，這一針見血的將目的指向於思維的脈絡。見王基倫：〈韓愈散文的讀者接受意義：中晚唐至北宋初期的考察〉，《何沛雄教授榮休紀念中國散文國際學術研討會》2000 年 10 月，頁 49～50。

　　以宋學而言，在今日分科研究的發展之下，不論是詩、文、詞、賦等文學領域，或是儒、釋、道等思想領域，甚至是政治、社會、經濟、文化等歷史領域，皆已取得了爲數可觀的研究成果，匯聚參照或已足夠將所謂「天水一朝」的學術盛況拼湊、圖繪出來。然而，即使學者有意識的留意於所謂的微觀與宏觀間之詮釋視野的掌握，但是在科際界限所形成的前見影響之下，分科研究已經在切割條理與分途思維的取捨過程中，讓視野不再是那麼的寬廣，無意間就滑落了對宋代學術之整體性的關照，其結果即是在對宋代學術的詮釋過程中，呈現了解釋的衝突，如宋代理學與宋代文學在詮釋脈絡上的扞格即是，這蘊含著整體學術發展脈絡與價值精神的隱沒。學術研究當然包括了釐清眞實現象的一面，但是不可否認的價值精神的揭示仍是當盡心的焦點之一。尤其是對於宋代學術而言，其主要特質即是突破現象的羈絆而一意指向於價值思維的開展，那麼怎可放任其思維脈絡與價值精神的渾沌不明而期待其學術意義得以充分彰顯呢？本文以爲利用科際整合的方式，即藉由科際間所掌握到的關鍵訊息，化解思維上的理解斷層或詮釋衝突，當能穿透現象所產生的局限，而體見價值的精神脈絡。這個方式，由宋儒作爲一個複合型的學者來說〔註 55〕，其實並非是一個新異的詮釋方式，反而是一個還其本來面目所應有的觀照。

　　以文道觀而言，源自於傳統儒學賦予「斯文」的意義，「文」與「道」就緊密地關聯著，即使是對強調文學具有獨立地位的學者而言，「道」仍然是必須謹愼面對與處理的課題。然而，彙整歷來諸多有關中國文學思想觀念的思維模式與論述方向，將會發現一個相當具有一致性與規律性的看法，即是「文」與「道」的關係被定位爲是對立的，「道」阻礙了「文」的發展，「文」唯有擺脫「道」的束縛，才能有良性的發展。〔註 56〕尤其是在對宋代文學的詮釋上，清楚顯示評價的基準正是取決於「文」與「道」的關係。這樣的思維取向，其中實是蘊含著諸多的問題，包括：其一，「文」與「道」被規定爲具有一成不變的性質，從而得以用離合的角度評斷其價值。但是，事實上不僅「文」與「道」一直都在轉變著，其間的關係更相應著這種轉變而有不同的型態，從而促使文學展現其獨特面貌。例如朱剛即在詮釋唐宋文學時就一

〔註 55〕王水照指出宋代士人乃是集官僚、文士與學者三位於一身的「複合型」人才。
　　　　見氏著〈宋型文化與宋代文學〉，《宋代文學通論》，頁 27。
〔註 56〕具有這種看法而論述全面且深入，莫過於郭紹虞將唐宋文學思想之演變由復古
　　　　風潮來斷定是「逆流」的論述了，見氏著《中國文學批評史》，頁 9～10。

轉對「道」的芥蒂，反而從「道」的角度彰顯文學的特殊性。〔註57〕其二，「道」已被定位為「文」的發展障礙。假使「道」的性質與內涵存在變動的可能，當宋代儒者對「道」的詮釋開啟了一個嶄新的視野，那麼重新衡量與檢視「道」對「文」的意義應該是必要的。其三，已圈定了所謂「文學性」的內涵。何謂文學呢？什麼屬於文學，什麼又屬於非文學呢？如果文學還在發展，文學思維的視野仍在開拓，尚有待創造或融攝新的質素，詮釋即具有不可或缺的地位，對於傳統，對於文本，詮釋就應該是開放的，不該是投射式的，所謂「文德」〔註58〕將其斥之於關注的視野之外，這是自斷發展的契機。

綜合以上所述，詮釋之所以有待商榷，根本的原因即在於未能掌握整體性、脈絡性的價值精神。牟宗三於通古今之變與究天人之際指出：

> 因為所謂「通」者，必是在「事件」以外，能滲透引發這件事與貫穿這件事的「精神實體」，而此精神實體卻即在「天人之際」處顯。所謂究天人之際即在透顯精神實體而深明乎精神發展之脈絡。
> 〔註59〕

龔鵬程對於「通古今之變」也指出：「不是把一些個別事物納入源流中去解釋其存在之來歷與性質，而是要說明它們存在的特殊價值與意義。」〔註60〕這都是將研究的視野指向於內在的思維脈絡，企圖穿透現象的局限探究其中蘊含的價值與意義。如何穿透？什麼才是穿透？除了傅偉勳提供了一個所謂「創造的詮釋學」的途徑來貼近中國學術思想之研究外，林安梧亦以《人文學方法論──詮釋的存有學探源》進行方法論的省思，進而指出必須具有「方法論意識」的覺醒，目的即在「體悟學問之道」，而所謂「上通於道，下達於明」即是最高的境界。另外，更具體將詮釋的層級劃分為：道、意、象、構、

〔註57〕 朱剛：《唐宋四大家的道論與文學》。作者不再迴避轉而更進一步以「道」的思維為依據，由「載道」分疏了從韓愈、歐陽脩到蘇軾，一條由「善」、「真」到「美」不斷深化而臻至審美本質的發展取逕。可說徹底融攝了「道」的價值內涵來進行論述，然而這樣的詮釋視野仍未納入理學這個區塊，對於宋學的詮釋而言，仍有待進一步的融攝。

〔註58〕 章學誠（實齋，1738～1801）有〈文德〉之論述，且有云：「嗟乎！知德者鮮，知臨文之不可無敬恕，則知文德矣。」試圖為德在為文中安置一個位子的思維，顯而易見。見《文史通義校注／校讎通義校注》（臺北：頂淵文化事業有限公司，2002年9月），頁278～279。

〔註59〕 牟宗三：〈我與熊十力〉，《生命的學問》，頁151～152。

〔註60〕 龔鵬程：〈從杜甫、韓愈到宋詩的形成〉，《唐代思潮》，頁673。

言，並具體說明了學問之道是由穿透語言文字上通於道而再由道來開顯之詮釋與理解的模式。在這些方法論的思維中，可以發現對「自我」在詮釋過程中賦予了關鍵的意義，如前者在講「必謂」時強調「自我轉化」，後者講自我生命位階的體會，讓方法本身具有的架構又產生了瓦解，但意義則開顯了出來。換言之，方法論雖然給予了各種反省、理解的思維取逕，最終仍取決於詮釋者的體悟，然而這樣的體悟如傅偉勳主張的不是以暴力的方式破壞傳統，而是繼往開來之創造性的詮釋。

　　從詮釋者出發，經過咀嚼、涵咏的工夫穿透文字，而後層層遞進以至於體悟「道」，再由「道」的開顯，下達於經驗層面而調適順遂以至於開新。換言之，語言文字與道之間，本是一體，當一個儒者畫出了學術本源的方向之後，如果得以開展而爲一個學派，不論是縱的傳承，或是橫的唱和，其間學術精神脈絡的體現必是關鍵的要素，而所謂的精神脈絡就是「道」，如果失去了對「道」的體悟，那麼學派的發展就將告終，即使保存了它的型態──「文」。由此可知，「文」與「道」的分解陳述，目的在揭示詮釋者或說是學者的學術內涵，是否契合於其所欲承繼的價值精神。據此，不同學術間的批判與衝突，乃源自於學術精神脈絡上的差異，或者是不解，從而依據表象而化爲語言文字上的攻伐，假使透過一個多元發展的視野來切入，不僅可以掌握各學術所關懷體悟之「道」的內涵，更可跳脫在「文」的糾纏而深入到思維的脈絡以開顯其意義。

　　韓愈、宋學與文道觀，從原本的狀態來說，都是有著本末、內外之一體呈現的完整性，然而當轉移到詮釋者的視野時，這就僅只是三種「文」的現象而已，會再次建構、還原其整體性，從而看到其間思維脈絡的連繫性，關鍵即在於能否體悟其「道」。換言之，本文的處理，即是先透過資料的理解與體會，在掌握了思維的核心價值與意義的脈絡之後，再透過資料的重新梳理將此脈絡呈現出來。

　　杜維明指出：「最能代表儒家特色的反思，是修身（self-cultivation）的哲理和實踐。我們既是人，又要學做人。」〔註61〕並將關注的焦點指向於「爲己之學」〔註62〕上。確實，本文亦認爲從韓愈之後連繫於宋學的開展，其間

〔註61〕杜維明：〈軸心時代的涵義〉，《現代精神與儒家傳統》，頁36。
〔註62〕杜維明認爲「爲己之學」不只是絕緣的個體，而是複雜的人際關係網絡的中心，由此發展形成其理想的人格。見氏著〈傳統的生命力〉，《現代精神與儒

重要的思維脈絡，正是一個回到儒學最初的關懷焦點——「學」以做爲一個理想的「人」，其豐富的意涵即體現在「爲己之學」的實踐上，這不是自我一己之私的完成，而是價值的主體性藉由與客體的對話與互動中，進一步的相互彰顯，這是「人」、「己」一同完善的思維概念，從「天理」、「與萬物爲一體」之概念的突出詮釋，就可以充分體會到這樣之意蘊。

由是，基於以上所述，作爲本文的核心思維，乃是由主體、多元與對話來構成，藉以明晰從韓愈到宋學，在文道觀上所呈現之學術的思維脈絡。尤其，從「對話」的角度，對於宋儒一方面自覺地各自彰顯自我的主體思維，另一方面又尋求與客體的諧和，正可清楚呈現和而不同的多元面貌。

就整體的思維脈絡來說，本文認爲韓愈開啓了回到儒學最初關注的「精神實體」，進而在宋儒對於韓愈學術的理解與詮釋的過程中，經過了「元和風尚」的曲折發展而回歸到韓愈的視野，由歐陽脩之時重新銜接上這個「精神實體」的關注，而後透過「多元對話」〔註63〕的過程，開啓了宋學多元而豐富的內涵。此中即包含各自成家的王安石、蘇軾與二程。〔註64〕此間必要說明的是，將盡量避免用個人式的學術內涵作爲評論的基礎，如以程氏論蘇氏，或以蘇氏論程氏，因爲不論是從多元對話的角度，或是宋人自成一家的取向，都顯示了這樣的方式是不妥的。

（二）進行步驟

論文採用的資料，在韓愈方面，主要採用馬其昶校注、馬茂元整理之《韓昌黎文集校注》〔註65〕進行分析，若有參照之需要將兼及於錢仲聯集釋

家傳統》，頁 375～409。

〔註63〕由於韓愈揭示了聖人之道的不傳與不明，開啓了價值思維的探究趨向，宋儒在歐陽脩重契了韓愈的學術精神後，即延續了這樣的議題。而正是因爲處於努力承繼斯文價值的過程，所以包含王安石、蘇軾與二程都自視爲獨契有得者。在各自有得，而又不同的情形下，自然產生了彼此間的對話，這是多元而精彩的呈現。李師威熊提出「核心價值、多元工夫」的概念，這確實是安置各家所得的良好方式，但就發展中的宋學來說，尚且處於努力明晰聖人之道的氛圍當中。

〔註64〕從古文的角度，二程是難以與歐陽脩、蘇軾、王安石等並觀而論，但是從韓愈的學術精神——價值的明晰與主體的彰顯，在各自成家的宋儒裡，二程實是具有代表性。此外，從並世共存而具有相近視野的角度來說，二程與蘇軾、王安石在承繼斯文上呈現之和而不同的思維取向，正可彰顯出宋學的多元內涵。

〔註65〕馬其昶校注、馬茂元整理：《韓昌黎文集校注》（上海：上海古籍出版社，1987

之《韓昌黎詩繫年集釋》〔註66〕的運用。在宋學方面，宋人對韓愈的詮釋部分，目前資料彙編的成果有吳文治所編之《韓愈資料彙編》〔註67〕可供參照，宋人的文學觀部分，則有黃啓方編輯之《北宋文學批評資料彙編》〔註68〕可供參照，本文資料之擷取則以曾棗莊、劉琳主編之《全宋文》〔註69〕與各家精校本爲主，而吳文治主編之《宋詩話全編》〔註70〕具有補足文集資料的價值，是以兼及之，其他則依據思維脈絡所需之印證資料，汲取自史書或宋人筆記。

　　基於所得資料與思維脈絡的形成，本文論述共分成十章來呈現：

　　第一章爲緒論，主要的內容在於呈現本文研究前的反思，包括問題的提出、研究的目的、評述前人的研究成果、研究的思維與方法、章節的安排等。

　　第二章的論述安排，主要即是針對論文的整體思維脈絡進行闡述，爲使更加地具體，所以擷取了「師道」與「友道」的概念作爲討論焦點。然而，詮釋的方式，並不是從興革的角度來思考，重要乃是要揭示宋儒在各自主體性的彰顯下，形成了彼此之間的理性對話，這是在同屬明道的大趨向下由上下師從的傳道模式轉變爲平行對等的講論關係，思維的視野因而不同，價值的內涵即順是重構與深化。

　　第三章的論述安排，即是要彰顯主體性的思維在韓愈身上已經獲得了重視，並且是成爲學術的思維核心。因此，透過鎖定文道觀的方式，針對各個觀點進行重新的解讀，以彰顯主體性思維乃是韓愈學術的核心。

　　第四章的論述安排，目的即是要說明在主體性走向主體間對話的過程中，一個輔成的重要質素——知識的傳播——是必須存在的。對於宋代而言，就是雕版印刷的運用，讓典籍有了廣泛而迅速的傳行。若缺乏這個基礎，儒者由於沒有共同的認知，彼此的對話也將不復存在。因此，關於宋代印本文化的探究是有其重要性。此外，因爲論文鎖定於韓愈的學術，所以對於韓集

　　　年6月）。
〔註66〕錢仲聯集釋：《韓昌黎詩繫年集釋》（上海：上海古籍出版社，1998年3月）。
〔註67〕吳文治編：《韓愈資料彙編》（北京：中華書局，2004年1月）。其中所收資料並未周全，如趙湘、劉敞等人之論述即缺乏，是以僅作爲參照之依據。
〔註68〕黃啓方編輯：《北宋文學批評資料彙編》（臺北：成文出版社，1978年9月）。
〔註69〕曾棗莊、劉琳主編《全宋文》第1冊至第48冊（四川：巴蜀書社；出版時間並不一致，第1冊出版於1988年6月，第48冊出版於1994年7月）。
〔註70〕吳文治主編：《宋詩話全編》（南京：江蘇古籍出版社，1998年12月）。

的傳行與影響也就必須進行詳細的梳理。〔註71〕

第五章將分為兩個部分進行陳述。一個部分是宋初學者對於韓愈文道觀的看法，另一個部分是揭示其中具有的學術思維脈絡，本文以為可以用「元和風尚」的概念來進行表述。可以想見，此章論述的意義，在於彰顯學術發展的過程中，雖有不足卻蘊含走向突破的思維脈絡。

第六章將以歐陽脩為焦點來進行論述。文章內容，一方面將展現歐陽脩與韓愈兩者在學術間緊密連繫的本質精神，另一方面呈現歐陽脩在此精神下展現之文道觀的思維內涵。

第七章到第九章，從對話的角度來說，實乃一個整體的不同發展。在歐陽脩時期由「道」所開啟的詮釋視野，給予了王安石、二程與蘇軾等人在各自體「道」有得的情形之下，得以展現各自學術的特質。各章將分別呈現有關對於韓愈文道觀理解與詮釋的情形，進而展現出各自學術的整體性思維內涵。

第十章為結論，將回顧、綜述探究的成果，並略述議題延伸的可能方向。

〔註71〕這部分目前主要的研究成果，就完整性而言，莫過於劉真倫的論述，詳見《韓愈集宋元傳本研究》（北京：中國社會科學出版社，2004年6月）。

第二章　師道與友道：韓愈到宋學的思維開展

　　在進入到韓愈與宋儒間學術內容的具體討論之前，有一個必須處理的核心問題是：如何看待從韓愈到宋儒所開啓的學術視野？本章嘗試對此問題進行思考。

　　區分兩個對象或是兩個階段的差異，採用「史」的角度來觀察其間存在的發展與演變，通常是找尋意義的主要方式之一。然而，在審視的過程中，往往容易落入或以先斷後，或以主論從的窠臼中，即多是站在同一個角度、基準來進行高下優劣的區分與衡定。以宋代學術來說，誠如蔣士銓（心餘，1725～1784）所云：「宋人生唐後，開闢眞難爲。」〔註1〕何以難爲？當然是從唐代已創建的思維架構來看，循此趨向，縱有開闢，惟有如經學由注而疏之往枝節來延展，意義自然薄弱。不過，相對於詮釋上無不受制於唐代學術所形成的視角，實質上宋學卻有位於唐後而不後於唐的內涵，問題的關鍵當在理解的角度。

　　近來學者關於宋代學術的研究，已能轉換思維的角度，從唐宋相對而各具意義的不同文化型態來進行解讀，所謂「唐型文化」與「宋型文化」的觀點即是〔註2〕，這讓宋代學術的探究得以跳脫了莫名的框架而展現其豐富的

〔註1〕蔣士銓：〈辯詩〉，邵海清校、李夢生箋《忠雅堂集校箋》（上海：上海古籍出版社，1993年12月），頁986。

〔註2〕此爲傳樂成提出的說法，雖然從「複雜而進取」與「單純與收斂」、「接受外來文化」與「中國本位文化」作爲「唐型文化」與「宋型文化」的分辨，仍是有待商榷，但是確立兩大不同文化型態的思維，實有深遠啓示。文見氏著

意蘊。此外，學者也關注到學術具有的承變關係是不同於朝代的更迭，所以對宋代學術文化的理解也就溯及到了唐代，尤其注意到韓愈可能具有的價值意義。

　　然而，既有視角所形塑的觀點依舊深植人心，這不僅僅是受到批判的一面，其中尤其必須謹慎面對在此思維下所肯定的內容，舉例來說，對文學與思想的評斷，何者突出？何者又不足？對於這樣的劃分，就必須加以重新的審視，畢竟思維的視角已經產生了轉變，否則在變與不變之間，將產生理解的混亂。〔註3〕順此，重新理會宋代學術的價值就是一個重要的課題，而解決這個課題，首先就必須掌握從韓愈──作爲宋代學術文化的先驅者〔註4〕──到宋代，究竟轉變了什麼？換言之，釐清這樣的轉變，爲何會讓所謂的「宋型文化」在學術上顯得特殊？

　　由唐而宋的學術發展，實有一具體地轉變，如蘇軾即云：「自東漢以來，道喪文弊，異端並起，歷唐貞觀、開元之盛，輔以房、杜、姚、宋而不能救。獨韓文公起布衣，談笑而麾之，天下靡然從公，復歸於正，蓋三百年於此矣。文起八代之衰，而道濟天下之溺。忠犯人主之怒，而勇奪三軍之帥。

〈唐型文化與宋型文化〉，《漢唐史論集》（臺北：聯經出版事業公司，1977年9月），頁380。王水照即以〈宋型文化與宋代文學〉爲題，深切揭示其精神內涵與特質，文見《宋代文學通論》（開封：河南大學出版社，1997年6月），頁1～40。此外，由内藤湖南提出宋代近世說所構想的「轉型論」，不僅包括政治、經濟、社會、學術等方面都有全面性的關注，並且作了正面的解讀，影響更是巨大，王水照即認爲其見解提供了一個研究宋代的「綱」。文參内藤湖南：〈近世史的意義〉，《中國史通論》（北京：社會科學文獻出版社，2004年1月），頁323～334；〈概括的唐宋時代觀〉，劉俊文編、黃約瑟譯《日本學者研究中國史論著選譯》（北京：中華書局，1992年7月），頁10～18。王水照：〈重提「内藤命題」〉，《鱗爪文輯》（西安：陝西人民出版社，2008年3月），頁173～178。

〔註3〕簡單來說，即是當學者無不肯定宋代儒學有了顯著的「質變」，而此變化亦是極具意義，但這屬於思想領域的研究成果，卻無法撼動文學領域對「道」的一致性詮釋，這是極其矛盾的。

〔註4〕對於韓愈的定位，思想史論著多視爲是「先驅者」，如張君勱、陳來、韋政通等，而或許是爲了區隔先驅之所以爲先驅，必在思維內涵上揭示其不足，但如韋政通所云：「但對先秦的儒學只有泛泛的了解，他不能把握儒家的人本思想，對先秦儒家人本思想的發展更是茫然。」將精神的聯繫截斷，這樣的論斷，似乎又抹盡了韓愈的意義。詳見張君勱：《新儒家思想史》（北京：中國人民大學出版社，2006年9月），頁49～64；陳來：《宋明理學》（臺北：洪葉文化事業有限公司，1994年9月），頁1～9；韋政通：《中國思想史》（臺北：水牛出版社，1994年11月），頁954。

豈非參天地，關盛衰，浩然而獨存者乎！」〔註5〕蘇轍（子由，1039～1112）
亦云：「自漢以來，更魏晉歷南北，文弊極矣。雖唐正觀、開元之盛，而文氣
衰弱，燕許之流，倔強其間，卒不能振。惟韓退之一變復古，閼其頹波，東
注之海，遂復西漢之舊。」〔註6〕透過開元與元和的反差中，凸顯出韓愈具有
的地位，這雖然是從文的角度來進行表述，但實質上即是整個學術取向的問
題，而這樣的思維原是延續著歐陽脩的觀點：「唐自太宗致治之盛，幾乎三代
之隆，而惟文章獨不能革五國之弊。既久而後，韓、柳之徒出，蓋習俗難
變，而文章變體又難也。」〔註7〕近代學者即承此思維在肯定韓愈所具有的價
值與地位上闡釋其意蘊，簡單來說，即是分別從「文」與「道」的兩面，強
調其所創建的「文統」與「道統」隨後即在宋代漸次展現其影響力，同時也
使其內涵更趨完整。然而，這樣的詮釋只能說是初步展示了韓愈與唐宋思維
轉型的內容，實質上至於貼近其間的精神與意涵則尚有一段距離，尤其是對
於與宋代學術間的連繫性關係，顯然就沒有獲得適切的詮釋與彰顯。

　　因此，本章嘗試基於宋代學術所強調的主體精神，延伸探究的觸角，連
繫於韓愈由「能自樹立」與「立言」所展現的思維〔註8〕，審視其間是否具有
緊密的關聯，以及是否拓展了新的視野而推進了學術的發展。

　　至於，具體的切入角度，誠如錢穆所云：「韓氏論學雖疏，然其排釋老而
返之儒，昌言師道，確立道統，則皆宋儒之所濫觴也。」〔註9〕又：「曰為古
之文者，必有志乎古之道，而樂以師道自尊，此皆宋學精神也。」〔註10〕已
將韓愈學術與宋學間在「指斥佛老」、「尊崇師道」與「創作古文」上最是鮮
明的三個面向的關聯作了簡要提點，顯見兩者之間的緊密性，惟指斥佛老屬

〔註5〕　蘇軾：〈潮州韓文公廟碑〉，孔凡禮點校《蘇軾文集》（北京：中華書局，2008
　　　　年7月），頁509。
〔註6〕　蘇轍：〈歐陽文忠公神道碑〉，陳宏天、高秀芳校點：《蘇轍集》（北京：中華
　　　　書局，1990年8月），頁1136。
〔註7〕　歐陽脩：〈唐元次山銘〉，《歐陽脩全集》（北京：中華書局，2009年1月），頁
　　　　2261～2262。
〔註8〕　從韓愈學術中「能自樹立」與「立言」所呈現出的核心思維，可以發現價值
　　　　主體的顯豁一途業已開啟，詳細論述請參見下一章。韓愈：〈答劉正夫書〉，《韓
　　　　昌黎文集校注》（上海：上海古籍出版社，1987年6月），頁207；〈答李翊書〉，
　　　　《韓昌黎文集校注》，頁169。
〔註9〕　錢穆：《中國近三百年年學術史》（臺北：臺灣商務印書館，1996年7月），頁
　　　　2。
〔註10〕　錢穆：《中國近三百年年學術史》，頁2。

於對立之批判性的思維，而創作古文則著重於呈現，包括內在的情感、價值的思維與寫作的技巧等等，雖仍可旁通側見其學術思維，但未若尊崇師道之直接，直接彰顯出韓愈之「重契」儒學價值與精神的努力。因此，本文以爲聚焦於「師道」的討論，應是一個良好的取逕。

當聚焦於「師道」時，不難發現從韓愈開始，整體意蘊的轉變，隨之而成的一個顯著現象即是對「朋友」一環的關注，此對於宋儒而言，似乎別具意義，如周敦頤（茂叔，1017～1073）即有〈師友〉〔註11〕之作，而陸九淵（子靜，1139～1193）亦云：「道廣大，學之無窮，古人親師求友之心亦無有窮已。」〔註12〕可見「友道」在宋儒的眼中，不僅與「師道」有緊密的相關性，甚至具有相近的價值與地位，是故本文擬進一步納入「友道」爲探究的焦點，希冀明晰始於韓愈之由唐而宋的思維變化。

一、以師道重契儒學

儒家的思想，有時價值得以朗現，有時卻只是形式徒具，然或隱或顯，影響士人的思維則從未間斷。依理而論，價值與意義的建構當是與時俱進，時代越是晚近內涵越是趨於豐厚與完備，不過事實上並非如此，在真實的情境裡，除了烽火可能帶來的文化斷層外，傳承主體間在視野上所存在的變異性，包括：什麼是具有不變的價值而該被保存下來呢？被肯認的價值內涵是否真的延續了原始意蘊呢？因此，考量到時間因素所存在的具體影響，意義並非以其呈現之光彩或涵攝之深廣就具有價值，在本質的深淺高下之外，扣緊於儒者所衍生的曲折變化，其蘊含的學術生命當更引人注目。

眾所周知，漢唐與宋明的儒學發展呈現出兩種不同的型態，而對於這樣的轉變，大體上皆視爲具有意義的開展，殆無疑義，但在有關轉變問題上的釐清卻莫衷一是，諸如「爲何而變？」、「何以如此轉變？」等等，究其原因，主要應是將視野局限於概念的聯繫之上，試圖找尋兩者之間的內在關係。然而，概念的形成，乃是經過長期的鍛鍊，最終始以內外如一的面貌呈現出來，若過度執持已然成熟的概念來進行檢視，自然無法抉發過程中諸多似是了無痕跡之修正與轉換的意蘊。子曰：「人能弘道，非道弘人。」〔註13〕

〔註11〕周敦頤：〈師友上第二十四〉、〈師友下第二十五〉，《周敦頤集》（北京：中華書局，1990 年 5 月），頁 32～33。

〔註12〕陸九淵：〈與黃元吉〉，《陸九淵集》（臺北：里仁書局，1981 年 1 月），頁 43。

〔註13〕程樹德：《論語集釋》（北京：中華書局，1997 年 10 月），頁 1116。

儒學之價值與內涵的存在，自始即是緊扣於儒者身上，即以漢唐經學轉向宋明理學的大趨勢來說，內處於真實情境中的儒者，在困境裡所面對的並不是抉擇的問題，而是必須用個體的踐履逐步為生命尋得安頓之處，此能「安」者所拓展的新意無不深廣而獨特，惟在歷經諸多新意的細微變化後，乃能積累以造就出最遠兩端之迥然不同的面貌，所謂漢學與宋學即是。因此，轉換視角，汲取由人所開啟的新意，當可補足純粹概念探究下對於脈絡性思維的理解空白。

（一）「師道」是問題的焦點

　　一般對於一個作為儒者的韓愈，所賦予的價值與地位，即是從復興儒學的角度來看待。或許《孟子》、〈大學〉與〈中庸〉的標舉，甚至是道統的提出與斥佛的激進，能夠鮮明的顯示出韓愈與宋代儒學發展存在的連繫性關係，然而當韓愈的儒學思維被斷定為未出新意的情形下，這些似乎就僅只是徒具形式的相關而已。如何理解才能更加貼切地彰顯出韓愈的價值及其與宋代儒學發展的連繫性關係呢？錢穆云：「言宋學之興，必推本於安定、泰山。蓋至是而師道立，學者興，乃為宋學先河。」〔註14〕已明確指出了「師道」是宋學興起的一個關鍵性因素，不過猶可進一步探求的是：從韓愈寫作〈師說〉〔註15〕一文，欲以重契儒學價值的「師道」，是否隨著儒學的發展而有不同的意蘊呢？相信答案是有的，而這樣的意蘊，正呈現出新的氣象，同時體現著當時儒學發展的新思維，陸九淵即有云：「秦漢以來，學絕道喪，世不復有師。以至于唐，曰師、曰弟子云者，反以為笑，韓退之、柳子厚猶為之屢歎。惟本朝理學，遠過漢唐，始復有師道。」〔註16〕作為宋代最精要的嶄新思維——理學，不僅遠勝於漢唐學術，「師道」亦因之而有生氣，則兩者相應而變，當可想見。

　　如果說〈原道〉一文是韓愈闡述其有得之儒家的思維內涵，則〈師說〉一文，誠如文中所云：「古之學者必有師」、「吾師道也」，即是其升堂入室之取逕的表述。有關這樣的取逕，透過整篇文章的論述，可以讓人瞭解到「師道」的凸顯是具有特殊的意義。試觀韓愈所云：「吾未見其明也。」明什麼

〔註14〕錢穆：《中國近三百年年學術史》，頁2。此說錢氏或依據《宋元學案》的論述而進行的判斷。惟揭示「師道」為宋學開展之內在質素，確有深切意蘊，值得關注。

〔註15〕韓愈：〈師說〉，《韓昌黎文集校注》，頁42～44。

〔註16〕陸九淵：〈與李省幹〉，《陸九淵集》，頁14。

呢？當然就是指「聖人之道」，這應該就是韓愈盡心所面對的核心問題。對於這個問題，韓愈基於古今兩面的思維，始貞定出「師道」乃是關鍵之所在。藉鑑於古代的學者，韓愈以爲當時必然從其師而能夠獲得傳道、授業與解惑，後世之所以不明，乃因「師道之不傳也久矣」。印證於當時的風氣，韓愈指出：「士大夫之族，曰師、曰弟子云者，則羣聚而笑之。」可見當時不復有聞「師道」的存在。不傳與不復，顯示出韓愈重提「師道」所具有的獨特理會。爲使其內涵能有更加清晰的呈現，以下分別擷取相關的論述作進一步的剖析。

1. 鑑古之不傳

從思維的依據來說，韓愈貞定「師道」不傳是造成聖人之道不明的根本原因，並非是一時的奇想，而是來自於對儒學發展歷程的整體檢視。換言之，這也不是單純襲用固有的陳說，而是蘊含著韓愈個體的獨特理會。

儒家的思想在周公、孔子之後，即面臨了各方的挑戰，截至韓愈爲止，先有楊、墨，後有佛、老，致使聖人之道幾乎亡滅而不存。韓愈云：

> 周道衰，孔子沒，火于秦，黃老于漢，佛于晉、宋、齊、梁、魏、隋之間，其言道德仁義者，不入于楊，則入于墨；不入于墨，則入于老；不入于老，則入于佛。入于彼，必出于此。入者主之，出者奴之；入者附之，出者汙之。噫！後之人其欲聞仁義道德之說，孰從而聽之？ [註17]

「道德仁義」原是儒家思想的核心內涵，但周孔之後闡釋權卻轉而歸屬於楊、墨、佛、老四家的學說，所謂「孰從而聽之」，一語即道盡了儒家思想所面臨到之存續的困境。對於這樣的演變，值得留意的是有別於學說上相侵亂的性質韓愈還特別留意到屬於外緣之秦火的影響，顯示出關注的視野已擴及至傳播的領域。韓愈云：

> 堯以是傳之舜，舜以是傳之禹，禹以是傳之湯，湯以是傳之文武，
> 文武以是傳之周公孔子；書之於冊，中國之人世守之。 [註18]

相傳不斷的聖人之道透過經典書冊將之良好的保存下來，成爲後世人人所謹守的依據，可見傳播的媒介亦具有非常重要的地位。這樣的思維，可以說是韓愈延續著由漢至唐之儒學所盡心的經學取逕。然而，在同是肯定經典價值

[註17] 韓愈：〈原道〉，《韓昌黎文集校注》，頁 12～19。
[註18] 韓愈：〈送浮屠文暢師序〉，《韓昌黎文集校注》，頁 253。

的現象裡，卻蘊含著變異的質素。來自於真實情境的課題，儒學走向了泯滅
無聞一途，這迫使韓愈對於由漢而唐儒者專注於經典之修補的用心展開了反
思，顯然其間是存有問題的，韓愈云：

> 夫楊墨行，正道廢，且將數百年，以至於秦，卒滅先王之法，燒除
> 其經，坑殺學士，天下遂大亂。及秦滅，漢興且百年，尚未知修明
> 先王之道；其后始除挾書之律，稍求亡書，招學士，經雖少得，尚
> 皆殘缺，十亡二三；故學士多老死，新者不見全經，不能盡知先王
> 之事，各以所見爲守，分離乖隔，不合不公，二帝三王羣聖人之道
> 於是大壞。後之學者無所尋逐，以至於今泯泯也；其禍出於楊墨肆
> 行而莫之禁故也。……漢氏已來，羣儒區區修補，百孔千瘡，隨亂
> 隨失，其危如一髮引千鈞，緜緜延延，寖以微滅。〔註19〕

大體上，韓愈似以「聖人之道」的壞滅一切當歸咎於楊墨的肆行，但若進行
細部的拆解，將可發現實質上韓愈指出了內外兩面的衝擊，楊墨肆行不過是
屬於外部的因素，其間尚有來自於內部的根本問題。所謂內部的根本問題，
即是指產生於儒學自身的困境。如果說從楊墨的肆行到秦的焚燒經典與坑殺
學士，是對儒學的一次毀滅性衝擊，韓愈以爲在此之後儒學仍然存有修明先
王之道的契機。只是這樣的機會，從漢代以後走向「各以所見爲守」的詮釋
分歧，造成論述之「不合不公」的發展來看，顯然韓愈認爲終究是錯失了。
韓愈給予漢代以來視經學爲儒學的努力斷以「百孔千瘡，隨亂隨失」，如此顛
覆性的評價，不僅表現出對於造成「聖人之道」陷入無所尋逐之困境的不滿，
也寓含了個人的特殊見解。韓愈云：

> 聖人之道不傳于世；周之衰，好事者各以其說干時君，紛紛藉藉相
>
> 亂，六經與百家之說錯雜；然老師大儒猶在。〔註20〕

一句「聖人之道不傳于世」所產生的效應即是撼動了原有之儒學的思維視野，
直接受到挑戰的就是由漢至唐以經學爲主要取向的鑽研方式與修補成果。韓
愈指出周衰後六經與百家之說產生了錯雜的現象，這使得憑藉儒家經典以探
究聖人之道的取向有了疑慮，因此認爲此時惟有「老師大儒」勉強能維繫住
聖人之道。很清楚，韓愈掌握到錯雜於經典而尚存於老師大儒中的「聖人之
道」。與此相呼應者，即是韓愈在〈原道〉的說法，其云：

〔註19〕韓愈：〈與孟尚書書〉，《韓昌黎文集校注》，頁214～215。
〔註20〕韓愈：〈讀荀〉，《韓昌黎文集校注》，頁36。

> 曰：斯道也，何道也？曰：斯吾所謂道也，非向所謂老與佛之道
> 也。堯以是傳之舜，舜以是傳之禹，禹以是傳之湯，湯以是傳之文
> 武周公，文武周公傳之孔子，孔子傳之孟軻，軻之死，不得其傳
> 焉。〔註21〕

「不得其傳」的斷言與「道」的重新釐定，充分展現了韓愈對遞相傳承「聖
人之道」的省思與獨特理會。又有云：

> 古之學者必有師，所以通其業，成就其道德者也。由漢氏已來，師
> 道日微，然猶時有授經傳業者，及于今則無聞矣。〔註22〕

「師」是古代的學者所以能夠成就其道德、暢行其事業的主要憑藉，但是自
從漢代以後，「師道」就日漸走向了衰微，雖然仍舊可見一些傳經授業的活動，
不過也只是在形式上勉強維繫住的現象而已，終究還是走到了泯滅無聞的窘
境。可見維繫於人師所具有的價值意涵──「師道」，是整體關鍵之所在。有
關經傳注疏，韓愈尚云：

> 古聖人言，其旨密微；箋注紛羅，顛倒是非；聞先生講論，如客得
> 歸。〔註23〕

箋注是為拆解經典使聖人旨意明晰而作，但依韓愈的評斷，這些作品不僅未
能達到這樣的作用，反而是顛倒了是非。又云：

> 禮文殘缺，師道不傳，不識《禮》之所謂不稅，果不追服乎？無乃
> 別有所指，而傳注者失其宗乎？〔註24〕

有關經典記載的禮制，韓愈除了對於前儒傳注的說法提出了質疑，並揭示問
題的核心就在於「師道」的不傳，致使無法確切掌握其宗旨。顯然，「師道」
左右了經學詮釋的價值，但從漢代以來極重家法與師法的經學趨向，在韓愈
的觀念裡，並不吻合其要求，致使儒學宗旨才會漸至微滅不明。換言之，韓
愈有感而發的倡言「師道」，其內涵尚帶有「何以為師？」的省思。

2. 變今之不復

面對時代的課題，尋求突破的取逕必然有很大的相異性或對立性。韓愈
之所以洞悉「師道」在儒學傳承中所具有的關鍵性，當時「師道」的泯滅無

〔註21〕 韓愈：〈原道〉，《韓昌黎文集校注》，頁18。
〔註22〕 韓愈：〈進士策問・其十二〉，《韓昌黎文集校注》，頁108。
〔註23〕 韓愈：〈施先生墓銘〉，《韓昌黎文集校注》，頁352。
〔註24〕 韓愈：〈與李祕書論小功不稅書〉，《韓昌黎文集校注》，頁127。

聞也是一大要素。

　　針對當時「師道」踐行的狀態，柳宗元（子厚，773～819）有著清楚的描述。依據柳宗元在〈答嚴厚輿秀才論爲師道書〉與〈報袁君陳秀才避師名書〉兩篇文章中的陳述，自身有關「師道」的看法已詳細的展示在〈師友箴〉與〈答韋中立論師道書〉兩篇文章裡。試觀〈師友箴〉所云：

> 今之世，爲人師者眾笑之，舉世不師，故道益離；爲人友者，不以道而以利，舉世無友，故道益棄。〔註25〕

又，〈答韋中立論師道書〉云：

> 孟子稱「人之患在好爲人師。」由魏、晉氏以下，人益不事師。今之世，不聞有師，有輒譁笑之，以爲狂人。獨韓愈奮不顧流俗，犯笑侮，收召後學，作〈師說〉，因抗顏而爲師。世果羣怪聚罵，指目牽引，而增與爲言辭。愈以是得狂名，居長安，炊不暇熟，又挈挈而東，如是者數矣。……吾子行厚而辭深，凡所作，皆恢恢然有古人形貌，雖僕敢爲師，亦何所增加也？假而以僕年先吾子，聞道著書之日不後，誠欲往來言所聞，則僕固願悉陳中所得者。吾子苟自擇之，取某事去某事，則可矣。若定是非以教吾子，僕材不足，而又畏前所陳者，其爲不敢也決矣。〔註26〕

透過柳宗元的論述，約可獲得幾個重要的訊息：其一，當時已不聞有自任爲師的人，正印證了韓愈的說法。有趣的是柳宗元的闡釋，竟藉孟子的主張來導入，似有諷刺流俗形似神遺、好名失實的意思。其二，穿透「師」的形式地位而明晰「道」是價值的根本。雖然肯定了人師的重要性，不過與韓愈相同，關注的焦點已穿透到價值的內涵，以「道」爲依歸。其三，對於「師道」的興復，有不同的見解。透過柳宗元對於韓愈的評述，可知當時韓愈積極在踐行著「師道」已是眾所皆知的事，而遇到的阻力顯然是非常巨大的，致使柳宗元不認爲這是一個良好的方式，但並非因此就走向對反的立場，而是採取了「去其名全其實」〔註27〕的調整方式，共同盡心於「明道」的理想。換

〔註25〕柳宗元：〈師友箴并序〉，《柳宗元集》（臺北：漢京文化事業有限公司，1982年5月），頁531。

〔註26〕柳宗元：〈答韋中立書〉，《柳宗元集》，頁871～873。

〔註27〕柳宗元：〈答嚴厚輿秀才論爲師道書〉，《柳宗元集》，頁879。柳宗元是有意的迴避「師名」，如於〈報袁君陳秀才避師名書〉一文中即云：「僕避師名久矣。」（《柳宗元集》，頁880）但對於實質的內涵──「道」，是一直保有積極

言之，韓柳兩人在本質上對「師道」的價值有共許之意，而在踐行上則有不同的展現。其四，尊重客體，開啓對話契機。當柳宗元捨棄師名而從事於實質之「道」的傳承時，由「自擇之」所表示的開放性態度，無形中留給了客體自主發展的空間，尤其在考量「道」的離合取捨上納入了朋友的角色，已爲主體間對等的交流開啓了一扇窗，其間蘊含的特殊意義容後再述。此外，陸龜蒙（魯望，？～881）亦云：

> 師道不行，後生多泥於所習。有陷而溺者，力能援之，可也。〔註28〕

後生縱游陷溺的緣由，乃是「師道」的不行，除了呈現出當時的狀態外，亦可見「師道」的價值已重新爲儒者所關注。

綜上所述，「師道」自從漢代以後就逐漸失去它的價值，到了唐代更成爲人人迴避、非笑的標籤，然而一些有識之士，除了韓愈積極的踐行外，先有柳宗元，後有陸龜蒙，皆可見在「師道」的價值意義上已有了重新的思考，對於「師道」之意蘊的開展是有助益的。

（二）「師道」之內涵及其新意

經過以上的論述，可知韓愈在倡行「師道」時，已明確意識到其價值內涵對於儒學發展所具有的意義。順此，可以進一步提問的是：韓愈倡行的「師道」，其內涵爲何呢？是否存有新意呢？

1.「師道」之內涵

由於韓愈積極地倡行「師道」，在文章的寫作中，即屢次提及並作爲稱許的面向，如〈舉薦張籍狀〉云：「學有師法，文多古風。」〔註29〕〈柳子厚墓誌銘〉云：「衡湘以南爲進士者，皆以子厚爲師，其經承子厚口講指畫爲文詞者，悉有法度可觀。」〔註30〕即是，然欲剖析韓愈「師道」的觀點，〈師說〉一文仍是最主要的依據。根據文章的名稱，可以確知韓愈論述的核心就是「師」，而在展開其論述時所帶入的幾個相關重要性觀點，則使其在整體上呈現出與傳統迥然不同的意蘊。所帶入的觀點，包括：

的態度，舉如〈答吳武陵論非國語書〉一文中所云：「明聖人之道。」（《柳宗元集》，頁825）即是。

〔註28〕陸龜蒙：〈復友生論文書〉，宋景昌、王立群點校《甫里先生文集》（開封：河南大學出版社，1996年9月），頁273。

〔註29〕韓愈：〈舉薦張籍狀〉，《韓昌黎文集校注》，頁629。

〔註30〕韓愈：〈柳子厚墓誌銘〉，《韓昌黎文集校注》，頁512。

（1）從師解惑

韓愈雖然用古今對照的方式引導出人師的重要性，但論述的目的並非只是標舉之而希望復見古師弟子的問學關係而已。試觀所云：「師者，所以傳道受業解惑也。」一語有關「師」的界定，雖簡要說明了人師的角色與作用，然其中「惑」字，實為用力之所在，其云：「人非生而知之者，孰能無惑？惑而不從師，其為惑也終不解矣。」顯然，「惑」是問題的焦點，而從師是解惑的良好途徑，此由作為師聖愚分判的關鍵可以得知。然而，韓愈對「惑」的思索並不僅止於此，其所謂「解惑」者，並非是所見狹隘而積極於客觀知識的攫取，乃是在小學句讀之外，一個作為人當知當行的價值內涵。因此，伴隨師道之合理性、必要性與重要性的揭示，韓愈引發了人們對於所追尋之價值內涵的重新省思與關注，意義非凡。

隨著以惑為中心所展開的論述，「師」的思維也不再侷限於人師或師從的關係上，觸及的兩個面向是值得加以關注的。一是，學習。雖然韓愈沒有進行直接的釋義，但學習與從師是近似的兩個觀點，當不論貴賤長少皆值得師法時，所謂「吾師道也」，嚴格意義下之師弟子的關係就受到了弱化，學習的概念從而趨向於明晰且重要，尤其在具有成就聖益聖的一面上，這與宋代以後強調能夠學以至聖的觀點是存有關聯性的。二是，開啟由學者來進行思考的視野。不論是學者本身存有的「惑」，或者是值得師從的「道」，都是透過學者的角度來進行剖析與衡定，已與意義當是客觀與絕對有別，這與韓愈關注主體而追求「能自樹立」的核心思維，是具有內在的一致性。

總之，隨著韓愈的詮釋，師道的重心，已產生的轉變。

（2）以道為師

一種蘊含意義的行為模式，因共許而成為了規範，但往往在時移境遷下喪失了內在的精神而淪為外在的制約，最終更造成了諸多令人厭惡的弊病。師與弟子間的關係，到唐代即是如此〔註31〕，想要轉負為正，並非僅僅重述

〔註31〕儒家學術到了漢唐階段，轉變成以治經的型態呈現，而學習的格局陷入到家法與師法的牢籠，致使儒家學術的精神嚴重的流失。韓愈的〈師說〉，一方面正指出了當時學者局限於作為師者的身份而未見其「道」，另一方面也說明了「師道」價值的理解是有待建構的。試觀皮錫瑞所云：「觀漢之所以盛與所以衰，皆由經學之盛衰為之樞紐。」又云：「前漢重師法，後漢重家法。」又云：「凡事有見為極盛，實則盛極而衰象見者，如後漢師法之下復分家法，今文之外別立古文，似乎廣學甄微，大有禆於經義；實則矜奇炫博，大為經義之

原有的價值意義就可輕易獲得眾人的認同，惟有重新開啓屬於當代的意蘊，始能再次綻放原有的價值與精神。

　　韓愈再次提出從師的議題，除了概略指出古之學者必有師之外，眞正著力闡釋的內涵即是要揭示屬於當代的意向。韓愈云：

> 今之人以一善爲行而恥爲之，慕達節而稱夫通才者多矣，然而脂韋汨沒以至於老死者相繼，亦未見他之稱：其豈非亂教賊名之術歟！且五常之教，與天地皆生；然而天下之人不得其師，終不能自知而行之矣。……嗚呼，今之人其慕通達之爲弊也！且古聖人言通者，蓋百行眾藝備於身而行之者也；今恒人之言通者，蓋百行眾藝闕於身而求合者也。是則古之言通者，通於道義；今之言通者，通於私曲：其亦異矣！……夫古人之進修，或幾乎聖人。今之人行不出乎中人，而恥乎力一行爲獨行，且曰：「我通同如聖人。」彼其欺心邪？〔註32〕

自視通同如聖人，可見當時儒者仍然保有希冀至善的理想，只是在韓愈看來，他們的實際作爲卻正好是背道而馳之「亂教賊名之術」而已。關於這樣的歧出，韓愈進一步透過古今對照的方式，將之仔細而清楚地分辨出來，包括責實踐行與循名求合、道義與私曲的實質性差異。由是而言，韓愈所要揭示的意蘊，即是要指出襲取表象根本不具有任何意義。如何才能具有意義呢？韓愈透過許由行讓、龍逢行忠、伯夷行義等三人獨行爲師以存教作爲例子，說明其不欺心、不欺人，誠能有「哀」之深切的體悟，乃能彰顯價值的眞實意蘊。顯然，在師教的表象裡，蘊含了兩個關鍵的要素，一是主體，一是價值，當主體與價值兩相契合時，始能產生感染力而呈現意義。又有云：

> 士之特立獨行適于義而已，不顧人之是非、皆豪傑之士，信道篤而自知明者也。……今世之所謂士者：一凡人譽之，則自以爲有餘；一凡人沮之，則自以爲不足。〔註33〕

相對於受人左右的今之士人，韓愈指出豪傑之士展現出的乃是「特立獨行適于義」、「信道篤而自知明」的特質。所謂「適于義」、「信道篤」，都是意指必須擁有肯認的價值內涵，而所謂「特立獨行」、「自知明」，即是強調確立自我

盡。」即清楚說明發展的侷限。詳見氏著《經學歷史》（臺北：藝文印書館，1996 年 8 月），頁 113、139、142。

〔註32〕韓愈：〈通解〉，《韓昌黎文集校注》，頁 676～679。

〔註33〕韓愈：〈伯夷頌〉，《韓昌黎文集校注》，頁 65～66。

主體的重要性。又有云：

> 方今天下入仕，惟以進士、明經及卿大夫之世耳。其人率皆習熟時
> 俗，工於語言，識形勢，善候人主意；故天下靡靡，日入於衰壞。
> 〔註34〕

「習熟時俗，工於語言」是無法解惑而不具有意義的學習，「識形勢，善候人主意」是缺乏主體性的自我。沒有意義，沒有自我，就是當時入仕之儒者的弊病，也是韓愈極度關注的焦點。由是以觀〈師說〉的內容，當韓愈云：「吾師道也。」以及「道之所存，師之所存也。」關注的焦點已穿透外在的「師」而至於內在的「道」，這是著力於深層價值的探究，通篇論述即是要用「以道論師」的方式將此新意展開。尤其，在韓愈強調求師的目的不在於書本句讀之客觀知識的獲得而是為了解惑明道時，所彰顯出的即是主體與價值兩者必相契合的意義。相近的意涵，亦可見於〈答劉正夫書〉一文中，其云：

> 或問：為文宜何師？必謹對曰：宜師古聖賢人。曰：古聖賢人所為
> 書具存，辭皆不同，宜何師？必謹對曰：師其意，不師其辭。又問
> 曰：文宜易宜難？必謹對曰：無難易，惟其是爾。如是而已，非固
> 開其為此，而禁其為彼也。〔註35〕

論述的主題雖是針對文章的寫作，但也關聯到「師」的問題，實有足資參照的價值。如何理會這段文字呢？由於以人為師到以書為師間存在著跳躍，是以先作處理，韓愈有云：「化當世莫若口，傳來世莫若書。」〔註36〕則口語有如文辭，關注的重點當無所差異。由是，透過整體的行文脈絡，可知「意」與「是」乃是論述的核心。所謂「是」指涉的正是價值的內涵，而「意」所代表的即是收攝價值之主體的精神，主體與價值的凸顯，正與〈師說〉的表述若合符契。

（3）轉益多師

順著以道為師的思維，韓愈進一步重提「聖人無常師」的觀點，其云：

> 聖人無常師，孔子師郯子、萇弘、師襄、老聃。郯子之徒，其賢不
> 及孔子，孔子曰：「三人行，則必有我師。」是故弟子不必不如師，
> 師不必賢於弟子，聞道有先後，術業有專攻，如是而已。〔註37〕

〔註34〕韓愈：〈答呂毉山人書〉，《韓昌黎文集校注》，頁217。
〔註35〕韓愈：〈答劉正夫書〉，《韓昌黎文集校注》，頁207。
〔註36〕韓愈：〈答張籍〉，《韓昌黎文集校注》，頁132。
〔註37〕韓愈：〈師說〉，《韓昌黎文集校注》，頁44。

「無常師」原已見於子貢答覆衛公孫朝的提問，其云：「夫子焉不學？而亦何常師之有？」而後孔安國對此闡釋云：「無所不從學，故無常師也。」何晏在爲《論語》作《集解》時，即將此觀點關聯到：「子曰：『三人行，必有我師焉：擇其善者而從之，其不善者而改之。』」的詮釋〔註38〕，旨在闡發孔子藉鑑他人行爲所展現之爲學不倦的精神，韓愈重提此觀點，用以批駁當時以爲年相若道即相似而不足爲學的風氣，意甚相契。不過，韓愈的重提，並非只是單純的襲用，在《論語》鮮明的強調「學」的觀念上，韓愈進一步將其內涵——「道」——彰顯開來，使「無常師」成爲深化「師」的闡釋，這不僅打破漢代以來注重師法、家法的思維格局，更由與他者的對話中體見了自我主體所具有的關鍵性價值。

2.「師道」之新意

韓愈有云：「自度若世無孔子，不當在弟子之列。」〔註39〕由此可見，韓愈對於所倡行的師道是有著嚴格的界定。如前所述，這與漢代以來，包括當時的認知，是有顯著的突破，即使是回到《論語》，意蘊仍有開展。

《論語》中與「師」相關的論述，除前文所提之外，尚有：

> 子曰：「溫故而知新，可以爲師矣。」〔註40〕

重點同樣在揭示足以爲「師」的內涵，而明晰的是一個價值的方向，顯示出原始視野具有之寬廣和自由的特色。〔註41〕又：

> 子曰：「當仁，不讓於師。」〔註42〕

「仁」是孔子賦予疲弊之周文以嶄新意義的價值內涵，爲凸顯其不可替代的地位，孔子藉由置入師弟子的關係來加以說明。以上，從《論語》的相關敘述中，可見主要乃在彰顯價值的內涵，當然《論語》中亦有云：「子曰：『人能弘道，非道弘人。』」〔註43〕對於踐行價值之主體的重要性也有所揭示，但

〔註38〕程樹德：《論語集釋》，頁 482。
〔註39〕韓愈：〈答呂毉山人書〉，《韓昌黎文集校注》，頁 216。
〔註40〕程樹德：《論語集釋》，頁 94。
〔註41〕儒學的精神與價值是一個「方向倫理」，不是「本質倫理」。所謂「方向倫理」，即是「自律道德」，是一個從性體之自主、自律、自決、自定方向上的應當；所謂「本質倫理」，即是「他律道德」，是順理的道德，但也只是唯智論的泛道德。見牟宗三：《心體與性體》第 1 冊（臺北：正中書局，1996 年 2 月），頁 111～112。
〔註42〕程樹德：《論語集釋》，頁 1124。
〔註43〕程樹德：《論語集釋》，頁 1116。

韓愈進一步將之明晰，且由是以圈點出意義之所在。韓愈云：

> 孟子雖賢聖，不得位，空言無施，雖切何補？然賴其言，而今學者
> 尚知宗孔氏，崇仁義，貴王賤霸而已。其大經大法皆亡滅而不救，
> 壞爛而不收，所謂存十一於千百，安在其能廓如也？〔註44〕

仁與義是儒學的核心價值，孟子亦備受尊崇，但在韓愈的觀點中，儒學尚有一個已經遺失而不可或缺的重要部分，即是能夠具體產生作用的「大經大法」。由是而言，韓愈的學術取向即非僅是要延續空言無施的論述而已，隱含之意即是要將「大經大法」再次彰顯開來，有關於此論者亦多體認到其所展現之「相生養之道」的特殊性。〔註45〕然而，此中尤當關注的是：韓愈如何將價值的普遍性轉化成眞實的特殊性？包含對於「立言」的答覆以及「特立獨行」者的推崇，韓愈其實都已揭示出「能自樹立」之價值主體的確立，是關鍵之所在。韓愈云：

> 若聖人之道不用文則已，用則必尚其能者；能者非他，能自樹立，
> 不因循者是也。〔註46〕

文是道的呈現，從積極的意義來說，也是一種踐行，文與道並是要展現「能自樹立」的特質。依此，先是主體，然後才是價值。由是以觀〈師說〉，當韓愈用「道」將「師」的意涵闡釋開來，呈現的是對於價值內涵的關注，而這樣的關注最終的歸趨則是爲了解惑明道以彰顯主體，換言之，價值必須與主體產生緊密的連繫，始具有眞切的意義。

　　綜上所述，可知韓愈在面對儒學的時代課題時，透過對於歷史的反思，以及個人的默契有得，明晰了價值主體的重要性，因而展開了「新儒學」的建構，這樣的突破與進展，具體地呈現在「師道」的闡釋裡。

二、以友道輔成師道

　　由韓愈積極推展之強調主體性的「師道」踐行，在當時雖然引起了眾人的關注，也確實左右了一些儒者的思維，但從實際的成效來看，這樣的取向

〔註44〕韓愈：〈與孟尚書書〉，《韓昌黎文集校注》，頁214。

〔註45〕諸論者中，鄭毓瑜先生即透過對「相生養之道」的詮釋轉化了「道」在文學上的負面認知，認爲在具體化現實處境下，古文運動成爲一種鼓吹「個性化的書寫方式」與「個人版本的聖人之道」。此轉向個體化的詮釋值得關注，文見氏著〈文學典律與文化論述：中古文論中的兩種「原道」觀〉，《漢學研究》第18卷第2期（2000年12月），頁285～381。

〔註46〕韓愈：〈答劉正夫書〉，《韓昌黎文集校注》，頁207。

並未如韓愈所願，產生廣泛的影響力。在缺乏參與者的狀態下，新的思維雖然萌芽了，但距離成熟階段尚有一段漫長的路，仍需要後繼的儒者不斷的投入，始能成長而茁壯。周必大（子充，1126～1204）有云：

> 自堯、舜、禹、湯、文、武、周公以道相傳，見諸行事，所謂師弟子之說固不必論。惟孔子至聖有作，無時無位，折衷六藝，授之門人，固嘗自謂「文不在茲乎」，而終有「天喪予」之歎者，以顏子既死，曾子晚方傳道，其餘則所得未深，其器未大也。馴至戰國，異端浸起，獨孟子能因師說僅續不傳之緒，然諸子百家已復並行。道術自是分裂，至秦遂一掃而空之。漢興，諸儒稍習六藝之文，而不知明聖人之道，專門名家，互相矛盾，道德性命之理，仁義禮樂之具，視之蔑如。又其久也，雖訓詁章句猶且前無所承，後無所授，況其上者乎？韓退之晚出於唐，頗以師道自任，終亦莫能救也。天啓聖朝，世與道興，上而元臣大老信此道以覺斯民，下而老師宿儒進此道以覺後覺，然後人知聖賢事業本非空言。間有操持或謬，趨向或僻者，相與辭而闢之，縱未能盡得周孔之傳，其視歷代從事末流、失其指歸者，固已不同。乖離千歲，庶幾復合，茲非師友淵源之效與？〔註47〕

陸九淵亦有云：

> 秦漢以來，學絕道喪，世不復有師。以至于唐，曰師、曰弟子云者，反以爲笑，韓退之、柳子厚猶爲之屢歎。惟本朝理學，遠過漢唐，始復有師道。〔註48〕

透過以上兩則論述，可以獲知三個訊息：其一，有關秦漢以來「師道」的發展趨勢。周必大與陸九淵的論述，雖然詳略有別，但認定「師道」從秦漢時期之後就已經走向不復存有的觀點，不僅近似，並且存有韓愈論斷的影子。其二，韓愈的角色。兩人不僅都注意到韓愈在「師道」久缺後於用心上存在的特殊性，卻也都認爲沒有獲得良好的成效，所謂「終亦莫能救」與「屢歎」即是。其三，宋代學術具有的承啓作用。周必大從整體上肯定宋代具有接續周孔之道的學術呈現，並指出是源自「師友淵源」的成就；陸九淵則進一步

〔註47〕周必大：〈籍溪胡先生憲墓表〉，曾棗莊、劉琳主編《全宋文》第 232 冊（上海：上海辭書出版社，2006 年 8 月），頁 298。此爲後出之《全宋文》，非本文之主要取材版本，故特別標明。

〔註48〕陸九淵：〈與李省幹〉，《陸九淵集》，頁 14。

明確指出轉變「學絕道喪」而復有「師道」的學術呈現乃是「理學」，可見兩者關於宋代學術對於「師道」的開展都持以正面的態度，只是基於不同的學術視野，認可的對象產生了差異而已，然由所謂「乖離千歲，庶幾復合」一語而言，思維內涵實有近似之處。由是而言，宋儒可以說是在認取韓愈之識見的基礎上，透過對韓愈學思與踐行的拓展，始能具體而完備的將「師道」的意蘊重新彰顯開來。

宋儒如何將韓愈所關注的「師道」成功的推展開來呢？價值思維的明晰與落實，總是必須經過一段曲折的過程，在不斷的調適之後，始能完整呈現其深厚而真切的意蘊。是故，關於「師道」，從韓愈到宋儒，並非僅僅只是實踐上之傳播與影響的問題，所以能「復有師道」，實是有著思維的進展。以下即先針對其思維的延續性進行討論，然後再解析其中存有的進展。

（一）宋代之「師道」

1. 宋儒對「師道」的看法

在韓愈透過〈師說〉一文闡明「師道」的價值之後，到了宋代，由於獲得儒者的關注與印可，因此多有引述與闡釋的呈現。在這些相關的論述中，柳開（仲塗，947～1000）的〈續師說〉〔註49〕與王令（逢原，1032～1059）的〈師說〉〔註50〕，透過專文的方式來進行呈現，色彩最是鮮明，不過兩文局限在從師、立師、尊師方面的闡釋，對於「道」的內涵並未有進一步的覺知，意蘊反而不若韓愈論述的寬廣。除此之外，王禹偁（元之，954～1001）有云：

> 揚雄氏喪，文中子生。……修先王之業，九年而成《王氏六經》。……門弟子歸於唐，盡出先師之道以弼於文皇，故能立貞觀之業。……謂隋之夫子焉。雖劣於仲尼而復優于孟、揚又明矣。文中子滅，昌黎文公出，師戴聖人之道，述作聖人之言。從而學者，有若趙郡李翱、江夏黃頗、安定皇甫湜，固其徒也。然位不足以行其道，時不足以振其教，故不能復貞觀之風矣。獨以詞旨幽遠，規正人倫，亦曰唐之夫子焉。下韓氏二百年，世非無其文章，罕能聚徒眾于門，張聖賢之道矣。〔註51〕

〔註49〕柳開：〈續師說〉，《全宋文》第 3 冊，頁 666～667。
〔註50〕王令：〈師說〉，《全宋文》第 40 冊，頁 498～500。
〔註51〕王禹偁：〈投宋拾遺書〉，《全宋文》第 4 冊，頁 375～376。

雖然看重價值思維的內涵而揭示韓愈具有「師戴聖人之道」的一面，但從推
許王通優於孟、揚、韓三人而言，王禹偁的思維仍是傾向於依據實際的踐行
成效來作爲衡量的標準，是故韓愈的價值就取決於具有「規正人倫」的一
面。〔註52〕順此，當王禹偁批判當世罕能聚徒以張揚聖賢之道的現象時，正
顯示出其將「師道」界定在客觀價值的傳遞上。隨後，孫何（漢公，961～
1004）亦有云：

> 文之繁久矣，源于〈離騷〉，派于〈子虛〉、〈上林〉，汗漫于魏晉，
> 懷襄于齊梁已降，今之世尤甚焉。何則？師道喪而詞人眾也。師道
> 喪則簡易之理亡，詞人眾則朋黨之譽起。故往往激昂自負曰：「我工
> 于手筆，薄于小文而不爲。」騰口相和，以成其名。泊索而觀之，
> 則支離重複，孟浪荒唐之詞，無所不有，古非古，律非律。既不能
> 刊正經史之誤，復不能明白仁義之奧，但披說蔓語，駢章贅句，長
> 其編，大其軸，以多爲貴耳。斯實蠹教賊文之巨者也。〔註53〕

相對於「詞人」在文章寫作上走向繁瑣、冗長的呈現，孫何提出了維繫於「師
道」所具有之「簡易之理」、「仁義之奧」的觀點，展現出對於價值內涵的關
注。范仲淹（希文，989～1052）云：

> 師道既廢，文風益澆。〔註54〕

> 今文庠不振，師道久缺，爲學者不根乎經籍，從政者罕議乎教化，
> 故文章柔靡，風俗巧僞，選用之際，常患才難。〔註55〕

作爲一個革新者，不僅認爲「師道」左右了文風的走向，更涉及到風俗的
淳僞與人才的養成，則盡心用力的情形自然可知。只是范仲淹所鎖定的焦
點，依然在師弟子間的文化傳承授受上，因此才會將「文庠不振」視爲根
本問題與解決的方向。之所以如此，追根究柢源自於對「道」的認知，范仲
淹云：

〔註52〕 王禹偁有云：「古君子之爲學也，不在乎祿位，而在乎道義而已。用之則從政
　　　　而惠民，捨之則修身而垂教，死而後已，弗知其他。科試已來，此道甚替，
　　　　先文學而後政事故也。」指出古今存在的顯著差異，即是文學與政事的先後
　　　　問題，可見對於實際施用的重視。文見〈送譚堯叟序〉，《全宋文》第 4 冊，
　　　　頁 390。
〔註53〕 孫何：〈答朱嚴書〉，《全宋文》第 5 冊，頁 175～176。
〔註54〕 范仲淹：〈奏上時務書〉，范仲淹著：李勇先、王蓉貴校點：《范仲淹全集》（成
　　　　都：四川大學出版社，2002 年 9 月），頁 203。
〔註55〕 范仲淹：〈上時相議制舉書〉，《范仲淹全集》，頁 238。

夫善國者，莫先育材。育材之方，莫先勸學。勸學之要，莫尚宗
經。宗經則道大，道大則才大，才大則功大。蓋聖人法度之言存乎
《書》，安危之幾存乎《易》，得失之鑒在乎《詩》，是非之辯存乎
《春秋》，天下之制存乎《禮》，萬物之情存乎《樂》。故俊哲之
人，入乎六經，則能服法度之言，察安危之幾，陳得失之鑒，析是
非之辨，明天下之制，盡萬物之情。使斯人之徒輔成王道，復何
求哉！至於扣諸子，獵羣史，所以觀異同，質成敗，非求道於斯
也。〔註56〕

宋代雖到仁宗時期始大肆興立學校，不過其實早在眞宗時期稱爲學校以爲
「聚徒講誦之所」已多有之，所以范仲淹提出的「勸學」，實際上乃是指在人
師方面的問題。〔註57〕范仲淹云：「今諸道學校，如得明師，尚可教人六經，
傳治國治人之道。……臣請諸路州郡有學校處，奏舉通經有道之士，專於教
授，務在興行。」〔註58〕可見當時的問題癥結就在於缺乏可以教人的「明
師」。所謂「明師」，就是能夠明瞭六經之道的人，而由於經、道、才、功四
者具有等量相通的關係，因此六經的教授才會成爲關注的焦點。至於，教授
什麼？或者說什麼可以教授？范仲淹指出各經分別擁有法度之言、安危之
幾、得失之鑒、是非之辯與天下之制的內涵，學者經由明師的教授而習有
「服」、「察」、「陳」、「析」、「明」與「盡」等才能，則足以輔成王道。由此
可知，范仲淹偏重於從具體施措的踐行層面來看待六經中的「道」。與此相
關，在對釋、道的論述中，也可以看到這種取向，范仲淹云：

夫釋道之書，以眞常爲性，以清淨爲宗。神而明之，存乎其人，智者
尚難於言，而況於民乎？君子弗論者，非今理天下之道也。〔註59〕

對於釋、道的思維，范仲淹亦不貶低、輕視，只是關於「眞常爲性」、「清淨
爲宗」的內涵，范仲淹從「理天下之道」的角度，認爲當「智者尚難於言」
時，即缺乏了可踐行性質，所以「君子弗論」。

有別於上述多偏重於人師與價值授受方面的解讀，歐陽脩對於「師道」
的闡釋，是有重契韓愈價值精神的體現。歐陽脩云：

〔註56〕范仲淹：〈上時相議制舉書〉，《范仲淹全集》，頁237～238。
〔註57〕宋眞宗〈賜諸州縣學校九經詔〉云：「諸路州縣有學校聚徒講誦之所，並賜
《九經》。」見《全宋文》第6冊，頁23。
〔註58〕范仲淹：〈答手詔條陳十事〉，《范仲淹全集》，頁529。
〔註59〕范仲淹：〈上執政書〉，《范仲淹全集》，頁217。

臣愚以爲士之所本，在乎六經。而自暴秦焚書，聖道中絕。漢興，
收拾亡逸，所存無幾，或殘編斷簡出於屋壁，而餘齡昏眊得其口傳。
去聖既遠，莫可考證，偏學異說，因自名家，然而授受相傳，尚有
師法。暨晉、宋而下，師道漸亡，章句之篇，家藏私畜，其後各爲
箋傳，附著經文。其說存亡，以時好惡，學者茫昧，莫知所歸。至
唐太宗時，始詔名儒撰定九經之疏，號爲正義，凡數百篇。自爾以
來，著爲定論，凡不本正義者，謂之異端，則學者之宗師，百世之
取信也。然其所載既博，所擇不精，多引讖緯之書，以相雜亂，怪
奇詭僻，所謂非聖之書，異乎正義之名也。〔註60〕

「士之所本，在乎六經」說明了被論者視爲文人的歐陽脩，其實還是根本
於儒學的價值思維。〔註61〕根據歐陽脩的論述來看，「師道」雖然在漢代依靠
授受相傳的「師法」勉強維繫住經暴秦毀壞中絕的聖道，但終究還是走向
滅亡一途，包括唐在經學上撰定經義的努力，由於駁雜不純的因素，依舊還
是徒勞無功。這樣的論斷，與韓愈的說法在內涵上是相互契合的。之所以
如此，當然不是虛有其表的剽竊而已，而是在思維上確有相近的視野，歐陽
脩云：

某聞古之學者必嚴其師，師嚴然後道尊，道尊然後篤敬，篤敬然後
能自守，能自守然後果於用，果於用然後不畏而不遷。三代之衰，
學校廢。至兩漢，師道尚存，故其學者各守其經以自用。是以漢之
政理文章與其當時之事，後世莫及者，其所從來深矣。後世師法漸
壞，而今世無師，則學者不尊嚴，故自輕其道。〔註62〕

「師道」與政理、文章和事物的緊密關係，並非顯示在直接的涉入上，其間
存在著一個轉換的過程，詳細的情形爲：師嚴→道尊→篤敬→自守→果於用
→不畏而不遷，這是歐陽脩依據《禮記・學記》〔註63〕中的觀點所展開的闡

〔註60〕歐陽脩：〈論刪去九經正義中讖緯箚子〉，《歐陽脩全集》，頁1707。

〔註61〕將歐陽脩歸屬於文人，除了理學家是如此之外，郭紹虞的說法實影響深遠。
郭紹虞以歐陽脩爲「古文家」一類，而認爲其與「道學家」之「重道而輕文」
的不同在於：古文家於道只作爲「一時的工夫」、「以道爲手段」而已。依此
而言，歐陽脩對「道」之價值的認定實是不以爲然，這似乎是有待商榷的。
論述見氏著《中國文學批評史》（臺北：文史哲出版社，1990年7月），頁
329。

〔註62〕歐陽脩：〈答祖擇之書〉，《歐陽脩全集》，頁1009。

〔註63〕《禮記・學記》：「凡學之道，嚴師爲難，師嚴然後道尊，道尊然後民知敬

釋，看似沒有太大的轉變，其實隱含了一些嶄新的意蘊。從兩個方面來說，一個是屬於價值方面的「道」，另一個即是作爲主體的學者。首先，就「道」來說，《禮記‧學記》中原將「師」、「道」兩分的觀點爲歐陽脩所接納，顯示歐陽脩對於韓愈所提出之「以道爲師」的觀點是有所體認的，雖然受限於《禮記‧學記》的思維模式，仍然必須將「道」繫於「師」之後，但已彰顯出「道」具有相對獨立的意義。猶有進者，所謂「後世師法漸壞，而今世無師，則學者不尊嚴，故自輕其道」，這自然是針對當時之弊病的表述，然而有師與否似乎僅僅變成態度上的問題而已，不再是維繫「道」的關鍵要素，這可以從歐陽脩求「道」的轉向可以得到印證，有關此點容後再論。其次，就「學者」來說，依據〈學記〉的論述，原本師與民是上下兩端的關係，由上之尊嚴而有下之敬學，歐陽脩雖然也保留了這樣的流程，但思維實是轉從學者的角度來展開，若說「篤敬」尚延續「敬學」的概念，則「自守」已是視角轉換後的表述，尤其當達到「果於用」、「不畏而不遷」的自信與堅定時，彰顯出的是化成後之價值主體性的展現。換言之，篤敬有得的學者才是樞紐所在。這與韓愈雙舉價值與主體，欲由「師道」以解惑而達到「能自樹立」的目的，具有近似的旨趣。

　　時代稍晚於歐陽脩的周敦頤，對於「師道」的理會，又有顯著的變化，嘗云：

> 或問曰：「曷爲天下善？」曰：「師。」曰：「何謂也？」曰：「性者，剛柔、善惡，中而已矣。」……「……故聖人立教，俾人自易其惡，自至其中而止矣。故先覺覺後覺，闇者求於明，而師道立矣。師道立，則善人多；善人多，則朝廷正，而天下治矣。」〔註64〕

有別於歐陽脩存有價值與主體兩大的思維，所謂「自易其惡」、「自至其中」，周敦頤已將主體視爲價值確立的關鍵，而「師道」在此思維下成爲主體間互動的過程，所謂「先覺覺後覺，闇者求於明」之說，原傳承文化的師弟子關係已由「明」、「覺」的用語，引人深思承接者的內在。顯然，當思維完全轉向由主體來展開時，不同的視角，將使價值的認定產生變異，關於「師道」，也是如此。

　　接續於歐陽脩之後，除周敦頤外，儒者在有關「師道」的觀點上皆已展

　　學。」見《十三經注疏‧禮記》（臺北：藝文印書館，1993年9月），頁654。
〔註64〕周敦頤：〈師第七〉，《周敦頤集》，頁19～20。

現出更加寬闊的視野。以二程來說，即如是云：

> 伯淳謂正叔曰：「異日能尊師道，是二哥。若接引後學，隨人才成就
> 之，則不敢讓。」〔註65〕

「師道」之所以「尊」與能「接引後學」而使其有所成就，本是具有本末一體的相關性，所以特別將此兩個面向揭示出來，意在彰顯和而不同之自任的內涵。朱熹對此即有云：「大抵明道之言發明極致，通透灑落，善開發人；伊川之言即事明理，質愨精深，尤耐咀嚼。然明道之言一見便好，久看愈好，所以賢愚皆獲其益；伊川之言乍見未好，久看方好，故非久於玩索者不能識其味。此其自任所以有成人材、尊師道之不同。」〔註66〕雖然呈現出「成人材」與「尊師道」的區別，但兩者實非截然劃分的兩個面向，從同是所得之「道」的呈現以及透過納受者的理會來進行思考而言，意在彰顯價值之主體性的思維則未嘗有異。二程云：

> 學者必求其師。記問文章不足以為人師，以所學者外也。故求師不
> 可不慎。所謂師者何也？曰理也，義也。〔註67〕

二程曾特別提出不同於當時學術發展之「儒者之學」〔註68〕的觀點，其中訓詁、文章與此處所謂「記問文章」有著相近的指涉，都不是儒者當盡心師學的完整內容。對於二程來說，「儒者之學」非「外」，是自得價值之「理」與「義」原在於自我之主體。在此，可以看到二程用「理」與「義」來闡釋「師」，隨著「理」與「義」在宋代理學中所具有的特殊意蘊，「師道」也有了嶄新的意義。二程云：

> 「日知其所無，月無忘其所能」，此可以為人師法矣，非謂此可以為
> 人師道。〔註69〕

有別於歐陽脩尚未有「師法」與「師道」的區分，二程不僅透過清晰的層次

〔註65〕 程顥、程頤：《河南程氏外書》卷第 12，《二程集》（北京：中華書局，2004
　　　　 年 2 月），頁 427。

〔註66〕 朱熹：〈答張敬夫〉，《朱子全書‧晦庵先生朱文公文集》（上海：上海古籍出
　　　　 版社；合肥：安徽教育出版社，2002 年 12 月），頁 1339。

〔註67〕 程顥、程頤：《河南程氏遺書》卷第 25，《二程集》，頁 323。

〔註68〕 程頤云：「古之學者一，今之學者三，異端不與焉。一曰文章之學，二曰訓詁
　　　　 之學，三曰儒者之學。欲趨道，舍儒者之學不可。」（《河南程氏遺書》卷第
　　　　 18，《二程集》，頁 187）又二程云：「今之學者，歧而為三：能文者謂之文士，
　　　　 談經者泥為講師，惟知道者乃儒學也。」（《河南程氏遺書》卷第 6，《二程集》，
　　　　 頁 95）可知二程對於當時學術的趨向是有清楚的覺知。

〔註69〕 程顥、程頤：《河南程氏外書》卷第 6，《二程集》，頁 389。

劃分指出兩者存有差異，並且揭示「師道」存有深刻的意蘊，這已顯示出在思維上前後所存有的變化。

又，從王安石的思維角度來說，其言云：

> 人之生久矣，父子、夫婦、兄弟、賓客、朋友其倫也。孰持其倫？禮樂、刑政、文物數制事爲其具也。其具孰持之？爲之君臣，所以持之也。君不得師，則不知所以爲君；臣不得師，則不知所以爲臣。爲之師，所以并持之也。君不知所以爲君，臣不知所以爲臣，人之類其不相賊殺以至於盡者，非幸歟？信乎其爲師之重也。古之君子，尊其身，恥在舜下。雖然，有鄙夫問焉而不敢忽，斂然後其身似不及者，有歸之以師之重而不辭，曰：「天之有斯道，固將公之，而我先得之，得之而不推餘於人，使同我所有，非天意，且有所不忍也。」〔註70〕

人之所以能彼此不相賊殺而能安且成者，王安石推論其先後本末的緣由，指出人即是因有人倫的秩序所以得以平和長久，而人倫秩序乃因有禮樂教具才能有化成之功，至於禮樂教具則須賴君臣有知始得以實行，因此「知」是其中最爲關鍵所在。所以能「知」，王安石指出「爲之師，所以并持之也。」則對於「師」之角色的定位，可謂極爲尊崇。然而，王安石所以特意推尊「師」的角色，乃是洞悉了「古之君子，尊其身，恥在舜下」的內在價值——「斯道」，這是「師」之所以「重」的根本意義。此外，關於孟子「人之患在好爲人師」的觀點，王安石亦點出問題的癥結並不在於承擔人師的職責而是欲爲人師者之「無諸中」。由此可見，穿透現象而直契內在精神的思維取向，已經形成。〔註71〕王安石云：

> 古之學者，雖問以口，而其傳以心；雖聽以耳，而其受以意。故爲師者不煩，而學者有得也。孔子曰：「不憤不啓，不悱不發，舉一隅不以三隅反，則不復也。」夫孔子豈敢愛其道，驚天下之學者，而不使其蚤有知乎！以謂其問之不切，則其聽之不專；其思之不深，則其取之不固。不專不固，而可以入者，口耳而已矣！〔註72〕

當「師道」由鎖定於「道」而再次展現意義時，「有得」與否成爲了關懷的焦

〔註70〕 王安石：〈請杜醇先生入縣學書1〉，李之亮箋注《王荊公文集箋注》（成都：巴蜀書社，2005年4月），頁1374。

〔註71〕 王安石：〈請杜醇先生入縣學書2〉，《王荊公文集箋注》，頁1375～1376。

〔註72〕 王安石：〈書《洪範傳》後〉，《王荊公文集箋注》，頁1195。

點。從口耳與心意的區分，指出切問、專聽而深思始能入的觀點，可見
「道」在納入主體的思維後，王安石對於原是單純授受關係的「師道」，也有
了新的省思。

又，從蘇軾的思維角度來說，其言云：

> 小人惟多愧也，故居則畏，動則疑；君子必自敬也，故內直，推其
> 直於物，故外方，直在其內，方在其外，隱然如名師良友之在吾側
> 也，是以獨立而不孤，夫何疑之有？〔註73〕

雖然蘇軾也認知到學術文化具有傳承的一面，如其所云：「智者創物，能者述
焉，非一人而成也。君子之於學，百工之於技，自三代歷漢至唐而備矣。」
〔註74〕即是，但就蘇軾的整體思維取向來看，相對於自我完善的理想，一切
都只是被視爲是輔成的助力。在引文中，相對於小人的多愧畏疑，君子「自
敬」的展現，就是一種自我主體的完善，而「名師良友」之含括「師道」的
內涵，發揮的即是「不孤」之應和的輔成效果。由是可知，「師道」在完善主
體價值的過程中，亦重新展現出其具有的意蘊。

綜上所述，可知宋儒對於「師道」的觀點，隨著走向主體的自覺與完善，
不僅拓展其意蘊，並且重現其價值的精神。

2. 踐行的狀態

經由以上的論述，可知宋儒延續對「師道」的關注，透過不斷地詮釋希
冀再現其精神。只是這樣的努力，隨著韓愈開啓的思維順勢而下，在彰顯主
體與價值的兩面中，無形中已賦予了「師道」以嶄新的意義。基於這樣的意
義，宋儒對「師道」的要求反趨於嚴格，在具體情境中對於「師道」的踐行，
就顯得少有認可。至於，伴隨而來的新視界，則是在存有「師道」的價值精
神上，開拓出相應之符合時宜的展現型態──「友道」。

有關宋代「師道」的踐行狀態，宋眞宗（968～1022）曾有詔曰：「國家
尊崇師道，啓迪化源。」〔註75〕顯示了朝廷對於「師道」的重視，所謂上行
下效，上有所好，下必有甚焉，理當成效卓著，但是考察眞實的狀態，卻可
發現並非如此，歐陽脩云：

> 師道廢久矣，自景祐、明道以來，學者有師惟先生暨泰山孫明復、

〔註73〕蘇軾：《蘇氏易傳》（北京：中華書局，1985年），頁11。
〔註74〕蘇軾：〈書吳道子畫後〉，《蘇軾文集》，頁2210。
〔註75〕宋眞宗：〈賜孔子廟經史詔〉，《全宋文》第6冊，頁328。

石守道三人。〔註76〕

「師道」雖然受到宋代儒者的關注，但是如柳開所云：「今世之人不聞從師也，善所以不及于古，惡乃有過之者，而復日新焉。……古之學者，從師以專其道。今之學者，自習以苟其祿，烏得其與古不異也？」〔註77〕尹洙（師魯，1001～1047）亦云：「今太學生徒，博士授經，發明章句，究極義訓，亦志於祿仕而已。及其與郡國所貢士並校其術，顧所得經義，訖不一施，反不若閭里誦習者，則師道之不行宜矣。」〔註78〕另外，包括前文所引孫何與范仲淹的論述，都可見「師道」在宋初的踐行，仍然沒有具體的進展。即使到了宋學主要開展的時期，透過引文，雖然憑藉著歐陽脩的卓越見識，彰顯在胡瑗（翼之，993～1059）、孫復（明復，992～1057）與石介（守道，1005～1045）三人身上所體現出的價值精神，但仔細斟酌其用語，「惟」字卻也透露出經過了「景祐、明道」以來這一段通經、學古、重道、尊韓之風尚的浸潤，「師道」依舊處於空言無實的狀態。

　類似的言論，如：張方平（安道，1007～1091）不僅指出「竊以師道之廢久矣」〔註79〕的現象，並且在〈學校〉一文中提出達到「自然師道尊而教立，士業成而行脩」的方法，則「師道」之振起尚為時儒所極力思索的問題〔註80〕；又王令云：「天下之師絕久矣，今之名門徒教組刺章句，希望科第而已，昔者子路使子羔為費宰，子曰：『賊夫人之子。』今賊人者皆是，是皆取戾於孔子者耳。惡得為人師！惡得為人師！」〔註81〕受科舉影響，視野盡是「組刺章句」，如何能見「師道」的價值精神；時至熙寧四年（1071），蘇軾有云：「通經學古者，莫如孫復、石介，使孫復、石介尚在，則迂闊矯誕之士也，又可施之於政事之間乎？」〔註82〕毫不留情地批判性用語與歐陽脩的推

〔註76〕歐陽脩：〈胡先生墓表〉，《歐陽脩全集》，頁389。歐陽脩有謂：「先生自閒居徂徠，後官於南京，常以經術教授。及在太學，益以師道自居，門人弟子從之者甚眾，太學之興，自先生始。」（〈徂徠石先生墓誌銘〉，《歐陽脩全集》，頁507）可見石介乃有意識的承擔「師道」，而且踐行的領域則不出「經術」之外，亦可見「師道」與「經術」的緊密關係。

〔註77〕柳開：〈續師說〉，《全宋文》第3冊，頁666。

〔註78〕尹洙：〈敦學〉，《全宋文》第14冊，頁378。

〔註79〕張方平：〈上蔡內閣書〉，《全宋文》第19冊，頁326。

〔註80〕張方平：〈學校〉，《全宋文》第19冊，頁410～412。

〔註81〕王令：〈師說〉，《全宋文》第40冊，頁500。另外，於〈納孫莘老教授拜書〉一文中亦有云：「夫師道之不見於世久矣。」文見，《全宋文》第40冊，頁464。

〔註82〕蘇軾：〈議學校貢舉狀〉，《蘇軾文集》，頁724。

崇形成了強烈的對比,則「師道」的價值是否獲得體見,顯然就存有疑義;程頤亦於熙寧元年(1068)指出:「竊以去聖久遠,師道不立,儒者之學幾於廢熄,惟朝廷崇尚教育之,則不日而復。」〔註83〕可見當時尋求「師道」復行的思維依舊強烈。

然而,也是有著不同的陳述內容,如:曹彥約(簡甫,1157～1228)云:「當元豐、元祐間,士大夫以師道爲重,儒風文物所至彬彬。」〔註84〕全祖望(紹衣,1705～1755)〈慶曆五先生書院記〉云:「有宋眞、仁二宗之際,儒林之草昧也。當時濂、洛之徒方萌芽而未出。而睢陽戚氏在宋,泰山孫氏在齊,安定胡氏在吳,相與講明正學,自拔于塵俗之中。亦會値賢者在朝,安陽韓忠獻公、高平范文正公、樂安歐陽文忠公,皆卓然有見于道之大概,左提右挈,于是學校偏于四方,師儒之道以立。而李挺之、邵古叟輩,共以經術和之,說者以爲濂、洛之前茅也。」〔註85〕「師道」在慶曆後,似乎趨向於盛行,則當如何解讀其間存在的矛盾呢?

試觀劉炎(子宣,生卒不詳)所云:

> 或曰:近世何師道之不立耶?曰:古者師道德,漢魏以來師經學,
> 隋唐而降所師者場屋之文而已,宜乎師道之不立也。〔註86〕

造成「師道」不能振起的原因,各代有所不同,但相通之處即是所「師」內涵與古代產生了變異。宋代學術由於延續了隋唐「場屋之文」的取向,自然產生「師道」不立的影響。換言之,科舉制度與師道之間存在著衝突,顧炎武(忠清,1613～1682)即云:「士風之薄始於納卷就試。師道之亡始於赴部候選。」〔註87〕由是可知,當士人受到普遍性的科舉影響時,「師道」之不立,自是理所當然。這雖然是訴諸科舉以尋得順通之理,不過歷來儒者對於制約化的科舉考試少有認同,其趨向於執著於外在形式而缺乏對內在精神的關注,意有相通,理有相關。

至於,有關讚許方面的解讀,試觀楊時(中立,1053～1135)所云:

〔註83〕 程顥:〈請修學校尊師儒取士箚子〉,《全宋文》第40冊,頁317。

〔註84〕 曹彥約:〈梅坡先生彭公墓誌銘〉,《昌谷集》卷20,《景印文淵閣四庫全書》第1167冊(臺北:臺灣商務印書館,1986年3月),頁246。以下引書以《四庫》簡稱之。

〔註85〕 文錄於黃宗羲:《宋元學案》,見沈善洪主編《黃宗羲全集》第3冊(杭州:浙江古籍出版社,2005年1月),頁179～180。

〔註86〕 劉炎:《邇言》卷6,《四庫》第703冊,頁526。

〔註87〕 顧炎武:〈教官〉,《日知錄》(臺北:文史哲出版社,1979年4月),頁511。

嘗觀古之為士者，所至遠近雖不同，其秉節勵行，皆有以自立於世，
豈其材悉能過人耶？特以先王教學之道明，而士於此時無私習之蔽
故也。……自秦漢迄于魏晉隋唐之間，明知之士，見於其時，不無
人矣，間有一節一義可稱於世者，概以聖人中道，非過則不及，豈
其材皆不逮古耶？徒以學無師承，不知所以裁之故也。……嗚呼！
師道廢久矣。後世之士，不能望見古人之萬一者，豈不以此歟！某
嘗悲夫世之人，自蔽曲學，不求有道者正之，而又自悲其欲求有道
者而未之得也。〔註88〕

楊時學於二程，因此認為後世士人「學無師承」而有「私習之蔽」的觀點就
與程頤「人執私見，家為異說」〔註89〕的說法相近，不過藉由判定「師道」
不行的理由，可以瞭解到，一方面當指稱須捨棄蒙蔽不通的立場時，「曲學」
之論或即為當代儒者自信多元的發展面貌，所謂「學統四起」〔註90〕之說即
是；另一方面「有道者」之難得，透露了學術的傳行狀態，如二程倡學之
初，士人即多感驚異並未信從，至元祐年間始有較大變化，依此以觀邵雍（堯
夫，1011～1077）之學，程頤有云：「獨先生之學為有傳也。先生得之於李挺
之，挺之得之於穆伯長，推其源流，遠有端緒。」〔註91〕是以，在「師道不
立，學者莫知其從來」的時空裡，依舊可在卓然有見之士的身上，看到「師
道」之價值精神的體現。然而，如同程頤所云：「今穆、李之言及其行事，概
可見矣。而先生淳一不雜，汪洋浩大，乃其所自得者多矣。」顯然「自得」
才是價值得以確立的關鍵，所以「師道」的體現，實已有了變化。〔註92〕換
言之，宋代「師道」之彰顯，並非是單純復古之再起，而是寓含嶄新意蘊的
完成。歐陽脩云：

夫世無師矣，學者當師經。師經必先求其意，意得則心定，心定則
道純，道純則充於中者實，中充實則發為文者輝光，施於事者果

〔註88〕楊時：〈見明道先生〉，《楊龜山集》（北京：中華書局，1985 年），頁 43～
44。

〔註89〕程顥：〈請修學校尊師儒取士箚子〉，《二程集》，頁 448。

〔註90〕黃宗羲：《宋元學案》，《黃宗羲全集》第 3 冊，頁 28。

〔註91〕程顥：〈邵堯夫先生墓誌銘〉，《全宋文》第 40 冊，頁 356。

〔註92〕關於二程學術的傳行，可參見程頤：〈祭李端伯文〉，《全宋文》第 40 冊，頁
745；程頤：〈祭朱公掞文〉，《全宋文》第 40 冊，頁 746；程頤：〈上太皇太后
書〉，《全宋文》第 40 冊，頁 618。至於，有關邵雍學術的看法，詳見程顥：〈邵
堯夫先生墓誌銘〉，《全宋文》第 40 冊，頁 356。

毅。三代、兩漢之學，不過此也。〔註93〕

由「夫世無師矣」一語，正衝擊著其對三先生的讚揚，雖然亦不能輕易將之評斷爲空言，但吻合於理想之「師道」的難行，卻是一個事實，面對這種狀態，歐陽脩即試圖提出一個能夠取代而契接其本質的學習途徑，「師經求意」之說正是如此。由是而言，雖然宋代儒者對於「師道」是極爲重視的，但實際上要直接的落實以回復舊有的型態，卻是十分的困難。

（二）以「友道」輔成「師道」之概念

1.「友道」的形成

宋代「師道」的回復，如上所述，並沒有令人看到滿意的成果，然而這不是說宋儒對於「師道」的尊崇是一個假議題，而是如同韓愈將「師道」轉化成以「道」爲主的思維一樣，意蘊有了轉化，尤其是價值主體的彰顯，因此宋代儒者透過改變傳統「上下」授受的傳道關係，由彼此「對等」切磋之「友道」的積極建構，終是輔成了「師道」之價值精神的實現。

關於「友道」的觀點，歐陽脩的論述就有清楚地呈現，所謂：

> 世無師久矣，尚賴朋友切磋之益，苟不自滿而中止，庶幾終身而有
> 成。固常樂與學者議論往來，非敢以益於人，蓋求益於人者也。
> 〔註94〕

「無師」並不妨礙道的追尋，「朋友」之間的往來議論互相切磋就是一個殊途同歸的有效途徑，顯然轉向「友道」以彌補「師道」所留下的空缺，在歐陽脩的觀念中已經形成。而理學家周敦頤亦有云：

> 天地間，至尊者道，至貴者德而已矣。至難得者人。人而至難得
> 者，道德有於身而已矣。求人至難得者有於身，非師友，則不可得
> 也已！〔註95〕

> 道義者，身有之，則貴且尊。人生而蒙，長無師友則愚。是道義由
> 師友有之。而得貴且尊，其義不亦重乎！其聚不亦樂乎！〔註96〕

人之所以尊貴，在於具有「道德」、「道義」之價值的內涵，而「師友」乃是得以成就的關鍵。周敦頤並納「師友」的觀點，正說明了關注視野的擴大。

〔註93〕歐陽脩：〈答祖擇之書〉，《歐陽脩全集》，頁1010。
〔註94〕歐陽脩：〈答李詡第一書〉，《歐陽脩全集》，頁668。
〔註95〕周敦頤：〈師友上第二十四〉，《周敦頤集》，頁32。
〔註96〕周敦頤：〈師友下第二十五〉，《周敦頤集》，頁32。

此外，諸如韓琦（稚圭，1008～1075）作〈無友不如己解〉指出「學而知道，得友而相成」，蔡襄（君謨，1012～1067）作〈擇交箴〉，王令明晰「師道」與「友道」，都可見宋儒對於尚友之道的關注，影響所及，即如釋契嵩（仲靈，1007～1072）於〈師道〉外亦有〈問交〉一文。〔註97〕學於程頤的尹焞（彥明，1061～1132），門人嘗述之云：

> 先生曰：學者不可無師友。師道嚴，須是友。觀易兌卦，全說朋友。公且看樊遲問仁，孔子告以愛人，問知，告以知人，孔子竭始終言之，當時樊遲無所進，故又告以舉直錯諸枉能使枉者直，遲復無所進，及退而見子夏，子夏且以舜湯之事言之，然後釋然不復問。朋友之得，可謂多矣。因言某昔從伊川問不切，只是不答，若要切切偲偲是朋友。〔註98〕

「切切偲偲」原是《論語》記述孔子回答子路問士的一個重要面向，舊有注疏從行止上思考指出乃是「朋友以道義切磋琢磨」的意思〔註99〕，然而誠如程顥所云：「學只要鞭辟近裏，著己而已，故『切問而近思』，則『仁在其中矣』。」〔註100〕切問近思既是「儒者之學」的重要工夫，而朋友成為了具有啟發價值思維的作用，則嶄新的意義已將其重要性彰顯開來。時至南宋，陸九淵云：「道廣大，學之無窮，古人親師求友之心亦無有窮已。以夫子之聖，猶曰『學不厭』，況在常人，其求師友之心，豈可不汲汲也！」〔註101〕而朱熹亦云：「師之義即朋友，而分則與君父等。」〔註102〕在體道的視野中，朋友一環取得了與師相近的地位。

然而，與「師道」有著近似的認定，宋儒對於「友道」的表述，並非襲取既有的觀點。如蔡襄云：「朋友道衰，人務自高，讀書指古人姓名，呿嚘稱慕，以不見為恨；使其人同世而處，莫肯公其是非，而相推先以道義。嗚呼，欲朋友之義存而道之興也，不亦難乎！」〔註103〕司馬光（君實，1019

〔註97〕韓琦：〈無友不如己解〉，《全宋文》第20冊，頁340～341；蔡襄：〈擇交箴〉，《全宋文》第24冊，頁211；王令：〈招學說寄興叔〉，《全宋文》第40冊，頁501；釋契嵩：〈師道〉、〈問交〉，《全宋文》第18冊，頁666～668。

〔註98〕尹焞：〈師說〉，《尹和靖集》（北京：中華書局，1985年），頁11。

〔註99〕《十三經注疏‧論語注疏》卷13，頁119。

〔註100〕程顥、程頤：《河南程氏遺書》卷第11，《二程集》，頁132。

〔註101〕陸九淵：〈與黃元吉〉，《陸九淵集》，頁43～44。

〔註102〕朱熹：《朱子全書‧朱子語類》，頁401。

〔註103〕蔡襄：〈再答謝景山書〉，《全宋文》第24冊，頁25。

～1086）曰：「朋友道廢久矣，光述〈中和論〉所以必欲呈秉國者，正爲求切磋琢磨，庶幾近是耳。豈欲秉國雷同而已邪？聞秉國有論，光不勝其喜，故因景仁請見之，何謂怪也？」〔註104〕而王安石亦云：「朋友道喪，爲日久矣。」〔註105〕又云：「今世既無朋友相告戒之道，而言亦未必可用。大抵見教者，欲使某同乎俗、合乎世耳。」〔註106〕在以道爲主的開放性思維裡，對於朋友的看待，已有不同的定位，因此才會有「道衰」、「道廢」、「道喪」等感嘆。

　　既非襲取而在價值思維的關懷中展現新貌，實質上所彰顯的即是主體的價值精神。以二程而言，程顥有云：

　　　　朋友講習，更莫如相觀而善工夫多。〔註107〕

關於在朋友之間所存有的工夫，一則程頤與門人的對話，當可略窺其意，語云：

　　　　一日，語之曰：「子胡不見尹焞、張繹？朋友間最好講學。」然三公皆同齒也。敦夫來見先生曰：「先生令某來見二公，若彥明則某所願見，如思叔莫不消見否？」先生曰：「只不消見思叔之心，便是不消見某之心也。」〔註108〕

自太宗後，宋代始呈現出鮮明的崇文重儒傾向〔註109〕，而在雕版印刷的運用下，一代的學術文化有了顯著的開展。至眞宗後，由於典籍的盛傳，固有的思維產生了衝擊，但整個學術的視野也同時逐漸地被打開來，所謂知識就是力量，至仁宗後，儒者終能自覺地尋求自我價值的彰顯。然而，在極力彰顯自我的同時，關於「自立」的省思亦成爲儒者思考的焦點。相對於古代在爲學上尋求人師的迫切，在這裡程頤將「講學」歸諸於朋友，自是相應於重視

〔註104〕司馬光：〈答韓秉國書〉，《全宋文》第 28 冊，頁 415。

〔註105〕王安石：〈謝張學士書〉，《王荊公文集箋注》，頁 1336。

〔註106〕王安石：〈與王逢原書 7〉，《王荊公文集箋注》，頁 1308。

〔註107〕程顥、程頤：《河南程氏遺書》卷第 2 上，《二程集》，頁 23。

〔註108〕程顥、程頤：《河南程氏外書》卷第 12，《二程集》，頁 436。

〔註109〕宋代崇文重儒具有實質意義當從太宗算起，原因除了葉夢得指稱國初仍然「右武」的論斷外，相對於太祖笑稱陶穀「依樣畫葫蘆」顯得對儒者的不尊重，太宗於太平興國二年改變了「狀元所授之官既卑，且不爲長官所禮」的狀態，具體提升儒者的社會地位。此對於儒者在自我珍視的方面，當有實質的助益。文分見於葉夢得：《避暑錄話》卷上；魏泰：《東軒筆錄》卷 1；徐松：《宋會要輯稿》第 107 冊選舉 1（臺北：新文豐出版社股份有限公司，1976年 10 月），頁 4218～4219。

自我的時代風潮，雖不是完全取代師從的角色，但也凸顯了對朋友具有輔成作用的肯定。至於，對輔成作用的思考，雖名爲「講學」，但二程的思維取向卻有顯著的不同。所謂「相觀而善工夫多」，這即意味著「講學」並不是語言文字上的「講習」，二程云：

> 學者不學聖人則已，欲學之，須是熟玩聖人氣象，不可止於名上理會。如是，只是講論文字。〔註110〕

> 學者有所得，不必在談經論道間，當於行事動容周旋中禮得之。〔註111〕

「致知」是二程認爲爲學的首要工夫，但這是指「德性之知」而不是「見聞之知」，因此重點並不在於文字的講論上，而是在「動容周旋」之中尋求能夠「自得」。〔註112〕由是而言，當心生「不消見」之意，即失去朋友間「相觀而善」的意義，這是德性主體的修養工夫。

又，王安石嘗云：

> 今世人相識，未見有切瑳琢磨如古之朋友者，蓋能受善言者少。幸而其人有善人之意，而與游者猶以爲陽，不信也，此風甚可患。如某之不肖，雖不爲有道，計足下猶當以善言處我，而未嘗有善言見賜，豈以爲不足語乎？足下尚如此，復何望於今世人也！是爲事，某亦雖多復辨論，非敢自強，蔽以所識，直以爲不如是，則亦有所未悟，彼此之理不盡。在他人，恐以不能敬受其說，而欲是者因而已；在足下聰明，想宜知鄙心，要當往復窮究道理耳。古之人未有不須友以成者，蓋無朋友則不聞其過，最患之大者。況某之不肖，所學者非世之所可用，而所任者非身之所能爲。忍心拂性，苟取衣食，而冒人之寄屬，其大過宜日日有，方理稽求可以自脱，冀足下

〔註110〕程顥、程頤：《河南程氏外書》卷第10，《二程集》，頁404。

〔註111〕程顥、程頤：《河南程氏外書》卷第10，《二程集》，頁404。

〔註112〕二程云：「進學莫先乎致知養心莫大乎理義」（《二程粹言》卷上，《二程集》，頁）程頤云：「然不致知，怎生行得？」（《河南程氏遺書》卷第18，《二程集》，頁187～188）是以明晰價值的內涵乃爲學之首要。又，程頤云：「聞見之知，非德性之知。物交物則知之，非內也，今之所謂博物多能者是也。德性之知，不假見聞。」（《河南程氏遺書》卷第25，《二程集》，頁317）又，二程盛言「自得」，強調的是自我內在主體價值的確立。見拙著《二程思想在學術史上的意義：以「自得」概念爲樞紐之探討》附錄（南投：國立暨南國際大學中文碩士論文，2000年），頁223～231。

時見諭也。〔註113〕

眾所皆知，王安石由於強調「一道德」而壓制了個體殊異性的發展，因此成爲宋儒非病的目標。然而，值得令人關注的是，王安石在尋求達成此目的的過程中，對於與朋友間的對話，是非常重視的。透過引文，可以瞭解到王安石希望獲得來自於朋友的切瑳琢磨，期待能透過往復「辨論」的方式，盡「彼此之理」而至於「窮究道理」。顯然，王安石已意識到多元的發展，也肯定其中確有意義，只是在「致一以精天下之理」的思維取向下，急欲改善「家異道，人殊德」的紛亂，因此對於原有「其離合於道，惟足下自擇之。」所存有的個體敬重與理性論辨，相較之下就有了侵害和壓抑。〔註114〕

蘇軾亦云：

> 今觀所示議論，自東漢以下十篇，皆欲酌古以馭今，有意於濟世之實用，而不志於耳目之觀美，此正平生所望於朋友與凡學道之君子也。〔註115〕

蘇軾並無明顯標舉師道與友道的論述，但如同此中所云「不志於耳目之觀美」，在看似未有定論中仍展現一實質價值之踐行的共同取向，試觀其言云：

> 君子之知人，務相勉於道，不務相引於利也。足下之文，過人處不少，如〈李氏墓表〉及〈子駿行狀〉之類，筆勢翩翩，有可以追古作者之道。至若前所示〈兵鑑〉，則讀之終篇，莫知所謂。意者足下未甚有得於中而張其外者；不然，則老病昏惑，不識其趣也。以此，私意猶冀足下積學不倦，落其華而成其實。深願足下爲禮義君子，不願足下豐於才而廉於德也。〔註116〕

與人相交乃是要「相勉於道」，成爲「禮義君子」。何謂「禮義君子」？「得於中而張其外」一語，說明了蘇軾亦是關注於價值的思維內涵，而「文」是此呈現的型態，因此對於〈兵鑑〉的寫作批評，就針對於寫作之主體提出修養的建議而非就寫作上的技法來論。其中，「知人」作爲論述的基礎，亦有特殊意蘊，蘇軾云：「僕聞有自知之明者，乃所以知人。有自達之聰者，乃所以

〔註113〕王安石：〈與孫莘老書〉，《王荊公文集箋注》，頁 1341～1342。

〔註114〕引用資料見王安石：〈致一論〉，《王荊公文集箋注》，頁 1043；〈答王深甫書2〉，《王荊公文集箋注》，頁 1224；〈答陳柅書〉，《王荊公文集箋注》，頁 1383～1384。

〔註115〕蘇軾：〈答虞僎俞括一首〉，《蘇軾文集》，頁 1793。

〔註116〕蘇軾：〈與李方叔書〉，《蘇軾文集》，頁 1420。

達物。自知矣可以無疑矣，而徇人則疑於人。自達矣可以無蔽矣，而徇物則蔽於物。」〔註117〕可以瞭解到「自知」乃是「知人」的根本，當主體價值確立了，客體的價值才得以明晰。蘇軾云：

> 軾不佞，自爲學至今，十有五年。以爲凡學之難者，難於無私。無私之難者，難於通萬物之理。故不通乎萬物之理，雖欲無私，不可得也。己好則好之，己惡則惡之，以是自信則惑也。是故幽居默處而觀萬物之變，盡其自然之理，而斷之於中。其所不然者，雖古之所謂賢人之說，亦有所不取。〔註118〕

透過「通萬物之理」、「無私」的觀點，可以瞭解到蘇軾亦是講求「理」的概念與去人欲，而「盡其自然之理，而斷之於中」的觀點，與宋儒追求自立之價值主體性的彰顯具有著共同的趨向，惟此思維的內涵實以「情」爲核心的建構。如是，「知人」具有何種意義呢？蘇軾云：

> 天下之人，以爲聖人之文章，非復天下之言也，而求之太過。是以聖人之言，更爲深遠而不可曉。且天下何不以己推之也？將以喜夫其人，而加之以怒之之言，則天下且以爲病狂，而聖人豈有以異乎人哉？不知其好惡之情，而不求其言之喜怒，是所謂大惑也。……愚故曰：《春秋》者，亦人之言而已，而人之言，亦觀其辭氣之所嚮而已矣。〔註119〕

> 自仲尼之亡，六經之道，遂散而不可解。蓋其患在於責其義之太深，而求其法之太切。夫六經之道，惟其近於人情，是以久傳而不廢。〔註120〕

責義太深，求法太切，就是因爲視「聖人之文章」非「天下之言」，以爲必有深奧意蘊存在其中，結果就使其「散而不可解」。蘇軾從「情」的角度切入，認爲聖人與人無有殊異，六經之道就是近於人情才能久傳而不廢，因此當「以己推之」，知其人而知其言。據此，「知人」就成爲了明道通理的重要方式之一，而「友道」就有了輔成的意義。

綜上所述，可知在主體性被凸顯出來的宋儒思維裡，雖然對於「師道」

〔註117〕蘇軾：〈與葉進叔書〉，《蘇軾文集》，頁1421。
〔註118〕蘇軾：〈上曾丞相書〉，《蘇軾文集》，頁1379。
〔註119〕蘇軾：〈春秋論〉，《蘇軾文集》，頁58～60。
〔註120〕蘇軾：〈詩論〉，《蘇軾文集》，頁55。

依舊尊崇，但是在自得、自任與自信的趨向下古式的「師道」是難以重構的，因此宋儒轉換了思維的角度，透過「友道」間的對話方式，重契「聖人之道」的價值內涵而展現「師道」的內在精神。

2.「友道」之意蘊

宋儒從「師道」而擴及到「友道」的論學型態，雖然只是再次凸顯朋友一環的重要性，但寓含的意義，卻是與傳統益友的思維迥然不同。有關於此，可以從以下幾個面向來說。

（1）價值重建

從韓愈開始，揭示「聖人之道」在孟子之後是需要重新的建構，宋儒即努力於抉發此「不傳」之學的內涵。余英時即認爲宋初以來儒學的走向就是一種由理想轉向實踐的「秩序重建」，而慶曆與熙寧的變法就是此回向三代之運動的歸宿。〔註121〕有關於此，王安石嘗云：「嗚呼，禮樂之意不傳久矣！天下之言養生修性者，歸於浮屠、老子而已。」〔註122〕在不傳的論斷中進行禮樂之意的闡釋，寓含之意顯而易見。蘇軾亦云：「所撰《易》、《書》、《論語》皆以自隨，世未有別本。撫之而嘆曰：『天未喪斯文，吾輩必濟！』」〔註123〕在面對存亡的衝擊時，認爲所作是「斯文」之所繫，言下之意不難理會。至於二程，程頤於〈明道先生行狀〉云：「辨異端似是之非，開百代未明之惑，秦、漢而下，未有臻斯理也。謂孟子沒而聖學不傳，以興起斯文爲己任。」〔註124〕又云：「竊以聖人之學，不傳久矣。臣幸得之於遺經，不自度量，以身任道。」〔註125〕兩人皆能得「不傳」之學的內蘊，並以身「任道」，同樣顯示出承繼聖人之道的自信。可見當時有關「重建」的思維，是非常普遍的。只是，這樣的思維究竟是否爲「秩序」的重建呢？從韓愈以經制在孟子之後即已亡失的說法來看，秩序重建確實是一大課題。然張知白（用晦，？～1028）有云：

> 今之學者，其書無涯，其道非一。是故學彌多，性彌亂。至于經史子集，其帙殆萬。在于前者，悉謂之古法；在于編者，悉謂之古

〔註121〕余英時：《朱熹的歷史世界：宋代士大夫政治文化的研究》（北京：生活・讀書・新知三聯書店，2004 年 8 月），頁 45、290～315。
〔註122〕王安石：〈禮樂論〉，《王荊公文集箋注》，頁 1037。
〔註123〕蘇軾：〈書合浦舟行〉，《蘇軾文集》，頁 2277。
〔註124〕程頤：〈明道先生行狀〉，《二程集》，頁 638。
〔註125〕程頤：〈上太皇太后書〉，《二程集》，頁 546。

　　書。殊不知法有可法不可法也，書有可傳不可傳也，若盡使知之，
　　則可謂勞而少功，博而寡要，當年不能究其學，累世不能窮其業。
　　〔註126〕

面對萬卷典籍，卻無法區別古今眞假，辨析是非優劣，可見知識傳播方式的轉變正衝擊著儒者的思維，由此困境，亦顯見聖人之道已不再是易知易行之事，屬於「知」之「價値」的內涵變成是關鍵的課題。換言之，不是落實的問題，「價値重建」才是宋儒眞實面對的難題。

　　即是因爲價値的內涵是有待釐清的，因此講論、講學才會逐漸成爲宋代學術發展中重要的治學工夫。如蔡襄即云：

　　力行之謂學，析要之謂講。學之弗固，講之弗明；講之弗先，學之
　　維艱，吾謂講學之相資也。〔註127〕

蔡襄將「學」與「講」分別闡釋以彰顯「講學」蘊含的深遠意義，顯然講學就不只是隨著宋代廣設學校爲推廣學術文化而形成的論學型態而已，其中對於「講」的凸顯，實意味著價値的內涵是亟需明晰的。這樣的觀點直到南宋時期仍是如此，如張栻（敬夫，1133～1180）即云：「近世學者之弊，渺茫臆度，更無講學之功，其意見只類異端。」〔註128〕朱熹亦云：「講學不可以不精也，毫釐之差，則其弊有不可勝言者。」〔註129〕都可見對於「講學」工夫在釐清價値內涵上的重視。

（2）從互動中展開的建構

　　如前所述，在知識普及與主體性的彰顯下，「師道」雖然依舊在儒者的心中擁有崇高地位，但是踐行的方式卻是以「友道」的型態來切近聖人之道。

　　然而，此處所揭示的「友道」，並不是指相互結盟的意思。雖然，田錫（表聖，940～1003）有云：「錫已定交于向者三君子矣，今又伸志於足下，庶使我忠壯朋黨久大，器業得全矣。」〔註130〕又云：「古人所重者交結，翼道佑德，激切奮發，何莫由斯。」〔註131〕當時或未有朋黨之忌諱，所以明白表

〔註126〕張知白：〈上眞宗論時政〉，《全宋文》第5冊，頁228。
〔註127〕蔡襄：〈講春秋疏〉，《全宋文》第24冊，頁133。
〔註128〕語見〈南軒學案〉，黃宗羲著、沈善洪主編：《宋元學案》，收入《黃宗羲全集》第4冊（杭州：浙江古籍出版社，2005年1月），頁975。
〔註129〕語見〈晦翁學案上〉，《黃宗羲全集》第4冊，頁886。
〔註130〕田錫：〈貽青城小著書〉，《全宋文》第3冊，頁136。
〔註131〕田錫：〈答胡旦書〉，《全宋文》第3冊，頁129。

述相互交結以壯大聲勢，其意正如王水照的研究，宋人有尚統、結盟的意識，但是從價值思維的重建來說，宋儒乃是要透過「友道」，從人與人之間的互動，主體與主體間的諧和，重新建構起價值的思維內涵。〔註 132〕司馬光即云：

> 示諭，見與〈景仁書〉，似怪論議有所不同，此何言哉！朋友道廢久矣，光述〈中和論〉所以必欲呈秉國者，正爲求切磋琢磨，庶幾近是耳。豈欲秉國雷同而已邪？聞秉國有論，光不勝其喜，故因景仁請見之，何謂怪也？……孰少孰多，則秉國必自得之矣，豈待光之煩言哉。〔註 133〕

在這裡可以清楚看到「友道」的意義，目的並不是在尋求一致性的看法，而是希望透過講論的方式獲得內涵的發明，且最終將是否具有真實的價值歸諸於「自得」之上。這是主體性的彰顯，也是價值內涵的明晰。這種重構方式，依王安石、蘇軾與二程皆各具其道的思維體系來說，尚皆引入客體的視野來彰顯其自得之學，可見此確是具有普遍性的。當然，從人與人的互動來進行價值的重構而言，在彼此最終走向了相互攻訐的窘境，正說明了宋儒仍未完成此課題。〔註 134〕

三、學術對話：爲己之學的努力

在儒學裡，《論語》所云：「人能弘道，非道弘人。」〔註 135〕以人爲主的觀點，是爲人所熟知的，但真能契會其中具有的意蘊，並能知行爲一的踐行，甚至有所開展，似乎是少有的。當韓愈提出「能自樹立」的觀點，對於主體的彰顯具有莫大的意義，尤其將價值的明晰視爲是一個重要的課題時，對於儒學的價值精神，就重新走在推展之路上。

學術的價值，體現精彩之處，永遠是在默默的進行當中。「師道」在漢代

〔註 132〕王水照：〈北宋的文學結盟與尚「統」的社會思潮〉，孫欽善、曾棗莊、安平秋主編《國際宋代文化研討會論文集》（成都：巴蜀書社，1991 年 10 月），頁 253～274。

〔註 133〕司馬光：〈答韓秉國書〉，《全宋文》第 28 冊，頁 415～417。

〔註 134〕沈松勤從傳統排他性與線性思維來說明洛學、蜀學、新學的相互排擊。文見氏著《北宋文人與黨爭》第二章〈君子與小人之辨：北宋黨爭的理論依據與主體性格〉（北京：人民出版社，2004 年 12 月），頁 48～88。雖是如此，但實未損傷在「友道」下原有的意蘊。

〔註 135〕朱熹：《四書章句集注》（臺北：長安出版社，1991 年 2 月），頁 167。

轉爲形式上「師法」的標舉而失去價值是如此,「友道」之所以在宋代重新開展也是如此。換言之,「友道」的精彩,即是她在宋代是一個有待處理的重要課題,一個正處於互動之中而尋求開展的價值精神。眾所皆知,在文人、儒者難以分割的時代裡,「文人相輕」〔註136〕的現象取代了孔子直諒多聞之益友的觀點,這意味著儒學的價值精神也同時隱沒而難顯。何以如此呢?除了價值思維原本就是一個整體性的內涵,漢儒既是屬於修補之學,在友道上的價值體認必然是匱乏外,《論語》所云:「古之學者爲己,今之學者爲人。」〔註137〕在人己關係的反省上所蘊含之價值精神當不受關注,而時至宋儒才開始有了相應的理會。宋儒得以理會的關鍵,自是來自於韓愈開啓的主體精神,因爲隨著主體的建構,才能意識到客體的存在,而客體必須獲得安置,主體的價值精神才能得到充分的體現。換言之,主客體實是相應的存在,因此尋求主客體之良性互動的對待關係,就成爲了一個重要的課題。而藉由此課題的切入,又重新回歸到儒學的根本——人倫——的議題上,雖然焦點有了轉變,但在以眞、誠爲基礎的思維裡,從朋友來重新明晰儒學的價值精神,確實讓宋學展現出多元而精彩的內涵。

　　當然,宋儒在思想上轉向心性的探究,在文學上展現自成一家的特色,都是延續著韓愈尋求「能自樹立」的精神趨向,但不同的是宋儒將此思維具體的拓展開來,諸如二程對「自得」、「爲己」的強調,蘇軾之盡「人情之所安」的思維,即使對客體最有壓迫力的王安石,在「使物取正乎我而後能正」以取代「自正」的思維中,對於客體價值的積極關注與重視,都顯示了從主體延伸到客體的思維拓展,而這正重新體現了儒學在「爲己之學」上所呈現的價值精神。誠如杜維明在批駁自我中心與利他主義的詮釋後云:「從個人的層次來講,儒家最大的特質是眞正而爲己之學中的『己』而不是『私』。」〔註138〕這是回歸而重構儒學精神的重要面向。

　　當然,「友道」能夠成爲彰顯儒學價值精神的途徑,「時」是一個非常關鍵的因素。所謂「時」,包含了宋代雕版印刷的運用讓知識普及化,崇文重儒的施措使士人珍視自我、展現個體性,以及思維的解放給予價值重構的空間。

〔註136〕劉勰在〈知音〉篇對此亦有討論,見《文心雕龍》(臺北:里仁書局,1984年5月),頁887。

〔註137〕朱熹:《四書章句集注》,頁155。

〔註138〕杜維明:《現代精神與儒家傳統》(臺北:聯經出版事業公司,1997年5月),頁402～409。

憑藉著這樣的環境與資源，宋儒乃能改變原有一直是上下關係的傳承思維，而從對等的角度來重新契會儒學的精神。

因此，當宋儒一方面彰顯自我的主體思維，而一方面又關注於對客體的安置，則呈現出之學術的多元面貌，是一個和而不同的展現方式。順此，意欲詮釋此多元的面貌，如果執持一個特定的準則，進行褒貶抑揚的批判，看似涵納多元面向，實爲去多元爲一元，正失去原有之精彩，惟有立基於各自的思維角度，在理會其本末終始之不同的取向裡，充分展現其思維的整體性，始能窺見宋學開啓之多元的價值內涵。

四、小　結

對於宋代的學術而言，韓愈確實具有關鍵性的意義，但是此意義究竟爲何呢？當然，不同的詮釋角度，就會產生不同的看法。本文以爲將韓愈與宋儒在思維上作緊密的連繫，探究其間的發展脈絡，將深具意義。

經由探究的結果，可以發現用兩個核心的概念，能夠將韓愈到宋儒間的思維演變作一具體的呈現，此即是所謂的「師道」與「友道」。

「師道」，在儒者的思維裡，原就一直具有崇高的地位。但是，在韓愈的思維裡，「師道」的內涵開始產生了轉變，轉變成以「道」爲核心的觀點，並彰顯出主體的地位。而這樣的觀點，實是重契了儒學的價值內涵。不過，雖說是重契，一方面「師道」的標舉並未達到振起的成效，另一方面在「不傳」的說法下實顛覆了傳統的思維而開啓價值的重建。因此，韓愈可以說是此一個思維的開端。

宋儒承繼了韓愈的思維，同樣關注於「師道」，但也同樣無法恢復「師道」的舊觀。然而，意義就在於有了嶄新的變化，「友道」進入到宋儒的思維中，成爲輔成「師道」的關鍵角色。

「友道」之所以進入宋儒的思維，主體的彰顯與價值的重建是關鍵所在。當然，印本的傳行，讓主體與主體足以構成對話，也是不可或缺的要素。由於「友道」的形成，改變了傳統「師道」中以上對下之傳授式的價值傳遞，而以對等的方式，重新進行價值的明晰。這是從人與人之間最根本的互動開始建構起價值的內涵，是儒家「爲己之學」的回歸與深化。由是而言，宋儒即在價值的重構中推進儒學的發展。

第三章　從主體性論韓愈之文道觀

　　宋代學術的精神與內涵，可以說一方面乃蘊藏於對話的形式之中，同時亦透過對話的過程將之孕育而成。韓愈，作爲唐代的一位學者，其學術之所以與宋代產生關聯，甚至呈現出「異代活躍」〔註1〕的情形，關鍵的因素即在於具有「作爲議題」的價值。所謂「作爲議題」，即是在對話中成爲關注的焦點，一方面在內容上蘊含異質的可議性，一方面在意義上具有緊密的相關性，前者若本身具有一個足以開展意義之視角，將促使對話呈現精彩而豐富的面貌，後者若與時代課題的呼應愈加緊密，將促使對話的內涵更形深入而涉及的層面益加寬廣。是以，「作爲議題」，緊扣時代課題與蘊含嶄新視野，乃不可或缺的兩大要素。然而，在這「異代活躍」的現象底下，並非單純的只是學術的移植或復生，在這具有連續性學術發展的意義之外，因新視野具有詮釋的張力與扣合於時代的變動性，實蘊含著更加深刻的意義——學術精神的新生，亦即在充分而有效的回應於當代的課題時，透過轉化所承繼之學術內涵而成功開啓了新的視野與新的意義，正所謂一代有一代的學術特質，則唐代韓愈與宋代韓愈，既不同又相關，兩者共同彰顯出韓愈學術的價值內涵。

　　綜合專家學者的研究成果顯示，有關韓愈對宋代學術形成之具體而顯著的影響，要言之，可概括爲圍繞於「道統」與「文統」的兩個論述脈絡〔註2〕，

〔註 1〕韓愈的學術價值在宋代儒者的詮釋下，展現出比唐代更爲深刻的意義，而在這個詮釋的過程中，對於韓愈推尊的情形，明顯不同於唐代。

〔註 2〕郭紹虞以爲北宋文論之於道德問題實爲批評史上最精彩之一幕，其中並點出了「文統」與「道統」的說法，筆者以爲今日對於「文統」說法的聚焦，或許即源自於郭氏之倡述。見氏著〈中國文學批評史上文與道的問題〉，《郭紹虞說文論》（上海：上海古籍出版社，2000 年 5 月），頁 66～88。

而這兩個概念在整個宋代學術的構築中又佔有著樞紐的地位，一爲儒學思想，一爲文學創作，如此寬廣的含括性，可見學者極爲肯定韓愈與宋代學術發展間具有的緊密關係。由此，對於宋儒而言，韓愈提供了學術發展的雛形，這顯然具有了「作爲議題」的價值。然而，「文」、「道」兩分，各自有統，似相輝映，但是這樣的詮釋脈絡，是否能夠充分展示出由韓愈一直到宋儒間的價值內涵呢？「道統」的概念確立於宋代，而「文統」的概念乃相應而生，圍繞於此兩概念所型塑而成的詮釋脈絡，除了將韓愈的地位彰顯無遺外，值得讓人深思的是：如此依時序發展以「環扣」學術概念的詮釋，是否可以恰當的回歸於韓愈自身以展示其學術特質呢？換言之，繩削的結果，確實讓發展的脈絡顯得清晰許多，但其詮釋意義的涵蓋性是否有可能讓意義的整體，不論是在韓愈，或者是在宋儒之學術內涵的詮釋上，皆產生了些許的滑落？當然對於已觸及者，也可能存在著過度詮釋的問題。〔註3〕

本文擬以回歸到韓愈學術本身的概念作爲探究之焦點，透過「環扣」其自身種種學術概念的方式，希冀能在本末一貫中展示其學術的核心精神與思維內涵，進而藉由條理的過程，因其中存有之「傳統」與「新變」的思維衝突，拆解以見其蘊含之學術的新生命。順此，將可進一步紬繹此一視角所擁有之「作爲議題」的核心價值。

根據郭紹虞、王水照與劉復生的說法，「文道關係」實爲唐宋學術發展的思維核心〔註4〕，而韓愈有云「修其辭以明其道」〔註5〕乃其主要的意向，則「文」與「道」的思維確實已在學術的視野中成爲關注的焦點，故本文先去其統緒的思維，而仍以「文」、「道」的觀點爲核心，透過其中意蘊之一一釐

〔註3〕 包弼德即認爲從新儒學的角度，將韓愈與宋儒緊密相扣，有些思想特點是無法辨清的，見氏著《斯文：唐宋思想的轉型》（南京：江蘇人民出版社，2001年1月），頁30。

〔註4〕 郭紹虞：〈中國文學批評史上文與道的問題〉，《郭紹虞說文論》（上海：上海古籍出版社，2000年5月），頁66。王水照：「『文道關係』是宋代文學思想中的一個基準，遠承《文心雕龍》的『原道』、『徵聖』、『宗經』等論題，近襲韓愈文道合一、以道爲主的主張，而有新的論述和展開。」見《宋代文學通論》（開封：河南大學出版社，1997年6月），頁15。劉復生於「古文運動的再起與儒學復興思潮」中指出古文運動就是圍繞著文與道的問題而後教化中心論即復甦了。文參氏著劉復生：《北宋中期儒學復興運動》（臺北：文津出版社，1991年7月），頁61～86。

〔註5〕 韓愈：〈爭臣論〉，《韓昌黎文集校注》（上海：上海古籍出版社，1987年6月），頁113。

清，以期開顯一個理解韓愈學術的不同方式。

一、修辭與明道並存的思維

作爲儒者，韓愈學術的整體思維，可以說是由「修辭以明道」來展開的，其中有「文」的概念，更蘊含「道」的省悟。

自從孔子在教導學生時提出當爲「君子儒」之後，作爲一個儒者，已將成爲君子視爲是一個有待實踐完成之最基本的要求。在儒家的這個思維傳統底下，韓愈透過「君子」所進行的表述，實質上就是一個對於自身之實踐理想的展示，如〈爭臣論〉一文中有云：

> 君子居其位，則思死其官；未得其位，則思修其辭以明其道：我將
> 以明道也，非以爲直而加人也。〔註6〕

依據是否擁有「位」來進行考量，分別揭示出君子應該展現什麼樣的作爲。當居其位時，所謂「則思死其官」，即是善盡其職，其意如「鞠躬盡瘁，死而後已」，此近似於傳統達則兼濟天下的實踐認知；當未得其位，韓愈的思維並未落入到窮則獨善其身之中，而是意欲在不同的領域裡展現其積極的意義〔註7〕，這個領域即是修辭著書。韓愈所謂的「修其辭以明其道」，即是想要透過「明道」的完成，達到與居其位之「行道」有著相等的成效。因此，對於韓愈而言，外在際遇之不同只會讓實踐的模式有所差異性，如得位行道與修辭明道的不同呈現，但實質上乃殊途而同歸，一體之兩面，皆是儒學理想的積極完成。韓愈的思維可以說已經跳脫傳統理想實踐的格局，打破一個將

〔註6〕韓愈：〈爭臣論〉，《韓昌黎文集校注》，頁112～113。自視爲「君子」而以爲儒者之所當事，其意亦多見於他文中，舉例而言如〈與孟尚書書〉：「凡君子行己立身自有法度，聖賢事業，具在方冊，可效可師；仰不愧天，俯不愧人，內不愧心，積善積惡，殃慶自各以其類至：何有去聖人之道，捨先王之法，而從夷狄之教以求福利也？」（《韓昌黎文集校注》，頁212）在儒佛之辨中，標舉君子爲理想範行：如〈答尉遲生書〉：「夫所謂文者，必有諸其中，是故君子慎其實。」（《韓昌黎文集校注》，頁145）以君子以明行其所當行者。

〔註7〕韓愈〈爭臣論〉中提到「夫天授人以賢聖才能，豈使自有餘而已？誠欲以補其不足者也。」與「聖賢者，時人之耳目也；時人者，聖賢之身也。」即說明了聖賢因具備過人的才能，當爲眾人之耳目而引領前行，是以得其道時，未可獨善其身，即當補其不足者，居位則思死其官，未得位則思修辭明道，兩者皆爲兼濟天下之舉措，是以亦自云「我將以明道也，非以爲直而加人也。」因此，韓愈不僅打破了無位唯有獨善其身的思維，也賦予修辭作文以積極的意義，那麼韓愈在創作上的呈現自然就迥異於雕蟲篆刻者之所爲。

理想的踐行完全寄託於非主觀意欲之所能獲得的「位」上，而轉向於肯定自身擁有一個操之在我的實踐方式，「修其辭以明其道」可以說就是韓愈認爲一個儒者，作爲一個君子，可以無待而完滿自足以彰顯其所當行與可行之價值實踐的思維。

在〈韋侍講盛山十二詩序〉一文中，韓愈有云：「韋侯讀六藝之文，以探周公孔子之意，又妙能爲辭章，可謂儒者。」〔註8〕即清楚地揭示了明道與修辭乃儒者當具備的品格；在〈上宰相書〉一文中，韓愈更自述自身學術云：「其業則讀書著文歌頌堯舜之道，雞鳴而起，孜孜焉亦不爲利；其所讀皆聖人之書，楊墨釋老之學無所入於其心；其所著皆約六經之旨而成文，抑邪與正，辨時俗之所惑。」〔註9〕一心之關懷僅在讀書／明道與著文／修辭上。如是，「修其辭以明其道」所蘊含之精神與意義，正是韓愈整體學術思維之核心所在。

韓愈既以「修其辭以明其道」爲其學術關懷的思維核心，則欲知其一生之所向與學術之所成，首先即當明晰此詞語中所包含之眞實意蘊。簡要言之，其中主要可析分爲三個面向來進行關注：其一，爲「修其辭」，這是「文」的面向，有待明晰的即是韓愈之所謂「文」的內涵是什麼？其二，爲「明其道」，這是「道」的面向，有待釐清的即是韓愈之所謂「道」的內涵是什麼？其三，爲「修其辭以明其道」，這是「文」、「道」關係的面向，有待掌握的正是兩者存在的關係究竟是屬於分立的抑或是合一的呢？其中又蘊含或開顯了何種價值與意義？僅依韓愈對於君子或儒者的定義而言，這三者並非是獨立的個別思維，而是存在著相互環扣的緊密關係，相資相應共同構成了學術的意義整體。是故，從個別到整體，其間涉及之各個概念的詮釋解讀，將牽引著對整體意義的理解與評價，如當對「文」或者是「道」的詮釋產生了變異，「文」、「道」關係的認定也就有了改變，隨之而來的即是影響到由此而建構起之學術面貌的解讀。相反地，由整體到個別，對於整體意義之把握與定位，則左右了各個概念的詮釋解讀，如對學術發展之取向的判定，即規範了「文」與「道」應有的存在關係，其中對於各概念之內涵的詮解也相應成形。如是，在自覺的回歸於意義整體的省思之下，任何剖析的取逕，皆屬合宜的方式，然爲能綱舉目張，條理清晰，本文擬先由「文」、「道」關係的衡

〔註8〕韓愈：〈韋侍講盛山十二詩序〉，《韓昌黎文集校注》，頁290。
〔註9〕韓愈：〈上宰相書〉，《韓昌黎文集校注》，頁155。

定切入，進而依次釐清韓愈於「文」與「道」的思維內涵。

二、對韓愈「文」「道」關係之衡定〔註10〕

「文」與「道」應當是什麼樣的關係呢？透過韓愈的視域，可以彰顯出什麼意義呢？

（一）載道說與貫道說

中國文學的寫作，若依據作者書寫的意圖及其作品的內涵，大體上雖可理解為「言志」／載道與「緣情」／抒情兩種不同的取向，但因而將此作為寫作的規範或者評價的準則，則是帶有問題的。在學術文化演進的長河裡，隨著視野的突破與意義的深化，圍繞於價值精神之思維脈絡外的現象乃是複雜而多變的，不論是從外緣的所謂「否定之否定」的螺旋進展，或是「內在理路」之應有推展的角度，「變」的殊性都是一直存在著，實非可用普遍的規律性來簡單理解，更遑論依此抑揚以見意義之全貌。換言之，除非認定了某一對象為發展之終極典範，在意義的詮釋與探究的過程中，實該更專注於發掘雜多相異之面向下的共同質素，那個具有意義脈絡的精神實體，從而認知到由此所開顯出之現象的根本價值。這是由本而末，以末返本，本末一體的價值探究，目的在彰顯個體的獨特價值，發掘對象中所可能蘊含的新思維。

以往透過藝術、美學的角度，審視文學發展的變化軌跡，確實凸顯了中國文學在抒情傳統面向上之開展的意義，然而因早期儒學在經世致用層面所形成之政教導向的偏重，認知到其中束縛文學開展的因子，以魏晉六朝為文學擺脫束縛而走向自覺的「演進」時期，即進一步將唐宋時期的復古走向視為一股「逆流」，這反而成為了另一種視野的局限，不僅不自覺的已走向了形式化的歧出，更因本位主義所形成的一元化思維，漠視了學術發展的變動性，而排拒了原是相資相成的言志視野，終於失去了對文學脈動的真切感知。〔註11〕

所謂的「三不朽」，「立言」雖位居三者之末，但也已賦予了寫作極大的價值。將此關注之情，再納入創作者大多身為儒者這一要素來進行思考，那

〔註10〕原本的論述該是展示韓愈對於「文」「道」關係的觀點，然而就有異於當今詮釋的思維而言，如此的表述，或許更能呈現本文所要嘗試開展之意。

〔註11〕郭紹虞：《中國文學批評史》（臺北：學海出版社，1990年2月），頁1～10。

麼在「雕蟲」的批判語言中，寓含的是對「斯文」有著更爲深層的承擔與理想的追尋。換言之，對於「文」的思考，作者的修正總是在針對末流的批判中隱含回歸於本質的開拓。以此再次思考兩種不同的走向，則雖歸屬於「演進」者將不盡是「演進」，看似「逆流」者亦不即是「逆流」。

文學思維經過了魏晉六朝的調整，在形式方面的刻劃技巧上，取得了許多的成果，諸如在形象描繪上的「巧構形似之言」、文字聲韻上的「蜂腰鶴膝」等等。然而，後學支離，喪失其眞，追逐於雕蟲之技，遂成浮薄之文風。經隋至唐，諸儒戮力，不得其要，未有所廣，至韓愈始再次將儒學置入「文」的視域，透過「文」與「道」關係的重新建構，爲文學的發展開啓了另一個深化的途徑。有關於此，李漢於〈唐吏部侍郎昌黎先生韓愈文集序〉一文中將它表述爲「文者，貫道之器也。」並云：

> 秦、漢已前，其氣渾然，迨乎司馬遷、相如、董生、揚雄、劉向之徒，尤所謂傑然者也。至後漢、曹魏，氣象萎爾。司馬氏已來，規範蕩悉，謂《易》已下爲古文，剽掠僭竊爲工耳。文與道蓁塞，固然莫知也。〔註12〕

不僅指出韓愈文論以「文」、「道」爲核心的思維，同時在評價歷代之文時，更點明了兩者具體影響的層面，所謂「文與道蓁塞」而「氣象萎爾」即是。此後，蘇軾於〈潮州韓文公廟碑〉一文中云：

> 匹夫而爲百世師，一言而爲天下法。是皆有以參天地之化，關盛衰之運。……孟子曰：「吾善養吾浩然之氣。是氣也，寓於尋常之中，而塞乎天地之間。」卒然遇之，則王公失其貴，晉、楚失其富，良、平失其智，賁、育失其勇，儀、秦失其辯，是孰使之然哉？其必有不依形而立，不恃力而行，不待生而存，不隨死而亡者矣。……自東漢以來，道喪文弊，異端並起，歷唐貞觀、開元之盛，輔以房、杜、姚、宋而不能救。獨韓文公起布衣，談笑而麾之，天下靡然從公，復歸於正，蓋三百年於此矣。文起八代之衰，而道濟天下之溺。忠犯人主之怒，而勇奪三軍之帥。豈非參天地，關盛衰，浩然而獨存者乎！〔註13〕

〔註12〕 李漢：〈唐吏部侍郎昌黎先生韓愈文集序〉，見姚鉉編：《唐文粹》（臺北：臺灣商務印書館股份有限公司，1968 年 6 月），頁 1450。

〔註13〕 蘇軾：〈潮州韓文公廟碑〉，孔凡禮點校《蘇軾文集》（北京：中華書局，2008年 7 月），頁 508～509。

文章論述主要揭示了兩個意義：其一，乃「氣」論，由連繫於孟子「浩然之氣」的說法，是以將它推演至價值精神的核心，與李漢「氣象」的說法，雖有關聯，但更具體系而完備；其二，即「文」、「道」的議題，由「道喪文弊」與「文起八代之衰，而道濟天下之溺。」所顯示出兩者的並時關聯性，乃延續了李漢的說法，唯更具體地分別由「文」與「道」肯定韓愈的價值，而銜接於「氣」的論述，則寓含了「文」與「道」乃一體兩面之意。由李漢與蘇軾兩人的論述來看，韓愈文論的思維，顯然已產生成效，尤其在蘇軾的論述上，呈現出更為完備縝密的思維體系，則對於此新變之途，當以不同的思維角度以探究其具有之價值，而非僅以固有思維繩削之、批判之以期合轍而已。

自從李漢提出「貫道」說之後，鎖定於「文」、「道」的關注不可謂不大，但是兩者寓含的變動性，使得詮釋產生了殊異，其中最受矚目的莫過於「載道」說的提出。當詮釋者將之與「作文害道」〔註14〕的說法連繫起來，不免受限於字面上的文義，使得傳統思維形成的視野受到了加強，最終落入到兩個質素的輕重抑揚以進行價值之衡定，甚至藉以重新梳理整個文學發展的脈絡，雖然顯得條理清晰，卻是有待商榷的。「道」的概念乃是變異之樞紐，從文學傳統的思維認知中，它就有如兩面利刃一般，一方面具有儒學的人文精神價值，另一方面則與抒情傳統之文學創作的發展形成扞格。因此，在詮釋為求完善的思維中，時而切割時而緊扣於「道」的詮釋策略，使其成為飄忽不定的角色，這不僅傷害了學術的整體性，也讓其中蘊含的意義不免有了些許的滑落。換言之，文化傳統雖然是累進式的而具有延續性，然而在詮釋解讀的過程中，基於個體學術的完整性，對於近似衝突的概念，必須詳究其意蘊，透過環扣以諧和及貞定其意義，避免繩削的結果，不僅不合其學術之精神走向，甚至將其蘊含「新變」之質素加以抹煞。

就李漢的「貫道」說而言，以其身為韓愈最厚且親的門人，則其論述，如上所言，所顯示之「文」與「道」的連繫性思維取向，應是近似於韓愈的用心，只是近人在揭示其意義上，反而從消極的角度，根據文與道對立的固有見解／偏見，以為「貫道」說之所以為可取者乃在尚保留著以「文」為先的思維，不僅喪失了李漢承繼自韓愈所開啟的思維取向，也使從韓愈到李漢這一學術思維脈絡的詮釋產生了歧出。試觀所言：

〔註14〕程顥、程頤：《河南程氏遺書》卷第18，《二程集》，頁239。

> 文者，貫道之器也。不深於斯道，有至焉者不也！〔註15〕

「深於斯道」是思維的關鍵，其意可由兩個層面來進行理解：其一，針對作者來說；其次，是針對「文」來說。前者顯示「道」的焦點性，強調作者在心上必須有深切的體悟，後者顯示「文」與「道」的緊密性，強調「文」無「道」不立。兩者雖有分別，但同樣凸顯出「道」的重要性。然而，對於稱之爲「器」的「文」，實非即以工具性的角度來簡單看待，而是必須在能貫之中彰顯其價值意義。如是，「文」因「道」而成器之用，「道」由「文」而見心之體，「道」與「文」乃一體之共成，兩者何嘗有對立的思維？又何嘗寓含輕重抑揚、一較長短之意？因此，「貫道」說的表述，基本上仍承繼著韓愈文道並存的思維取向。

再就「載道」說而言，提出者爲周敦頤，其言：

> 文，所以載道也。輪轅飾而人弗庸，徒飾也；況虛車乎！文辭，藝
> 也；道德，實也。篤其實而藝者書之，美則愛，愛則傳焉。賢者得
> 以學而至之，是爲教。故曰：「言之無文，行之不遠。」然不賢者，
> 雖父兄臨之，師保勉之，不學也；強之，不從也。不知務道德，而
> 第以文辭爲能者，藝焉而已。噫！弊也久矣！〔註16〕

以文辭爲藝，以道德爲實，指出道德當爲盡心之所在，而藝與實則需相應共成，單純「以文辭爲能」的用心是長久存在的弊端。周敦頤將文辭視爲「藝」的說法，在重視文學寫作的人來看，由於抽離了文學本身可以具有之價值的認知與詮釋，似乎就帶有貶低的意味，相形之下強調道德的根本價值，難免讓人有「文」與「道」對立的猜想，然而從整體的思維脈絡可以看出，周敦頤的用心並非只是在處理取捨抑揚間的選擇性問題，而是企圖突破陷溺在文辭中的寫作取向，藝實的共成，就是要讓納入「道」的「文」展現出突破既有弊端的嶄新意義。換言之，批判文弊所形成的對立現象，僅是自身整體學術思維之一個面向的顯現，未可依此表象以推究其精神。價值精神無非是以正面的論述以尋求向上的提昇，針對現實的批判也無非是個體學術透過回應於時代課題以呈現其生命力。因此，周敦頤論述的核心思維，乃是透過文辭與道德的分判後進一步指出之「篤其實而藝者書之」的概念。「篤其實而藝者書之」的要義有三：其一，文辭與道德的連繫性思維。這與韓愈的思維有著

〔註15〕李漢：〈唐吏部侍郎昌黎先生韓愈文集序〉，《唐文粹》，頁 1450。
〔註16〕周敦頤：〈文辭第 28〉，《周敦頤集》（北京：中華書局，1990 年 5 月），頁 34。

相同的用心，意圖建構起一個文辭與道德相依並存的架構。其二，轉化「教」的思維，納入了接受者的思維。將「教」的思維，從是非的角度釋放開來，「美則愛，愛則傳」所考慮的正是接受者的角度。然而，就所謂「美」而言，是否能夠僅僅透過文辭上的修飾來完成呢？從整體意義來說，之所謂「美」，當是文辭與道德兼備始能稱之。如是，將務為文辭者視為文弊，這樣的用心無非仍是要使文能更為充實而至於美，以此與抒情性的文學創作相較，在不許語言文字傷於工巧上實無差異，則何以能依此斷為漸趨重道輕文而否定之？其三，以「學」為最終目的。「學而至之」，顯示了宋人重學的傾向，也因為重視學，是以「文」乃具有不可或缺的地位。由此言之，「載道」說並不存在重道輕文的問題，而二程之「作文害道」說，實際上亦是有所特殊指涉，論者當深究之以分別見其要義，更遑論欲連繫之以兩非其是。

綜合上述所言，由於文學的觀點沾染上了儒家道德思想的色彩，使得學者未及辨其意味已競相非之，而視野一經韓愈的開啟，諸儒戮力為之，其開顯之意義卻正成為一系列批判之佐證，如「貫道」、「載道」與「害道」即被詮釋成走向極端的標誌，殊不知其中存有未明之意蘊，更何況代有開拓，不該漠視而一般待之。

（二）修辭明道：兩位一體的連動性關係

從「我將以明道也」一語中，不難理解韓愈即以「修其辭以明其道」作為自身學術發展的抉擇，其中所揭示的即是：「文」與「道」是兩個不可或缺的元素，並且兩者是具有緊緊相互維繫的關係。韓愈云：

> 愈也道不加修而文日益有名。夫道不加修，則賢者不與；文日益有
> 名，則同進者忌。〔註17〕

韓愈對於「道不加修而文日益有名」的不安，清楚地顯示了自身在思維「文」與「道」的關係中，認為當是不可分割的相應整體。又有云：

> 生人之治，本乎斯文。有事其末，而忘其源；切近昧陋，道由是
> 堙。有志其本，而泥古陳；當用而迂，乖戾不伸：較是二者，其過
> 也均。〔註18〕

「斯文」蘊含著「道」，是有「本」有「末」，「本」、「末」一體的呈現，偏廢

〔註17〕 韓愈：〈與陳給事書〉，《韓昌黎文集校注》，頁190。
〔註18〕 韓愈：〈唐故江南西道觀察使中大夫洪州刺史兼御史中丞上柱國賜紫金魚袋贈左散騎常侍太原王公神道碑銘〉，《韓昌黎文集校注》，頁501。

則有過而不是，何能以輕重論之？

　　除此之外，韓愈也有透過「內外如一」的觀點來表述其間的緊密關係，如〈答李秀才書〉一文中有云：

> 子之言以愈所爲不違孔子，不以雕琢爲工，將相從於此；愈敢自愛
> 其道而以辭讓爲事乎？然愈之所志於古者，不惟其辭之好，好其道
> 焉爾。讀吾子之辭而得其所用心，將復有深於是者與吾子樂之，況
> 其外之文乎？〔註19〕

爲文如古，不違於孔子，是兼具「辭之好」與「好其道」的兩個面向，非但只是專注於「外之文」而以雕琢爲工。韓愈顯然將「文」與「道」視爲一體，文之所以爲文，有其足以爲「樂」者，侷限於以雕琢爲工不足以知之。由此可知，韓愈透過揭示「文」有其更爲深刻的價值，納入了足以爲樂之「道」的思維，這使「文」與「道」在內外相應中，使「文」展現得更爲完美而深刻。〈題哀辭後〉即云：「學古道則欲兼通其辭；通其辭者，本志於古道者也。」〔註20〕將「辭」、「道」兼取之意作了充分的表述。此思維在〈答李翊書〉一文有更加完整而充分的論述，其言云：

> 愈白：李生足下：生之書辭甚高，而其問何下而恭也！能如是，誰
> 不欲告生以其道。道德之歸也有日矣，況其外之文乎？……將蘄至
> 於古之立言者，則無望其速成，無誘於勢利，養其根而俟其實，加
> 其膏而希其光。根之茂者其實遂，膏之沃者其光曄；仁義之人，其
> 言藹如也。〔註21〕

「立言」通於「修辭以明道」，此處提問雖出自李翊之口，實是韓愈學術核心思維的表述。嚴格來說，「立言」是屬於「文」的範疇，然而從全文展現出的論述內涵，則在於彰顯「文」與「道」之間的緊密關係。韓愈指出「立言」之法，關鍵在於涵養自身，使其內具「道德」之根本，而隨著內在之「道」的養成，外在之「文」自有相應的呈現，「仁義之人，其言藹如也」即是如此。「藹如」之言使道德涵養有成之人的「仁義」之風達到充分的展現，此「內外如一」的思維模式，韓愈更透過水與浮物的關係來說明，其云：

> 氣，水也；言，浮物也。水大而物之浮者大小畢浮，氣之與言猶是

〔註19〕韓愈：〈答李秀才書〉，《韓昌黎文集校注》，頁176。
〔註20〕韓愈：〈題哀辭後〉，《韓昌黎文集校注》，頁305。兼取「古道」及其「言辭」
　　　者，尚可見於〈答陳生書〉，《韓昌黎文集校注》，頁176。
〔註21〕韓愈：〈答李翊書〉，《韓昌黎文集校注》，頁169。

也，氣盛則言之短長與聲之高下者皆宜。〔註22〕

水大即有足夠的力量讓大小之物皆漂浮起來，此現象之理除顯示出支撐力量的重要性之外，更呈現了兩者之間存在著正比的依倚關係。「氣」即如同水，而「言」就有如浮物一樣，兩者之間的互動也具備著如此緊密的關係。當內在之「氣」得以涵養充足、盛大，則外之文不論是在字句格式的長短或是文字聲調的高下上，皆能有合宜的相應呈現。韓愈雖然用「氣」的概念替換了「道」，但並無礙於對其所指涉者的理解。學界對於韓愈透過「氣盛言宜」的論述以具體展示其文學的思維，亦有著充分的認知與關注。只是韓愈為什麼轉而使用「氣」的概念來進行申論呢？究其深意，約可分為兩個面向來說，首先，從意義的探尋而言，韓愈跳脫了經注的束縛而回歸於儒學精神的重構，將意義的傳承認定為僅止於孟子而已，所謂「軻之死，不得其傳焉。」〔註23〕與「求聖人之道，必自孟子始。」〔註24〕則對於「道」的思維，自然吸取了孟子學說的精神內涵，「氣」的概念即是源自於孟子的「浩然之氣」，這不僅顯示了韓愈在儒學思維上的承繼統緒，更因其睿智而呈現其有得之視野。有關韓愈所得之「道」的內涵，將留待後文再詳細論述，惟在此可以確知韓愈接引了儒家的道德精神來重構「立言」的內涵以振起「文」之衰弊。其次，從意義的建構而言，「氣」展現了「文」與「道」環扣轉化中之主體性色彩。韓愈云：

> 讀書以為學，纘言以為文，非以誇多而鬭靡也；蓋學所以為道，文所以為理耳。苟行事得其宜，出言適其要，雖不吾面，吾將信其富於文學也。〔註25〕

「文學」的指涉不僅僅是就作品的創作範疇而言，其內涵韓愈將之劃分為兩個部分來論述：一為學，媒介在讀書，所謂「所讀皆聖人之書」、「聖人之書無所不讀」即是，其目的定義在求「道」；一為文，纘言以為理而適其要，即是希冀「立言」得以達至「垂諸文而為後世法」的成效。一屬行，一為言，言行似是兩途，然以出言之「適其要」、文之「所以為理」，皆含有「為後世法」之具體作用，而「學所以為道」之「道」正是修辭所欲明者，則似是殊途而實乃同歸。將文學視為「文」與「學」的構成，並以為是渾然一體的看

〔註22〕 韓愈：〈答李翊書〉，《韓昌黎文集校注》，頁 171。
〔註23〕 韓愈：〈原道〉，《韓昌黎文集校注》，頁 18。
〔註24〕 韓愈：〈送王秀才序〉，《韓昌黎文集校注》，頁 262。
〔註25〕 韓愈：〈送陳秀才彤序〉，《韓昌黎文集校注》，頁 260。

法，尚可再取〈上兵部李侍郎書〉中的論述爲佐證，其云：

> 性本好文學，因困厄悲愁無所告語，遂得究窮於經傳史記百家之
> 說，沈潛乎訓義，反復乎句讀，礱磨乎事業，而奮發乎文章。凡自
> 唐虞已來，編簡所存，大之爲河海，高之爲山嶽，明之爲日月，幽
> 之爲鬼神，纖之爲珠璣華實，變之爲雷霆風雨，奇辭奧旨，靡不通
> 達。〔註26〕

學於「經傳史記百家之說」而奮發乎文章即是「文學」。「學」是通向「道」
的工夫，「道」是用心爲「學」的目標。是以，「文」、「學」與「文」、「道」
用語有別而本質相通。據此而言，表面上韓愈已將「文」與「道」銜接了
起來，但若僅是如此，未免顯得生硬，其中實蘊含著轉化的核心思維——主
體性。

　　韓愈藉由主體性的自覺意識，一方面開啓「明道」的視野，一方面成就
「立言」的不朽。試觀其所云：

> 愈之所爲，不自知其至猶未也，雖然，學之二十餘年矣。始者非三
> 代兩漢之書不敢觀，非聖人之志不敢存，處若忘，行若遺，儼乎其
> 若思，茫乎其若迷。當其取於心而注於手也，惟陳言之務去，戛戛
> 乎其難哉。其觀於人，不知其非笑之爲非笑也。如是者亦有年，猶
> 不改，然後識古書之正僞，與雖正而不至焉者，昭昭然白黑分矣，
> 而務去之，乃徐有得也。當其取於心而注於手也，汩汩然來矣。其
> 觀於人也，笑之則以爲喜，譽之則以爲憂，以其猶有人之說者存
> 也。如是者亦有年，然後浩乎其沛然矣。吾又懼其雜也，迎而距
> 之，平心而察之，其皆醇也。然後肆焉，雖然，不可以不養也。行
> 之乎仁義之途，游之乎詩書之源，無迷其途，無絕其源，終吾身而
> 已矣。〔註27〕

「立言」由始學而至於醇，韓愈指出其間共經歷了三個轉變的階段：從「始
者」至「不知其非笑之爲非笑也」爲第一階段，主要專注在模仿上的學習，
屬於未知是之所是、未覺非之所非的時期；從「識古書之正僞」至「以其猶
有人之說者存也」爲第二階段，因已「徐有得」，是以能識正僞與正而不至
者，然尚受他人影響，未盡能展現自信自立的一面；從「浩乎其沛然矣」至

〔註26〕韓愈：〈上兵部李侍郎書〉，《韓昌黎文集校注》，頁143。
〔註27〕韓愈：〈答李翊書〉，《韓昌黎文集校注》，頁169～171。

「終吾身而已矣」爲第三階段，此時已是至於「立言」之境，惟當「行之乎仁義之途，游之乎詩書之源」以持養之，則爲文可常保其醇而不雜的極致呈現。三段爲學的歷程，看似僅在於揭示「立言」的途徑而已，然以文章不可學〔註28〕，「學所以爲道」來說，實是蘊含了當「明道」有得之意。如何有得？如何立言？關鍵即在於爲學過程的轉折。能至於「汩汩然來矣」，而後能至於「浩乎其沛然矣」，即是要爲學至於「有得」，使道之主體性漸次朗現出來。由此可知，韓愈使用「氣」的概念，除了寓含了「道」的內涵，其中更蘊含了主體精神的特殊指涉，而此主體精神左右了「文」所呈現的氣象。〔註29〕

　　韓愈之所以凸顯主體性思維，必然是針對當時之文弊所發，只是解決方案的提出，並非是從沿襲的修補或對立的創設爲思考方向，而是在連繫於價值根源之「道」以期振起「斯文」的過程中，映照於時代趨向所建構起的價值體系。

　　對於唐代學術的看法，韓愈以爲：

> 又自周後文弊，百子爲書，各自名家，亂聖人之宗，後生習傳，雜而不貫……方今天下入仕，惟以進士、明經及卿大夫之世耳。其人率皆習熟時俗，工於語言，識形勢，善候人主意；故天下靡靡，日入於衰壞。恐不復振起，務欲進足下趨死不顧利害去就之人於朝，以爭救之耳：非謂當今公卿間無足下輩文學知識也。〔註30〕

周後「文弊」，至今「天下靡靡，日入於衰壞」，不論是進士，或是明經，非事其末而忘其源，即是志其本而泥於古，是以所見「率皆習熟時俗，工於語言，識形勢，善候人主意」，皆不足以振起「斯文」。因不許之以「斯文」，是故韓愈對此乃心存著鄙視之意，〈答崔立之書〉一文中云：

> 或出禮部所試賦詩策等以相示，僕以爲可無學而能……凡二試於吏部，一既得之，而又黜於中書，雖不得仕，人或謂之能焉。退自取

〔註28〕韓愈〈故江南西道觀察使贈左散騎常侍太原王公墓誌銘〉云：「公所爲文章，無世俗氣，其所樹立，愈不可學。」文章所以無俗氣，在於能自樹立，不求自樹立，而以文章爲學，自無所成。文見《韓昌黎文集校注》，頁536。

〔註29〕張清華指出：「韓愈所謂的氣，實質上是人的精神內涵，文章的精神內涵。」蘊含之意或可相通。參見氏著《韓學研究（上）》（南京：江蘇教育出版社，1998年8月），頁174。

〔註30〕此處言公卿間之有「文學」，乃是虛說，取韓愈言「文學」之意衡定之即可知。

> 所試讀之，乃類於徘優者之辭，顏忸怩而心不寧者數月……夫所謂
> 博學者，豈今之所謂者乎？夫所謂宏辭者，豈今之所謂者乎？誠使
> 古之豪傑之士若屈原、孟軻、司馬遷、相如、揚雄之徒進于是選，
> 必知其懷慚乃不自進而已耳；設使與夫今之善進取者競於蒙昧之
> 中，僕必知其辱焉。〔註31〕

對於當時入仕所必經之禮部的考試，韓愈以爲所試之賦、詩、策等皆「可
無學而能」，此處或可解釋爲含有自負之意，然其中所蘊含的深意當是：無
有學之內涵而不足以爲學，所謂「競於蒙昧之中」即是。由韓愈的思維而
言，既無「學」，即不足以爲「斯文」，是以視其作乃「類於徘優者之辭」，而
所謂「博學」與「宏辭」者，惟用心於外，以「誇多而鬪靡」爲是，非類
於古，古之豪傑之士進於是選，必以爲辱，是故雖不得進亦不以爲意。對
「文弊」所形成之現象的不安，讓韓愈尋思振起「斯文」之道，從本末，由
內外，以爲必須由統攝「文」與「學」兩者之「文學」的取逕，始能展現
「斯文」的完整性。是「斯文」的振起，乃是藉由「聖人之道」的融入而產
生了轉化。透過這個轉化，如前所述，也使得「文」具有了積極的意義。韓
愈云：

> 若聖人之道不用文則已，用則必尚其能者；能者非他，能自樹立，
> 不因循者是也。有文字來，誰不爲文，然其存於今者，必其能者
> 也。〔註32〕

如前所述，實踐聖人之道有兩途，一在得位，一在作文，是於「聖人之道」
有用不用「文」之分，但是就「文」而言，卻唯有在爲「聖人之道」所用的
情形下才顯得有意義，並且是屬於積極性的。有能力將之充分展現者，韓愈
認爲當具備「能自樹立」的特質，以其不因循，故能有得於道而見之於文。「文」
與「道」並行，必然迥異於眾人所爲之文，所以能長存而不朽。

　　「能自樹立」就是韓愈針對文弊從本源處所重構以振起「斯文」之核心
思維，其意通同於「立言」的精神取向。所以體現此核心精神，雖不完全導
因於外緣之時代環境的影響，但在促成時代趨向的完成上，顯示了此精神的
時代性色彩。這個時代趨向的關聯性，源自於科舉取士的影響。唐代始以科
舉取士，上下取捨一之以文學寫作，多士競技其中，因蘄勝於人而取於人，

〔註31〕韓愈：〈答崔立之書〉，《韓昌黎文集校注》，頁 166～167。
〔註32〕韓愈：〈答劉正夫書〉，《韓昌黎文集校注》，頁 207。

必工於語言之變，則「設奇取譽」〔註33〕之手法即成為科場間之常態。而由於勢利之誘使，士人相從成風，這種在以文學為心的唐代學術氛圍中，終成為一大洪流。然而，對於韓愈而言，這種求奇立異的寫作手法並非真是殊異之展現，因為從「能自樹立」的角度來檢驗，缺乏有得於道之不因循的特質，誇多而鬭靡的寫作方向，如何變異皆不能跳脫出「世俗氣」的牢籠，那麼在此求殊異的價值就蕩然無存。試觀韓愈所言：

> 古之人有云：夏之政尚忠，殷之政尚敬，而周之政尚文；是三者相循環終始，若五行之與四時焉。原其所以為心，皆非故立殊而求異也，各適於時，救其敝而已矣。〔註34〕

此處所言雖是指向於政治，但「斯文」所作乃「因事以陳辭」，依然是屬於積極的實踐聖人之道，則其意當有通於韓愈立言的核心精神。韓愈以為三代相循環所呈現的殊異現象，非有意於求新立異，而是在各適於時以救其弊的情形下所自然形成的。如是，殊異之所以具有價值，當是若〈伯夷頌〉所云：

> 士之特立獨行適于義而已，不顧人之是非，皆豪傑之士，信道篤而自知明者也。〔註35〕

「信道篤而自知明者」，其所得之「義」，即是士之得以特立獨行的憑藉，亦是豪傑之士所以殊異的根本所在。在此，看到了韓愈於人自身價值的堅持，這與「文」有關係嗎？由韓愈提出之「氣」的概念而言，相關性不言可喻，況且所指雖殊，而於「能自樹立」之意則是相通的。是以，韓愈之怪異乃是相對於世俗的識見而言，不只是外在的現象，更是內在本質的變異。韓愈云：

> 夫百物朝夕所見者，人皆不注視也；及覩其異者，則共觀而言之：夫文豈異於是乎？漢朝人莫不能為文，獨司馬相如、太史公、劉向、揚雄為之最，然則用功深者，其收名也遠；若皆與世浮沉，不自樹立，雖不為當時所怪，亦必無後世之傳也。足下家中百物皆賴而用也，然其所珍愛者，必非常物；夫君子之於文，豈異於是乎？今後進之為文，能深探而力取之以古聖賢人為法者，雖未必皆是；要若有司馬相如、太史公、劉向、揚雄之徒出，必自於此，不自於循常

〔註33〕田錫：〈上中書相公書〉，《全宋文》第3冊，頁128。
〔註34〕韓愈：〈進士策問·其二〉，《韓昌黎文集校注》，頁102。
〔註35〕韓愈：〈伯夷頌〉，《韓昌黎文集校注》，頁65。

之徒也。〔註36〕

此文乃是針對作文而言，要旨即是在揭示「能自樹立」的價值。韓愈的論述採取了與世俗對立的態度來切入，除了暗示出當時的文風思潮，同時亦顯示出其思維的革新意義。〔註37〕當「與世浮沉」者眾，其間聲氣相通，雖衰敗不振而皆妖淫諛佞之說，因習之以爲常，亦不自視以爲怪，則其所視爲「怪」者，惟異於其所是，實乃具備足以傳之後世的價值。此價值得自於「能深探而力取之以古聖賢人爲法」，法其用功深，不因循而至於「能自樹立」。

綜上所論，擷取韓愈之言以爲小結，其云：

> 夫所謂文者，必有諸其中，是故君子慎其實：實之美惡，其發也不揜：本深而末茂，形大而聲宏，行峻而言厲，心醇而氣和；昭晰者無疑，優游者有餘；體不備不可以爲成人，辭不足不可以爲成文。
> 〔註38〕

「辭不足不可以爲成文」一語，清楚地揭示了成文的關鍵在於辭的「足」否。什麼是「足」？要「足」什麼？當「成人」與「成文」連繫在一起，這個「足」的意蘊很顯然的並不是指向於詞語修飾技巧上的完善，而是得以「成」之「實」。「實」，就是所謂的「聖人之道」。是故，「足」就是要「有諸其中」，要使「聖人之道」有諸其中。

文之足以爲文，可以傳之不朽者，關鍵即在於聖人之道。君子以聖人之道爲學，實之美惡取決於得與不得，若能有得，其體則心醇而氣和，其文則氣盛而言宜，要皆不因循而具備能自樹立的特質。是故，韓愈乃是將「聖人之道」納入到振起「文」的思維當中，以爲「文」與「道」屬於內外、本末一體的連動性關係，而「文」與「道」的內涵和呈現則以能自樹立之主體性爲樞紐。簡明以示之，即是「兩位一體」的思維：兩位即是「文」與「道」，「體」即是代表主體性之「氣」。由是，從韓愈所開啓之文道關係的討論，其思維角度即是構築在一個以文道爲一體的創作趨向上，其後宋儒不僅將承繼之，亦有進一步的拓展。

〔註36〕韓愈：〈答劉正夫書〉，《韓昌黎文集校注》，頁207。
〔註37〕在盛言「革新」時，或當注意古文運動之所對，於駢文而言，或只是現象之一角，採用散文或只是爲了歸諸於聖人之體式而已，其眞正所要揭櫫者，依本文所述，當是超克靡靡不振的時俗，體現能自樹立求得立言不朽的價值精神。
〔註38〕韓愈：〈答尉遲生書〉，《韓昌黎文集校注》，頁145。

三、韓愈對「文」之界定

韓愈既以文道爲一體，視兩者具有相互依存的連動性，則在內涵上，必然具有環扣的關係。換言之，「文」的要求，必然相應於「道」的特質。當然，這是透過了「氣」之主體性的轉化，始能讓「文」與「道」得以相應如一。

韓愈對於「文」之界定，就是以最終的目的——「立言」——來思考。「立言」包含了「文」與「道」的問題，對於「文」而言，則唯有思索如何將所得之「道」作充分的展現。這個問題，至少包含了「爲何寫？」與「怎麼寫？」兩個提問。以韓愈文論的思維焦點進行劃分，前者關注的焦點鎖定在作者身上，涉及之觀點有「不平則鳴」與「以文爲戲」，後者關注於修辭技巧上，涉及之觀點有「務去陳言」與「文從字順」。以下逐次進行檢視，並加以申論。

（一）不平則鳴

以「不平則鳴」而言，學者依據文學創作必須具備抒情特質的觀點，紛紛將「不平」緊扣於情感的抒發以進行申論，透過諸如「發憤著書」、「窮而後工」之抒情性文論觀點的連繫，賦予其不可撼動的地位，甚至以此視爲韓愈文學思維所以具有價值的獨特面向。〔註39〕韓愈的思維是否如此呢？文學具備抒情的特質，是以能感人至深，在心心相印的互動下，完成文學作品之價值的展現。韓愈亦有云：

> 夫和平之音淡薄，而愁思之聲要妙；讙愉之辭難工，而窮苦之言易
> 好也。是故文章之作，恒發於羈旅草野。〔註40〕

沒有面對巨大的衝擊從而生發深刻的感受，就無法激盪出令人動容的作品，「愁思之聲」之所以妙於「和平之音」，「窮苦之言」之所以工於「讙愉之辭」即是。依據論述的內涵推定，韓愈似是認同了這種寫作的方向，然而是否存有疑義呢？韓愈歸納指出「是故文章之作，恒發於羈旅草野。」似是下了一

〔註39〕羅宗強指出：「文以明道」只是文體文風改革的口號，甚至成爲一種束縛，而「不平則鳴」說，正是韓愈與柳宗元之不同於此前之改革者，這給予了改革有了「生機」。詳細論述可見氏著《隋唐五代文學思想史》（北京：中華書局，2003年10月），頁157～161。張清華則將「不平則鳴」與「窮而後工」並論，以爲乃「是創作過程論的關鍵。」見氏著《韓學研究》，頁152～160。

〔註40〕韓愈：〈荊潭唱和詩序〉，《韓昌黎文集校注》，頁262～263。

個定論，但是仔細條理文章的論述脈絡，可知此句話實是爲了鋪陳以彰顯一個相對而背反的特殊價值。換言之，這個看似定律的推論，對於韓愈而言，僅是藉以凸顯所論對象之殊異與珍貴。復觀其所云：

> 子厚前時少年，勇於爲人，不自貴重顧惜，謂功業可立就，故坐廢退；既退，又無相知有氣力得位者推挽，故卒死於窮裔，材不爲世用，道不行於時也。使子厚在臺省時，自持其身已能如司馬刺史時，亦自不斥……然子厚斥不久，窮不極，雖有出於人，其文學辭章，必不能自力以致必傳於後如今，無疑也。〔註41〕

柳宗元與韓愈在文學創作上給予世人多有「韓柳」並稱的印象，可見亦有「傳於後」的價值存在。〔註42〕韓愈時已知其具有足以傳之後世的價值，而似乎將促成的要素歸諸於久斥與極窮，以爲若「斥不久，窮不極」，無疑不能有如此成績。然而，由韓愈整體的思維而言，爲文有「後世之傳」，唯「能自樹立」的人才具有這樣的價值，而所以能自樹立，如前所述，即是於道有得，據此以論，則柳宗元之文學辭章所以傳於後，關鍵在於當其爲司馬刺史以後，已能於道有所得，具備了能自樹立的特質，「自持其身」即是行爲上的具體展現。此外，由柳宗元「以文明道」思維的提出，一方面顯示出與韓愈有相同的用心，在內涵上，也有相近的關懷，另一方面在思維形成的時間上，更契合於韓愈所論，皆是在貶永州司馬之後。〔註43〕是故，韓愈在此或許顯示出「窮」對於爲文在抒情性方面可能具有的價值，但其最終所顯示之核心意義，仍是在於「能自樹立」的主張上。

如上所述，則「不平則鳴」當如何理解呢？試觀韓愈所云：

> 大凡物不得其平則鳴：草木之無聲，風撓之鳴；水之無聲，風蕩之鳴。其躍也或激之，其趨也或梗之，其沸也或炙之；金石之無聲，或擊之鳴。人之爲言也亦然：有不得已者而後言，其謌也有思，其哭也有懷，凡出乎口而爲聲者，其皆有弗平者乎！樂也者，鬱於中而泄於外者也；擇其善鳴者而假之鳴：金石絲竹匏土革木八者，物之善鳴者也。……其於人也亦然：人聲之精者爲言，文辭之於言，

〔註41〕韓愈：〈柳子厚墓誌銘〉，《韓昌黎文集校注》，頁 512～513。

〔註42〕歐陽脩稱「韓李」而不稱「韓柳」，然稱韓柳者仍有其視野中所賦予的意義，不可輕易將之抹煞。

〔註43〕羅宗強指出：柳宗元「『文以明道』的主張，是在貶永州司馬之後逐步明確起來的。」詳細論述見氏著：《隋唐五代文學思想史》，頁 152～155。

又其精也，尤擇其善鳴者而假之鳴。其在唐虞，咎陶禹其善鳴者
也，而假以鳴。……其下魏晉氏，鳴者不及於古，然亦未嘗絕也……
其爲言也，雜亂而無章。將天醜其德莫之顧邪？何爲乎不鳴其善鳴
者也？唐之有天下，陳子昂蘇源明元結李白杜甫李觀皆以其所能
鳴。其存而在下者，孟郊東野始以其詩鳴：其高出魏晉，不懈而及
於古，其他浸淫乎漢氏矣。從吾遊者，李翱張籍其尤也，三子者
之鳴信善鳴矣，抑不知天將和其聲，而使鳴國家之盛邪？抑將窮餓
其身，思愁其心腸，而使自鳴其不幸邪？三子者之命，則懸乎天
矣。〔註44〕

若擷取「鳴國家之盛」與「鳴其不幸」作一比較，再連繫於論述核心「不得
其平則鳴」的觀點，似乎韓愈所揭示的文學思維就偏取於個人窮愁不遇之
情感的抒發。然而，依舊由文章的論述脈絡並輔之以韓愈的整體思維來看
〔註 45〕，將可釐清以下幾個觀點：其一，「鳴國家之盛」與「鳴其不幸」，韓
愈雖兩項併陳，然去取爲何？從孟郊（東野，751～814）此時的遭遇，韓愈
作序文取「懸乎天」、「命於天」以解其「不釋」而言，「鳴其不幸」似乎是另
一個可以開拓的方向，但是就「善鳴者」之所以鳴的提問來看，由韓愈在行
文中提列之諸多例證，其共同的特徵乃是鳴者主在回應於己身之外在事物
的扣擊，其中寓含著價值的意義，如寓含一代之興衰。此外，對於魏晉時期
爲言雜亂而無章的情形，韓愈質疑是否「天醜其德」所以才有如此的呈現，
而斷言「三子者」乃屬於善鳴的人，不僅「高出魏晉」，亦「不懈而及於
古」，則雖言「懸乎天」，實是希冀以其善鳴得「天將和其聲，而使鳴國家之
盛」。是以，就文章脈絡而言，得以「鳴國家之盛」才是衷心企盼之所在。其
次，何謂善鳴呢？在人之爲言，「其謌也有思，其哭也有懷，凡出乎口而爲聲
者，其皆有弗平者乎！」將之解釋爲寓含強烈的情感，似乎並無不當，但是
作爲與其他例證並列的論述，則在性質與指向上應該具有相近或等值的內

〔註44〕韓愈：〈送孟東野序〉，《韓昌黎文集校注》，頁 233～235。
〔註45〕李光地（晉卿，1642～1718）嘗云：「韓文言『物不得其平則鳴』，其意以爲
有動於中則鳴耳，而以爲不得其平，殊不確。其下有『五臣、夔』等，如何
說不得其平？又說『夔不能以文詞鳴，以《韶》鳴』，殊可笑，便是文人趁筆
之習。至說六朝文章之病，字字確切，此公於文章一事當行也。」對於韓愈
「不平則鳴」的論述，已經注意到文章脈絡上的連貫性與合理性，可惜未再
進一步深入，在調適順遂中求其善解與意蘊。文見《榕村語錄》（北京：中華
書局，1995 年 6 月），頁 519。

涵，那麼不論是天地自然萬物、樂或者是各個朝代，所以透過善鳴者鳴之，有了各種多元樣貌的呈現，諸如「以其術鳴」、「以道鳴」等，其意乃是一方面得以充分彰顯其美善的內涵，一方面亦展現善鳴者的特質，是兼顧兩造雙方之所存有，非獨以發抒鳴者之不平而已。此外，由韓愈的整體思維來說，「善鳴」即是爲文之能者，是具有「能自樹立」的特質，則基於「氣盛言宜」、本末如一的思維，善鳴者之爲文，於因事陳辭時，其志與事當取得意義的相通與價值的呼應，亦即己之明道有得通於事中之所存──道。如是，所言「有思」、「有懷」，實際上正是「能自樹立」者之不因循的回應。是故，「善鳴」者之所鳴，乃爲己而兼及於爲人。其三，何謂「不得其平」呢？因爲韓愈明確指出了對於人來說言乃出自於「有不得已者」，其中所隱含之意，可以理解爲人在遭受打擊後因產生情緒性的強烈反應，不得不尋求一個發洩的管道，而言就是這個良好的管道，尤其「文辭之於言，又其精也」。換言之，支撐文辭呈現的基礎即在於人的情感上產生了「不得已者」、「弗平」的強烈感受。然而如前所述，「能自樹立」者，其文乃是源自於「氣盛而言宜」的呈現，因「氣」中充滿著融攝於主體的「道」，使得文章在自然流露中蘊含著「古義」〔註46〕，那麼將作文理解在情感抒發的層面上，似乎滑落了韓愈原有論述中指向於價值層面上的用意，顯然是值得商榷的。若先放下文章寫作的正確取向必源自於強烈情感之抒發的執著，進而依據韓愈論述的具體內容來拆解，將可發現「不得其平則鳴」有其構成之要素與生成之規律。草木、水、金石之「鳴者」原本屬於無聲體，而因風與擊之「使鳴者」的加入，完足了整個發聲的要素，使鳴者得其所當鳴。韓愈認爲人也應當是如此，所以其「謌」與「哭」之發聲，亦有使其弗平之要素，只是在文章行文之初爲能緊扣於「不平」的主題，故尚未揭示「使鳴者」爲何而已。然而此中亦有深意，韓愈未從正面以直述的方式來揭示，其實正是要凸顯了這個議題的重要性，換言之，韓愈在文章寫作之破題處，除了開宗明義揭示出「不平則鳴」的思維，並進行思維內涵的論述，其之所以未同時明確說明「人之於言者，何使之鳴？」的提問，隱含之意即是欲透過全文以「不平則鳴」之思維的論述與鋪陳，漸次闡明圍繞於這個提問所具有之內涵，而最後藉由歸諸於孟郊

─────────

〔註46〕韓愈指出：「利害必明」，以聖人爲依歸，則因事以陳辭，其中所見乃是依古義所得爲是非。張籍亦言文章「示人以義」，見〈重與韓退之書〉，《張司業集》卷8，《景印文淵閣四庫全書》第 1078 冊（臺北：臺灣商務印書館，1986 年 3 月），頁 61。以下引書以《四庫》簡稱之。

身上而呈現出來。

　　如是推論，是否為真呢？韓愈揭示了「鳴者」與「使鳴者」之間，因互動的交錯形成了「不平」而有「鳴」的呈現，這是想要藉由萬物之理來映照出人亦有相同的趨向，之後的「擇其善鳴者而假之鳴」之論述，再次以萬物之理帶入，而後運用以古照今的旁證方式，深入闡釋了在人之所鳴的情形。從諸多例證中，不論是上至於唐虞或下及於唐，各朝代皆有藉於善鳴之作者以鳴之，如同萬物之理，鳥鳴之於春之時，雷鳴之於夏之時，蟲鳴之於秋之時，風鳴之於冬之時，皆存在著能「擇其善鳴者而假之鳴」的規律。分析此中規律，仍將可發現天時之「使鳴者」與善「鳴者」間的互動。此外，「其必有不得其平者乎」之對於萬物之理的提問，正是對應於「其皆有弗平者乎」之對於人之於言的提問，兩者皆順實理而虛問之，虛實兩相映照，蘊含之意已昭然若揭。

　　是故，「不得其平」一語，其中所蘊含的深意即是「互動的構成」，萬物之鳴如是，人之於言亦然。依此，「不平則鳴」之完整意涵，即是指「能自樹立」的作者，在「互動的構成」中，透過文字的表達，不僅將「使鳴者」之特質通過自身來呈現，更將自我之精神作了充分的詮釋。思維的焦點仍是在「立言」之上，局限在情感宣洩與政教頌揚之間的取捨論辯，應是甚為不契的。

（二）以文為戲

　　就「以文為戲」而言，這個問題的討論，主要出現在韓愈與張籍（文昌，768～830）的書信往來對話中，針對的作品多是指〈毛穎傳〉，有時尚且納入了〈送窮文〉與〈進學解〉兩篇，當時多以為怪，雖裴晉公亦以為不可取，而柳宗元則提出了不同的理解角度，宋代的宋祁（子京，998～1061）更依其「自成一家」的思維評以「古人意思未到，可以名家矣。」〔註47〕視為得與〈原道〉並駕齊驅的寫作呈現。〔註48〕褒貶好惡在各具視野的思維中有了迥然不同的評價，或許各有堅實理據，然如何進行理解較能貼近韓愈的寫作精

〔註47〕宋祁：《宋景文筆記》，見朱易安、傅璇琮等主編《全宋筆記》第一編（鄭州：大象出版社，2003年10月），頁55～56。

〔註48〕有關討論洪邁（景廬，1123～1202）已述及，〈七發〉云：「〈毛穎傳〉初成，世人多笑其怪，雖裴晉公亦不以為可，惟柳子獨愛之。」文見《容齋隨筆》（上海：上海古籍出版社，1978年7月），頁88。

神，當是關注的核心焦點。

由韓愈與張籍書信往來的問答來看，在二問二答中，「以文爲戲」的質疑顯然是出自於張籍，而韓愈的先後答覆更顯其對「以文爲戲」的自覺意識。張籍主要是從當「爲一書以興存聖人之道」的角度，針對韓愈「不能著書若揚雄孟軻以垂世」的情形提出了質疑，其言云：

> 執事聰明，文章與孟軻揚雄相若，盍爲一書以興存聖人之道，使時之人，後之人知其去絕異學之所爲乎？曷可俯仰於俗，囂囂爲多言之徒哉？然欲舉聖人之道者，其身亦宜由之也。比見執事多尚駁雜無實之說，使人陳之於前以爲歡，此有以累於令德。又商論之際，或不容人之短如任私尚勝者，亦有所累也。先王存六藝，自有常矣；有德者不爲猶以爲損，況爲博塞之戲與人競財乎？君子固不爲也。今執事爲之，廢棄時日，竊實不識其然。且執事言論文章不謬於古人，今所爲或有不出於世之守常者，竊未爲得也。願執事絕博塞之好，棄無實之談，弘廣以接天下士，嗣孟軻揚雄之作，辨楊墨老釋之說，使聖人之道復見於唐，豈不尚哉！〔註49〕

張籍認爲著書乃是興存聖人之道的最佳方式，而韓愈無心爲之，除了耗費心力於「囂囂爲多言」之外，不僅「多尚駁雜無實之說」，「商論之際」一意求勝，更有「博塞之戲」，「所爲或有不出於世之守常者」，是以深責之。張籍所責四事，韓愈亦依次作了回覆。韓愈云：

> 然吾子所論：排釋老不若著書，囂囂多言，徒相爲訾；若僕之見，則有異乎此也！夫所謂著書者，義止於辭耳。……化當世莫若口，傳來世莫若書。……吾子又譏吾與人人爲無實駁雜之說，此吾所以爲戲耳；比之酒色，不有間乎？吾子譏之，似同浴而譏裸裎也。若商論不能下氣，或似有之，當更思而悔之耳。博塞之譏，敢不承教。〔註50〕

有關著書的問題，因爲是焦點所在，所以用在闡述何以未欲著書的理由上篇幅就顯得多了些，不過兩人的落差只是在於寫作的時間上，一方面是因爲韓愈主張「化當世莫若口，傳來世莫若書。」另一方面是冀能少過，是以在時間上韓愈以爲「請待五六十然後爲之」，此後的再次往返答覆，各自用心仍然

〔註49〕 張籍：〈與韓愈書〉，《張司業集》卷8，《四庫》第1078冊，頁59～60。
〔註50〕 韓愈：〈答張籍〉，《韓昌黎文集校注》，頁132～133。

如是。至於「商論」與「博塞」的問題，前者韓愈初步顯示了反思之意，但於再次往返問難中，韓愈揭示了本身所以自信不移的思維基礎，其中所蘊含的意義留待下文再述，而後者則直接表示了「承教」接納的態度。較特別的是，有關「駁雜無實之說」的討論，不僅進一步成為兩造爭論的焦點之一，也因其中所蘊含之特殊性而成為往後學者關注的焦點。此處韓愈以「此吾所以為戲耳」與「同浴」欲化解張籍的責難，前者即是所謂之「以文為戲」的觀點，亦是今日學者在討論韓愈文論時，不得不關注與處理之核心思維。不過此處韓愈的簡單回應，嚴格說來說，未有正面之陳述，僅寓含了不以為意的態度而輕輕帶過。具有張力的論述，當是在第二次的對話中。

關於第二次的對話，張籍云：

> 君子發言舉足，不遠於理；未嘗聞以駁雜無實之說為戲也。執事每見其說，亦拊几呼笑，是撓氣害性不得其正矣。苟止之不得，曷所不至焉！或以為中不失正，將以苟悅於眾，是戲人也，是玩人也，非示人以義之道也。〔註51〕

韓愈答覆云：

> 駁雜之譏，前書盡之，吾子其復之。昔者夫子猶有所戲，《詩》不云乎：「善戲謔兮，不為虐兮。」《記》曰：「張而不弛，文武不能也」，惡害於道哉？吾子其未之思乎！〔註52〕

顯然張籍不接受由「戲」與「同浴」的角度即可以使「駁雜」成為選項，並隱含了自己非是「同浴」者之意。或許可以說，張籍乃是從嚴肅的價值體系來看待作為「聖人之道」的文，對於存在「撓氣害性」，遠於理而失其正的寫作方式，認為就必須加以禁止，若以「戲」視之，則失去了寫作旨在「示人以義」的價值。不同於張籍從根本價值之是非直接判定了取捨，韓愈透過依歸於孔子，取證於經典，從一個「人」的接受者角度思考，以為「以文為戲」並無害於道，而「吾子其未之思乎」一語，更具有引導張籍跳脫是非表象而進入情境思索的企圖。

如是，「以文為戲」蘊含著何種思維與視野而足以推翻「駁雜無實」的批判呢？「駁雜無實」可以涉及到價值的內涵，這也是張籍視為對立而企圖遏止的。然而，就韓愈而言，在〈答李翊書〉一文中透過論述為學有得之轉化

〔註51〕張籍：〈重與韓退之書〉，《張司業集》卷8，《四庫》第1078冊，頁60～61。
〔註52〕韓愈：〈重答張籍書〉，《韓昌黎文集校注》，頁136。

以達立言之不朽時，已揭示了化雜爲醇，終其身以存養之意，則所謂「駁雜」的非難自然是不爲韓愈所接受；在〈進士策問〉中，韓愈指出：

> 問：食粟、衣帛、服仁行義以俟死者，二帝三王之所守，聖人未嘗有改焉者也。今之說者有神仙不死之道，不食粟，不衣帛，薄仁義以爲不足爲，是誠何道邪？聖人之於人，猶父母之於子。有其道而不以教之，不仁；其道雖有而未之知，不智；仁與智且不能，又烏足以爲聖人乎？不然，則說神仙者妄矣！〔註53〕

則可以劃歸於「無實」，涉及到價值層面之虛妄的「神仙不死之道」，並非是韓愈之所許可的。是以，韓愈盡力於「以文爲戲」的辨明，並不是要扭轉張籍的價值思維，而是要揭示此呈現方式實存有其未見的價值內涵。韓愈在闡述中引用了《詩》：「善戲謔兮，不爲虐兮。」根據毛氏的解說：「寬緩弘大，則雖戲謔不爲虐矣。」鄭氏則指出：「君子之德有張有弛，故不常矜莊而時戲謔。」〔註54〕對於戲謔的解讀似乎都是以負面的觀點，惟其缺失爲君子之德所掩蓋而已，但由接續引用之《禮記》來看，韓愈企圖透過一體的思維揭示在「以文爲戲」的表象下蘊含著一貫的價值內涵。《禮記》述說的詳細內容爲：

> 子貢觀於蜡。孔子曰：賜也樂乎？對曰：一國之人皆若狂，賜未知其樂也！子曰：百日之蜡，一日之澤，非爾所知也。張而不弛，文武弗能也；弛而不張，文武弗爲也。一張一弛，文武之道也。〔註55〕

在子貢的視野中，因不能見蜡祭所存在的價值，是以進入其眼簾者，惟有看到「若狂」的情景，這就是以第三者的角度，純粹用客觀性的法則來判斷接觸的現象，理當不知孔子所問之「樂」爲何。該如何才得以感知呢？孔子指出了「百日之蜡，一日之澤」乃是一個連續性的歷程，因有百日之蜡的付出，於是一日之澤乃有眞實愉悅的感受，換言之，蜡與澤具有連貫性的價值內涵，一張一弛，缺一不可。孔子之所以有別於子貢之所見，能知其所樂，即是從一個「人」——生命體——的角度來思維，由進入其生命，具體感受其辛勞從而覺知隨後之愉悅所寓含的珍貴價值。韓愈即是藉孔子此張弛之

〔註53〕韓愈：〈進士策問・其十三〉，《韓昌黎文集校注》，頁108。

〔註54〕《十三經注疏・詩經注疏》卷第3～2（臺北：藝文印書館，1993年9月），頁128。

〔註55〕《十三經注疏・禮記注疏》卷43（臺北：藝文印書館，1993年9月），頁751。

理，一方面說明了張籍「駁雜無實」的認知有如子貢之「狂」判別，皆是因未知其意而心生排斥，另一方面則揭示了應無囿於表面的現象，尋思以入而覺知其意義的重要性。從這個視角來檢視韓愈「以文爲戲」的作品，諸如〈毛穎傳〉、〈進學解〉、〈送窮文〉等，無不存在著與「聖人之道」的連結性關係，此亦正是韓愈於自評作品中所言：

> 居窮守約，亦時有感激怨懟奇怪之辭，以求知於天下，亦不悖於教
> 化，妖淫諛佞譸張之說，無所出於其中。〔註56〕

韓愈指出自身的作品在呈現上，或許存有因欲求知於天下而讓人感受到修辭上的怪異與情緒上的怨懟，但實際上這些作品依然不悖於「教化」，所謂「淫諛佞譸張之說，無所出於其中」，若從正面來表述即是合於「聖人之道」的呈現，而其意蘊亦即是作品的本質仍是體現作者「能自樹立」的價值精神。

有關於「以文爲戲」的寫作，歷代論述者亦有從多元的面向來嘗試解讀，舉如由遣辭用字的角度，《猗覺寮雜記》中有云：

> 退之〈毛穎傳〉吾子孫神明之後四字，子產獻陳捷於晉語也。退之
> 爲文，用古人語如己出，所以爲奇。〔註57〕

強調韓愈在語言文字上用「古」如新的卓越呈現。朱熹亦云：

> 晉人詩惟謝靈運用古韻，如「祐」字協「爥」字之類。唐人惟韓退
> 之、柳子厚、白居易用古韻，如〈毛穎傳〉「牙」字、「資」字、「毛」
> 字皆協「魚」字韻是也。〔註58〕

這是從韻的角度，揭示其中用「古」的寫作手法。然而，由「古」而入，深入其中，略窺其旨要者，當爲胡應麟（元端，1551～1602），其言云：

> 昌黎之有古意者，〈毛穎傳〉、〈進學解〉、〈送窮文〉皆以文爲戲，示
> 不欲步驟前人也。世徒知其滑稽而罔測其微旨所在，乃不佞，竊獨
> 窺之。〔註59〕

「以文爲戲」只是表現出的型態，俗世徒知擷取外在形式而爭論不休，不知其中別有韓愈的創作精神，胡應麟以爲能獨窺其「微旨」：其一，是「古意」；其二，是「不欲步驟前人」。假使「古意」是通於「聖人之道」的內涵，而「不

〔註56〕韓愈：〈上宰相書〉，《韓昌黎文集校注》，頁155。

〔註57〕朱翌：《猗覺寮雜記》卷上，《四庫》第850冊，頁457。

〔註58〕朱熹：《朱子全書・朱子語類》（上海：上海古籍出版社；合肥：安徽教育出版社，2002年12月），頁4322。

〔註59〕胡應麟：〈讀平淮西碑〉，《少室山房集》卷105，《四庫》第1290冊，頁760。

欲步驟前人」是有得後的「能自樹立」，則胡應麟應已貼近了韓愈的創作精神。
然而，就所作〈讀昌黎毛穎傳〉一文的論述來說，其言云：

> 文自唐宋而下，昌黎才具當特高于諸人，其意創自爲尊，不欲剿前
> 人一字，無論前人隻字即自出體裁亦千億化身靡一律焉，故其機軸
> 若生龍活螭不可摹執，非才力絕人，眞足起八代之衰，未易語也。
> 而近來評者謂韓序記書啓，如達摩西來獨啓禪宗，惟紀傳志銘未得
> 太史公法。噫！今天下枕藉史公殆百年矣，有能躍出〈毛穎〉之上
> 者乎？昌黎者能爲史公而能弗爲者也，然又不肯盡沒其伎，故假毛
> 穎以泄之，若曰吾非尺寸史公，聊以文滑稽而已，此其微旨獨寄于
> 千載之上，而始發于余者也。〔註60〕

透過司馬遷的寫作來肯定韓愈的文章，亦是歷來解讀的策略之一，詳細如何，
容後再述。惟依其論述，可知當評論者已形成了韓愈在「紀傳志銘未得太史
公法」的觀點時，胡應麟因獨窺韓愈創作微旨，相反地以爲如〈毛穎傳〉的
寫作是司馬遷所不能及的。從本末來說，〈毛穎傳〉只是具體呈現的一個面向，
甚至「以文爲戲」也只是聊備一格的表現模式，胡應麟推崇的實是韓愈的整
體表現。然而，在這備極推崇的思維裡，胡應麟的視野其實只有鎖定在創自
爲尊、自出體裁、機軸獨具之新變的寫作方式——「伎」——上，對於成就
此機軸的內涵，在關注上似乎就顯得不足。

又如有從內涵方面來切入，柳宗元云：

> 若捕龍蛇，搏虎豹，急與之角而力不敢暇，信韓子之怪於文也。世
> 之模擬竄竊，取青媲白，肥皮厚肉，柔筋脆骨，而以爲辭者之讀之
> 也，其大笑固宜。且世人笑之也，不以其俳乎？而俳又非聖人之所
> 棄者。《詩》曰：「善戲謔兮，不爲虐兮。」太史公書有〈滑稽列傳〉，
> 皆取乎有益於世者也。〔註61〕

柳宗元在「怪」中看到了韓愈文章的精彩，但世俗只惑於「俳」的表現形式
而極力非難之，因此藉由司馬遷及其〈滑稽列傳〉寓含有益於世的寫作參照
揭示了韓文的價值意義。關於當時的非難，《舊唐書》的記載可算是清楚的作
了總結，其云：

〔註60〕胡應麟：〈讀昌黎毛穎傳〉，《少室山房集》卷 105，《四庫》第 1290 冊，頁
　　　　760。
〔註61〕柳宗元：〈讀韓愈所著毛穎傳後題〉，《柳宗元集》（臺北：漢京文化事業有限
　　　　公司，1982 年 5 月），頁 569～570。

又爲〈毛穎傳〉，譏戲不近人情：此文章之甚紕繆者。時謂愈有史筆，及撰《順宗實錄》，繁簡不當，敘事拙於取捨，頗爲當代所非。〔註62〕

史筆與譏戲原分指兩篇寫作，但柳宗元已有透過〈毛穎傳〉一併回應的傾向，而李肇《唐國史補》云：「沈既濟撰〈枕中記〉，莊生寓言之類，韓愈撰〈毛穎傳〉其文尤高，不下史遷，二篇眞良史才也。」〔註63〕正說明了如此詮釋的合宜性。往後透過與司馬遷的連繫來解決史筆的問題，以及與此相關的有益於世，就成爲主要的切入角度之一。如《隱居通議》中云：

韓文，世謂其本于經，或謂出于孟子，然其碑銘妙處，實本太史公也。……《史記》荊軻傳云：軻眞傾危之士哉！韓〈毛穎傳〉云：秦眞少恩哉！〔註64〕

具體地擷取了相通的文辭，彰顯出韓愈與司馬遷在寫作上的緊密關係。至於所謂的有益於世，以葉夢得（少蘊，1077～1148）《避暑錄話》中的論述爲例，其言云：

韓退之作〈毛穎傳〉，此本南朝俳諧文〈驢九錫〉、〈雞九錫〉之類而小變之耳。俳諧文雖出於戲，實以譏切當世封爵之濫，而退之所致意，亦正在「中書君老不任事，今不中書」等數語，不徒作也。〔註65〕

追溯寫作的本源正伴隨著強調自我作古、自成一家的創新概念，成爲宋代學術領域中的核心議題。葉夢得顯然是從追溯韓愈寫作手法的原始型態——「譏切當世」——來思考，但根本的用意乃在爲〈毛穎傳〉取得「不徒作」的理解依據。趙與峕（行之，1172～1228）指出：

寓言以貽訓誡，若柳子厚三戒鞭賈之類，頗似以文爲戲，然亦不無補於世道。〔註66〕

張淏（清源，約1216在世）指出：「〈穎傳〉，蓋明爲寓言。」〔註67〕很清楚

〔註62〕劉昫：《舊唐書》卷160〈韓愈傳〉（臺北：鼎文書局，1976年10月），頁4204。
〔註63〕李肇：《唐國史補》卷下，《四庫》第1035冊，頁444。
〔註64〕劉壎：《昌黎文法》，《隱居通議》（北京：中華書局，1985年），頁190。
〔註65〕葉夢得：《避暑錄話》，收錄於朱易安、傅璇琮等主編《全宋筆記》第二編（鄭州：大象出版社，2006年1月），頁338。
〔註66〕趙與峕：《賓退錄》（北京：中華書局，1985年），頁65。
〔註67〕張淏：《雲谷雜紀》（北京：中華書局，1991年），頁24。

地，類似於〈毛穎傳〉之以文爲戲的寫作，其價值意義乃建立於具有譏切、訓誡的寓言式內容。這樣的理解，雖不失其合理性，但純粹依內容的表述朝實用取向來解讀，似乎未盡其底蘊。《古今源流至論》云：

> 小宋謂〈送窮文〉、〈進學解〉皆古人意思未到，則公之雜文皆周情孔思也。〔註68〕

宋祁依其自名一家的思維來推崇韓愈的寫作，已如前所述，此處當留意的是：林駉（德頌，生卒不詳）藉此圈點出韓愈文章寫作的核心思維——「周情孔思」。依據韓愈的學術取向，以「周情孔思」一語確實較能適切的表述出韓愈的立言內涵。楊於庭即有云：「昔揚雄有〈逐貧賦〉，韓愈有〈送窮文〉，凡以宣鬱抒衷用附孔氏各言爾志之義。」〔註69〕意有相通，可資佐證。至於，近代學術巨擘王國維所云：「詩人視一切外物，皆遊戲之材料也。然其遊戲，則以熱心爲之，故詼諧與嚴重二性質，亦不可缺一也。」〔註70〕更明白的揭示出看似遊戲的表象下潛存的實是一個全然熱心付出之人的內在精神。

綜上所述，可知不論是批判或者是讚揚，跳脫作者的用心而進行作品的解讀，通常會產生不全面與不貼切的理解，雖然價值的衡定需要透過客觀的角度來檢視，但是若未明、未見被檢視之對象的精神與內涵，何以能進行有效的或者是貼切的詮解呢？以韓愈「以文爲戲」的創作手法來說，當知此並非其違心之放縱，而是作爲價值體系的一員，或相輔相成，或調適順遂，扮演一個使價值實踐趨向於完美的角色。

（三）務去陳言

就「務去陳言」而言，這是歷來關注韓愈詩文在修辭上的核心觀點之一，不過在經歷了不斷的詮釋與理解後，卻與其另一核心觀點——「文從字順」——形成了對反的關係，除非是前後期學術觀點產生了巨變，否則不當有如此矛盾與衝突，依韓愈學術的整體發展來看，惟有趨向純粹的漸次深化，則應如何理解才能契合韓愈的精神而認知其諧和一致的內涵呢？從「能自樹立」的核心精神切入，當可獲得概念合宜的梳理。以下詳論之。

韓愈有關「務去陳言」的提法是出現在〈答李翊書〉一文中，詳細的論

〔註68〕 林駉：〈韓文〉，《古今源流至論》後集卷1，《四庫》第 942 冊，頁 171～172。
〔註69〕 楊於庭：〈驅饕賦有序〉，《御定歷代賦彙》補遺卷 22，《四庫》第 1422 冊，頁 854。
〔註70〕 彭玉平編著：《人間詞話》（北京：中華書局，2003 年 6 月），頁 184。

述內容爲：

> 始者非三代兩漢之書不敢觀，非聖人之志不敢存，處若忘，行若遺，
> 儼乎其若思，茫乎其若迷。當其取於心而注於手也，惟陳言之務去，
> 戛戛乎其難哉。其觀於人，不知其非笑之爲非笑也。如是者亦有年，
> 猶不改，然後識古書之正僞，與雖正而不至焉者，昭昭然白黑分矣，
> 而務去之，乃徐有得也。當其取於心而注於手也，汩汩然來矣。其
> 觀於人也，笑之則以爲喜，譽之則以爲憂，以其猶有人之說者存也。
> 如是者亦有年，然後浩乎其沛然矣。〔註71〕

透過前文的分析，已知這段文字是韓愈自述爲學的三個進程，其中「陳言之
務去」就是今日眾所矚目的焦點。然而，依據兩個「務去」間所構成的論述
脈絡，這個修辭上的概念，只能說是在初期寫作時努力循守的客觀規範而已。
之所以如此說，試觀其由「始者」至「非笑也」間的行文，包括「忘」、「遺」、
「迷」、「不知」等用語，共同呈現出的是初學的茫然，相對於此，進入到深
層內涵之分辨的「識古書之正僞」，這種「務去」的「有得」，在主體思維上
與「務去陳言」已經呈現出迥然不同的意蘊，尤其當至於「浩乎其沛然」時，
正與「難」成爲鮮明的對比。由是而言，將「務去陳言」視爲韓愈在行文上
的準則與主張，似乎猶需商榷。

　　仔細審視「務去陳言」之所以被視爲韓愈詩文修辭上的標誌，除了李翱
（習之，772〜841）與宋祁的相繼推許，加上王安石的批判外，連繫於「詞
必己出」的詮釋與理解應是意義確立的關鍵。

　　不同於韓愈將「務去陳言」視爲學養的初期工夫，李翱特意將之凸顯
出來，視爲文章寫作的旨歸。論述內容詳細呈現在〈答朱載言書〉一文中，
其云：

> 創意造言，皆不相師……陸機曰：「怵他人之我先。」韓退之曰：「惟
> 陳言之務去。」假令述笑哂之狀曰：莞爾，則《論語》言之矣；曰：
> 啞啞，則《易》言之矣；曰：粲然，則穀梁子言之矣；曰：攸爾，
> 則班固言之矣；曰：囅然，則左思言之矣。吾復言之與前文何以異
> 也，此造言之大歸。〔註72〕

〔註71〕韓愈：〈答李翊書〉，《韓昌黎文集校注》，頁170。
〔註72〕李翱：〈答朱載言書〉（一本作梁載言），《李文公集》卷6，《四庫》第1078
　　　　冊，頁129〜130。

「創意造言」以「自成一家」可以說是宋代文學追求的理想〔註73〕，而李翺在此分別從創意與造言兩方面，嘗試將其內外如一的意涵闡釋出來，尤其文中於造言之大歸處引述了韓愈「陳言之務去」的說法，不僅讓人看到了韓、李思維的延續性，更顯示出唐宋間在學術發展上的思維脈絡。這種特意將「務去陳言」的觀點作一凸顯的論述方式，在李翺之後，宋祁的提法幾乎確立了它在韓愈學術中的地位。宋祁云：

> 夫文章必自名一家，然後可以傳不朽，若體規畫圓，準方作矩，終爲人之臣僕。古人譏屋下作屋，信然。陸機曰：「謝朝華於已披，啓夕秀於未振。」韓愈曰：「惟陳言之務去。」此乃爲文之要。「五經」皆不同體，孔子沒後，百家奮興，類不相沿，是前人皆得此旨。〔註74〕

宋祁明確的指出要使文章能夠流傳不朽，在寫作上就必須尋求體不相同、類不相沿之「自名一家」的表現方式，如果只知體規畫圓爲人臣僕，不知自我作主展現獨特面貌，作品將是千篇一律而了無意義。在這整個論述中，我們可以清楚看到韓愈「務去陳言」的說法成爲了宋祁立論所取資的對象，而「爲文之要」的斷言，不僅賦予它在韓愈學術中的價值，同時意味著與「自名一家」的觀點存在相通相容的關係。王安石有詩云：

> 紛紛易盡百年身，舉世何人識道眞。力去陳言夸末俗，可憐無補費精神。〔註75〕

眾人多以爲這是王安石批判韓愈學術的語言，依據其爲文「務爲有補於世」的觀點，「無補」的用語確實否定了韓愈之「文」的價值。〔註76〕在這批判中，值得令人關注的是王安石以爲「力去陳言」足以含括韓愈學術的特質，這與宋祁的看法有著近似之處。以宋祁與王安石的地位，加上一正一反的態度，可以想見此認定的代表性與影響性。

　　然而，即使是作爲韓愈的弟子，李翺的學術觀點仍然可能因個人的材識而有不同的呈現，順著這樣的視野所反映出的韓愈學術自然也就存有變異，宋祁與王安石是屬於異代的詮釋者，「務去陳言」的內涵因而有了轉變，也是

〔註73〕張高評：〈自成一家與宋詩特色〉，見《宋詩之新變與代雄》（臺北：洪葉文化事業有限公司，1995年9月），頁67～156。

〔註74〕宋祁：《宋景文筆記》，《全宋筆記》第一編，頁47。

〔註75〕王安石：〈韓子〉，《王臨川全集》（臺北：世界書局，1988年10月），頁193。

〔註76〕王安石云：「且所謂文者，務爲有補於世而已矣。」文見〈上人書〉，李之亮箋注《王荊公文集箋注》（成都：巴蜀書社，2005年4月），頁1363。

理所當然的事。依據張清華的研究成果:「韓愈『務去陳言』、『文從字順各識職』的創新理論,就是針對大歷時期文壇上詩重藝術而忽視內容,文重內容而忽視藝術向後看的傾向提出來的。」〔註77〕明確揭示韓愈的主張乃是針對大歷學術而來,尤其認為詩與文分別呈現出不同的弊病。然而從論述的輕重來看,「陳言」雖含括了剽竊古語的層面,但實際上指涉的是為禍深重之「雕章琢句」的寫作取向。復觀韓愈「務去陳言」的論述脈絡,由「務去」所帶出之兩階段的為學工夫,理當是由粗而細的精進,那麼第一階段所務去的「陳言」,在不識不知的狀態下,最大的能耐不過是只能依據表面上古今呈現出的顯著差異作粗略的取捨而已,是故所針對的當是時風所尚之「雕章琢句」的寫作取向,而被保存下來的是正偽交雜黑白渾同的「古」作。既是正偽交雜黑白渾同,當學養進入第二階段,繼續面對的課題就是要識知其間的分別而做出取捨,由取捨之的當而走向了有得的自信。清人何焯(屺瞻,1661~1722)指出「惟陳言之務去」之意是「先去其甚駁者」,而「而務去之」之意是「又去其未醇者」,雖亦未明何者為駁,但由駁而醇的理解,已在貼近韓愈論述之意的同時透露了「陳言」與「古書」間的區隔。〔註78〕不過這樣的區隔在李翱之後,就產生了變化。如前引文所述,李翱總結謂:「吾復言之與前文何以異也」,其造言之大歸強調的是前所未有的嶄新用語。至於宋祁,其〈南陽集序〉一文云:

> 大抵近世之詩多師祖前人,不丐奇博于少陵,蕭散于摩詰,則肖貌
> 樂天,祖長江而摹許昌也。故陳言舊辭未讀而先厭,若叔靈不傍古,
> 不緣今,獨行太虛,探出新意,其無謝一家者歟!〔註79〕

當然宋祁的一家論述應不單純是言辭上的關注,但此處之「陳言舊辭」與「不傍古不緣今」的對比,可見在強調具有一家新意的思維裡,運用既經表述的「陳言」乃是寫作中之大忌。黃庭堅亦云:

> 古之能為文章者,真能陶冶萬物,雖取古人之陳言入於翰墨,如靈
> 丹一粒,點鐵成金也。〔註80〕

〔註77〕張清華:《韓學研究》(南京:江蘇教育出版社,1998年8月),頁178。
〔註78〕何焯本人對陳言的理解應該還是延續著已經表述出之語言的說法,此處只是藉其由駁而醇的體會,指出於理應如是順通當較妥適。見氏著《義門讀書記》(北京:中華書局,1987年6月),頁554。
〔註79〕宋祁:〈南陽集序〉,《全宋文》第12冊,頁654。
〔註80〕黃庭堅:〈答洪駒父書〉,《黃庭堅全集》(成都:四川大學出版社,2001年5

黃庭堅雖轉換寫作的思維，不以古人之「陳言」爲忌，但由此亦可見其在「陳言」的認知上與宋祁無異。由是而言，在學養工夫認知錯置的背後，寓含的即是對「陳言」的理解差異，在韓愈，原鎖定在當時所面對的時代課題，意在去除氾濫卑陋習以爲常的語言呈現，從李翱以後，則將「陳言」卸去了時代性而擴大解釋爲既經表述的陳文舊辭。

如上所述，「務去陳言」既然不足以作爲韓愈在文學創作上成熟的主張，何以李翱以後，尤其是宋人，特意要凸顯出它的代表性呢？是有意的誤讀呢？還是在韓愈學術的理論架構裡原本就蘊含了這樣的詮釋取向呢？本文以爲作爲韓愈走向能自樹立之理想的粗略工夫，「務去陳言」所畫出的方向，已隱約的透露出價值的精神內涵。不僅如此，詮釋者透過與韓愈另一個重要的觀點——「詞必己出」——的連繫與扣合，在「去」「出」之間構成了有破有立的完整思維，「務去陳言」就以其具有首出的、破舊立新的鮮明色彩，儼然成爲韓愈的核心觀念。

韓愈有關「詞必己出」的表述，依今日所存文集來看，惟明確見之於〈南陽樊紹述墓誌銘〉一文中，詳細論述的內容爲：

> 曰：多矣哉！古未嘗有也。然而必出於己，不襲蹈前人一言一句，又何其難也！必出入仁義，其富若生蓄萬物，必具海含地負、放恣橫從，無所統紀；然而不煩於繩削而自合也。嗚呼！紹述於斯術其可謂至於斯極者矣。……銘曰：惟古於詞必己出，降而不能乃剽賊，後皆指前公相襲，從漢迄今用一律。寥寥久哉莫覺屬，神徂聖伏道絕塞。既極乃通發紹述，文從字順各識職。有欲求之此其躅。

〔註81〕

很清楚地，韓愈文章的寫作旨在凸顯樊宗師在學術方面所呈現出的成就，其中「多矣哉！古未嘗有也。」一語，看似平淡無奇，實已蘊含了推崇備至的敬意。之所以如此說，試觀此後由兩「必」字所帶出的闡釋，包括一方面揭示作品之多而不同，由必皆出於己，故展現出無所蹈襲的特色，另一方面拈出必本諸仁義，故能在恣意縱橫中呈現不煩繩削而自合的順適，尤其在收束時稱樊宗師（紹述，？～823 或 824）於斯術已有極致的展現，不難看出韓愈的思維與態度。韓愈的稱述可謂是內外兼具的全面性衡定，但學者顯

然只對外在形式上的「詞必己出」產生興趣，而擱置了內在仁義的部分。與剽賊、一律極端對立的「詞必己出」，從文辭上看，「不襲蹈前人一言一句」的呈現，加上「古未嘗有」的讚揚，這種強調新穎獨特的思維，確實就與宋祁等人對「務去陳言」的理會若合符契。如劉克莊（潛夫，1187～1269）所云：

> 退之自負去陳言，然「坐茂樹，濯清泉」，即《楚詞》「飲石泉，蔭松栢」也；「飄輕裾，翳長袖」，即〈洛神賦〉「揚輕袿，翳修袖」也。豈非熟讀，忘其相犯耶？〔註82〕

作為一個宋代著名的文學家，劉克莊竟亦執文辭的「相犯」來質疑韓愈「務去陳言」的主張，可見這樣的詮釋在宋代已然形成廣泛影響。又，依陳耀文（晦伯，1550 進士）所云：

> 《孟子》載齊桓公五禁曰：無曲防，無遏糴；《公羊》曰：無障穀，無貯粟；《穀梁》曰：無雍泉，無訖糴；《左傳》遏糴作蘊年。修辭各不同，韓文所謂惟古於詞必己出，信矣。〔註83〕

修辭各有不同呈現，沒有產生相犯的問題，有如李翱言「述笑哂之狀」，則「詞必己出」與「務去陳言」已是雖二猶一了。

　　雖然，「務去陳言」與「詞必己出」的結合，可以讓韓愈的思維透過詮釋的過程更加明晰與彰顯，但是太過凸顯某個面向時，往往亦容易使人滑落了另外一個面向而產生了整體性裂解的危機。由於將「務去陳言」、「詞必己出」的關注焦點鎖定於文辭層面，不可避免地就與「艱澀」產生了糾纏不清的關係，從而產生了與文從字順間原是不相干的爭辯，究其原由，就是漠視了韓愈在內涵上看似平凡無奇的仁義主張，使得整體性的精神價值在無法體現下，造成觀點在理解上的扞格。韓愈云：

> 愈之志在古道，又甚好其言辭。〔註84〕

又云：

> 雖然，愈之為古文，豈獨取其句讀不類於今者邪？思古人而不得見，學古道則欲兼通其辭；通其辭者，本志於古道者也。〔註85〕

〔註82〕劉克莊：《後村詩話》，吳文治主編：《宋詩話全編》（南京：江蘇古籍出版社，1998 年 12 月），頁 8385。

〔註83〕陳耀文：《正楊》卷 1「葵丘之會」，《四庫》第 856 冊，頁 67。

〔註84〕韓愈：〈答陳生書〉，《韓昌黎文集校注》，頁 176。

〔註85〕韓愈：〈題哀辭後〉，《韓昌黎文集校注》，頁 304～305。

復云：

> 子之言以愈所爲不違孔子，不以雕琢爲工，將相從於此；愈敢自愛
> 其道而以辭讓爲事乎？然愈之所志於古者，不惟其辭之好，好其道
> 焉爾。讀吾子之辭而得其所用心，將復有深於是者與吾子樂之，況
> 其外之文乎？〔註86〕

文猶質，質猶文，韓愈是兼取古之「辭」與古之「道」的，「務去陳言」只能
說是去當時在句讀上從事雕琢、剽竊的弊端，而「詞必己出」的樞紐乃在
於「己」，是因所用心而見於辭的展示，是將所得之道形諸於文的呈現。韓愈
指出：

> 或問：爲文宜何師？必謹對曰：宜師古聖賢人。曰：古聖賢人所爲
> 書具存，辭皆不同，宜何師？必謹對曰：師其意，不師其辭。又問
> 曰：文宜易宜難？必謹對曰：無難易，惟其是爾。如是而已，非固
> 開其爲此，而禁其爲彼也。夫百物朝夕所見者，人皆不注視也；及
> 覩其異者，則共觀而言之：夫文豈異於是乎？漢朝人莫不能爲文，
> 獨司馬相如太史公劉向揚雄爲之最，然則用功深者，其收名也遠；
> 若皆與世浮沉，不自樹立，雖不爲當時所怪，亦必無後世之傳
> 也。……若聖人之道不用文則已，用則必尚其能者；能者非他，能
> 自樹立，不因循者是也。有文字來，誰不爲文，然其存於今者，必
> 其能者也。〔註87〕

文辭因「異」而受到矚目，加上「不師其辭」的說法，似乎就導向了文辭上
去陳言而求特殊的表現，然而仔細思量韓愈的論述內容，文章的思維核心
乃是在於彰顯「能自樹立」的重要性。在「能自樹立」的思維底下，文辭無
所師，惟以「是」爲準繩。由於「是」並非有開此禁彼之形式規範，可知
將「務去陳言」理解爲不有相犯的寫作方式，實有不妥，況且韓愈所謂的
「怪」與「異」，乃是針對「與世浮沉」的人來說。依韓愈的思維，「是」是
來自於作者深切用功於鑽研古聖賢人之書，在得其「意」後所確立於「己」
的價值內涵。由是而言，在韓愈的思維裡「聖人之道」的價值內涵並非是可
以客觀不變的呈現，而是必須透過「能自樹立」者的體現，才能將之活潑的
呈現於文字之中，這亦是在強調「詞必己出」時，之所以論及「出入仁義」

〔註86〕 韓愈：〈答李秀才書〉，《韓昌黎文集校注》，頁 176。
〔註87〕 韓愈：〈答劉正夫書〉，《韓昌黎文集校注》，頁 207。

的意義。

（四）文從字順

就「文從字順」而言，一個有趣的現象，不僅在韓愈的論述中缺乏深度的闡發，並且原是與「詞必己出」一同用以評述樊宗師學術的語言，依理而言，在兩者具有相通相容的關係下，應被融攝在「詞必己出」的觀點中。然而，經過了不斷詮釋的結果，在「詞必己出」與「務去陳言」的連繫下，兩者卻產生了有待化解的矛盾，甚至產生偏取的情形，究其緣由，歐陽脩用自然平易的表現方式取得繼韓愈之後第一個令人讚賞的成果，應有激化的作用，尤其再結合於唐宋兩代不同面貌的省思，兩者更顯殊途。

如前所述，「詞必己出」與「務去陳言」僅局限在文辭上的解讀是有問題的，由是以觀被視為對立的「文從字順」，應亦重新理會。當如何理解以調適順遂而展現其意蘊呢？朱熹云：

> 讀者正當擇其文理意義之善者而從之，不當但以地望形勢為重輕也。抑韓子之為文，雖以力去陳言為務，而又必以文從字順各識其職為貴。讀者或未得此權度，則其文理意義，正自有未易言者。
> 〔註88〕

這是〈韓文考異序〉中的一段話，說明了朱子雖以謹慎而客觀的態度兼存併陳了諸本的異同，但本身仍然具有獨特的思維判斷。「文理意義」，就是朱子解讀韓愈文章的思維依據，不可晦言，其內涵當然是帶有很強的主觀性，是否得當，可以一一進行商榷，然而透過朱子的體貼，在強調「權度」具有的重要性時，呈現了韓愈乃是兼取「力去陳言」與「文從字順」的觀點。異於世俗的偏取與執守，朱子立足於「文理意義」的善惡，在穿透中留存了「務去陳言」與「文從字順」的兩種取向，實有洞見，但似乎猶有未盡表出者。如前所述，韓愈強調的「立言」乃是發自「能自樹立」之學術精神的呈現，不朽的文章雖是根本於聖人之道，不過所以強調「詞必己出」就是要透過個體體會的多元來彰顯聖人之道的活潑與生動。因此，是「務去陳言」，或者是「文從字順」的寫作呈現，雖以「文理意義」作為衡定的基準，但所謂的「善」，必是具有韓愈式的獨特主體性。

依據語言乃是約定俗成的表達工具，必然存有特定的時空質素，雖然文

〔註88〕朱熹：〈韓文考異序〉，《朱子全書・晦庵先生朱文公文集》，頁 3681。

學作品在經過了長時期的歷史洗禮，能夠留存下來而成爲不朽的文化資源，其間必然是具有普遍性的價值內涵，但是共許的普遍性價值並不能抹煞特殊語境下所展現的深刻意蘊。由是，一個值得玩味的現象，對於「文從字順」的掌握，歷來學者多依據自身的視野逕自判斷，絲毫未知今日以爲之平易未必是當時之平易，今日之晦澀或爲當時之明達。韓愈云：

> 余嘗苦《儀禮》難讀，又其行于今者蓋寡，沿襲不同，復之無由，考于今，誠無所用之，然文王周公之法制粗在於是。孔子曰：「吾從周。」謂其文章之盛也。古書之存者希矣，百氏雜家尚有可取，況聖人之制度邪？於是掇其大要，奇辭奧旨著于篇，學者可觀焉。惜乎！吾不及其時進退揖讓于其間。嗚呼，盛哉！〔註89〕

又云：

> 性本好文學，因困厄悲愁無所告語，遂得究窮於經傳史記百家之說，沈潛乎訓義，反復乎句讀，礱磨乎事業，而奮發乎文章。凡自唐虞已來，編簡所存，大之爲河海，高之爲山嶽，明之爲日月，幽之爲鬼神，纖之爲珠璣華實，變之爲雷霆風雨，奇辭奧旨，靡不通達。〔註90〕

在這裡我們看到了韓愈將「制度」納入到「文章」中，並表達了嚮往「文章之盛」的時代，可知韓愈的思維未嘗局限在無用之空言。在這不純粹的文學觀之中，「奇辭奧旨」的提法足以展示出韓愈的崇尙趨向。對於俗學來說，這個趨向是陌生的、怪異的，或是源自於不解，或是鄙夷所導致，因而產生排斥與非笑的態度，亦屬常情。然而，韓愈的怪奇，必定不是俗學視野中的怪奇，試著從韓愈的角度來思考，既經「沈潛」、「反復」、「礱磨」而至於「通達」，則所謂辭之「奇」與旨之「奧」，不過是表示肯定之意，實質上此時的感受已如生活化之平實與自然。由是而言，在主體有得的狀態下，與古有了一致性的認知，奮發之文章，當不煩繩削而自然呈現出「奇」、「奧」相印的特質。基於這樣的理解，重新審視韓愈「文從字順」的論述脈絡，爲了解析的方便，將其銘文再次引述：

> 惟古於詞必己出，降而不能乃剽賊，後皆指前公相襲，從漢迄今用一律。寥寥久哉莫覺屬，神徂聖伏道絕塞。既極乃通發紹述，文從

〔註89〕 韓愈：〈讀儀禮〉，《韓昌黎文集校注》，頁39。
〔註90〕 韓愈：〈上兵部李侍郎書〉，《韓昌黎文集校注》，頁143。

　　字順各識職。有欲求之此其躅。〔註91〕

「有欲求之此其躅」一語，道盡了韓愈對樊宗師的肯定。至於肯定的內容，「文從字順各識職」可以說是作了總結性的表述，而前此諸多文句正是內涵的鋪陳。因此，若僅是將「文從字順」解讀為文句通順，用字妥貼，似乎有所不契。當然，樊宗師的寫作呈現出奇澀的面貌，這使「文從字順」在此就顯得格外的深刻，然而根據作品本身的文理，從「詞必己出」的正面陳述，「剽賊」、「相襲」、「一律」的反面批判，一直到「神徂聖伏道絕塞」的關鍵揭示，「文從字順」所蘊含之意，當含括了去反復正，使道復明復行的豐富內涵。顯然韓愈的論述是有強烈的針對性，參照於相關的論述，剽賊相襲的批判，正通於與世浮沈的因循，詞必己出的標榜，正相應於「能自樹立」的學術精神。至於所謂的「各識職」，當與韓愈強調文章有用的思維相一致，實質上正是「道」的展現，最佳的參照莫過於「因事陳辭」的說法，韓愈云：

　　〈講禮〉、〈釋友〉二篇，比舊尤佳，志深而喻切，因事以陳辭，古
　　之作者正如是爾。〔註92〕

韓愈心目中的理想作者，必須一方面真切地回應現實的問題，同時當於回應的過程中，將志／道的內涵展現出來。

　　由是而言，在跳脫出接受者視域中之晦澀與流暢的爭辯外，深入到「文從字順」的核心議題：文當何從？字何以順？釐清其中隱含的思維取向，始見其真切之意蘊。因此，在適當的理解與詮釋韓愈「文從字順」的觀點上，「能自樹立」的思維實扮演了非常重要的角色。

四、韓愈於「道」之視野

　　「文」與「道」的環扣，使「文」的寫作有了一定的規範，更在呈現中蘊含深厚的獨特性思維。同理，映照於「文」的發展型態，對於「道」的理解亦有著相近的變化。

（一）默契道妙

　　伴隨於「文」之強調「立言」所展現的個體色彩，韓愈在「道」之內涵的理解上，也展現了個體的獨特見解。韓愈云：

〔註91〕韓愈：〈南陽樊紹述墓誌銘〉，《韓昌黎文集校注》，頁542。
〔註92〕韓愈：〈答胡生書〉，《韓昌黎文集校注》，頁184。

夫子既沒，聖人之道不明。〔註93〕

聖人之道不傳于世；周之衰，好事者各以其說干時君，紛紛藉藉相
亂，六經與百家之說錯雜；然老師大儒猶在。火于秦，黃老于漢，
其存而醇者，孟軻氏而止耳，揚雄氏而止耳。及得荀氏書，於是又
知有荀氏者也。考其辭，時若不粹；要其歸，與孔子異者鮮矣：抑
猶在軻雄之間乎？孔子刪《詩》《書》，筆削《春秋》；合於道者著之，
離於道者黜去之。故《詩》《書》《春秋》無疵。余欲削荀氏之不合
者，附于聖人之籍，亦孔子之志歟！孟氏醇乎醇者也；荀與揚，大
醇而小疵。〔註94〕

伴隨著古文的寫作，復興儒家之道的主張也成爲學者關注韓愈學術的焦點，
然而實際上這已不僅只是恢復，在「道」的議題上，韓愈所顯示出的雙重特
殊性已轉變了儒家之道的思維內涵。首先，在「不明」與「不傳」的表述中，
韓愈顛覆了儒者既有認知的格局，開啓了重新探究與理解「聖人之道」的問
題意識。其次，對應於思維格局的突破，韓愈展現了自身所重構的「聖人之
道」，此凸顯出迥異於標新立異者的價值。如何才堪稱爲具有「聖人之道」呢？
韓愈以爲當於思維之所歸，能「醇」而無疵，發之於文辭，能見其「粹」。「醇」
與「粹」可說是韓愈學至有得之後，針對「聖人之道」所提出之整體性的概
括論述，亦是成爲檢別是否合於「聖人之道」的基準。文中所述，孟子屬於
「醇乎醇者」而荀子與揚雄乃是「大醇而小疵」，即是韓愈依據此基準所下的
論斷。

此外，被視爲是傳道統緒的表述，實質上亦是依此基準進行檢別所呈現
的現象，韓愈云：

曰：斯道也，何道也？曰：斯吾所謂道也，非向所謂老與佛之道也。
堯以是傳之舜，舜以是傳之禹，禹以是傳之湯，湯以是傳之文武周
公，文武周公傳之孔子，孔子傳之孟軻，軻之死，不得其傳焉。荀
與揚也，擇焉而不精，語焉而不詳。由周公而上，上而爲君，故其
事行；由周公而下，下而爲臣，故其說長。〔註95〕

韓愈對於「道」的特殊性認定，不僅是相對於佛、老而言，亦有別於當時儒

〔註93〕韓愈：〈進士策問・其四〉，《韓昌黎文集校注》，頁103。
〔註94〕韓愈：〈讀荀〉，《韓昌黎文集校注》，頁36～37。
〔註95〕韓愈：〈原道〉，《韓昌黎文集校注》，頁18。

者的認知。在韓愈的視野中，能合於道而盡醇者，就只有堯、舜、禹、湯、文、武、周公、孔子與孟子，分別具體地展現在「事」與「說」兩種不同的媒介上。這種論斷與唐代儒學的認知存在著很大的差異，尤其是在經學的領域，然而在一個重佛老而輕儒學的時代，儒門的淡薄，衝擊未必是巨大，相反地，順其勢以卸去繁瑣的注疏之學，於直究根本中得見眞淳，不僅凸顯了自身的有得自立，更重構與彰顯了儒學的價值內涵。韓愈云：

> 前書謂吾與人商論，不能下氣，若好勝者然。雖誠有之，抑非好己勝也，好己之道勝也，己之道乃夫子、孟軻、揚雄之所傳之道也。若不勝，則無以爲道。吾豈敢避是名哉！夫子之言曰：「吾與回言終日，不違如愚。」則其與眾人辨也有矣。〔註96〕

這是韓愈針對張籍「任私尚勝」之批評的第二次回應。有別於第一次傳達反思之意，韓愈經過了「平心而察之」之後，展現了有得自信的一面，即有得於「夫子、孟軻、揚雄之所傳之道」，而自信此道當勝，「若不勝，則無以爲道」。當然，此中仍然顯示了強烈的以孔子爲依歸的思維，不過韓愈自信有得的呈現所揭示的價值，其實並不是客觀的存在，而是必須通過主體的體悟，乃得洞悉醇疵的差異。

（二）兩個要素一個作用

　　韓愈所得之「聖人之道」的內涵爲何？韓愈雖有〈原道〉一文，但單憑一篇論述實難讓人理會「聖人之道」的全部內涵，原因即在於文章所作皆是「因事以陳辭」，所以一方面僅能見所針對的面向，而未能見到理論思維的整體性，另一方面亦僅能顯示自身與俗世視野的落差，而隱藏了共時之足以構成對話的思維基礎，由此亦可知所謂「語境」的重要性。因此，要展示韓愈之「聖人之道」的內涵，並保有其思維的整體性，就必須透過其各篇章所提供的觀點，依其行文脈絡求得其間的連繫性，進而重構其所得之思維架構。

　　韓愈的「聖人之道」，從傳道統緒所呈現的現象來看，實踐層面可以劃分爲「事」與「說」兩種不同的取逕，前者因有位，尤其若是君主，則可以在行事上有充分的發揮，後者因無位，則只能透過文辭的保存才能展現積極的意義，這是隨著擁有資源的差異而有了不同的呈現，然而「聖人之道」畢竟

〔註96〕韓愈：〈重答張籍書〉，《韓昌黎文集校注》，頁136。

是「便於人而得於己」〔註97〕，意在完善人與人之間的課題，是以具體的行事作爲乃是最直接之「內外如一」的展現，文辭就扮演著保存這一整體性的重要角色。韓愈云：

> 凡君子行己立身自有法度，聖賢事業，具在方冊，可效可師；仰不愧天，俯不愧人，內不愧心，積善積惡，殃慶自各以其類至：何有去聖人之道，捨先王之法，而從夷狄之教以求福利也？……夫楊墨行，正道廢，且將數百年，以至於秦，卒滅先王之法，燒除其經，坑殺學士，天下遂大亂。及秦滅，漢興且百年，尚未知脩明先王之道；其后始除挾書之律，稍求亡書，招學士，經雖少得，尚皆殘缺，十七二三：故學士多老死，新者不見全經，不能盡知先王之事，各以所見爲守，分離乖隔，不合不公，二帝三王羣聖人之道於是大壞。後之學者無所尋逐，以至於今泯泯也：其禍出於楊墨肆行而莫之禁故也。孟子雖賢聖，不得位，空言無施，雖切何補？然賴其言，而今學者尚知宗孔氏，崇仁義，貴王賤霸而已。其大經大法皆亡滅而不救，壞爛而不收，所謂存十一於千百，安在其能廓如也？然向無孟氏，則皆服左衽而言侏離矣：故愈嘗推尊孟氏，以爲功不在禹下，爲此也。漢氏已來，羣儒區區修補，百孔千瘡，隨亂隨失，其危如一髮引千鈞，緜緜延延，寖以微滅。……雖然，使其道由愈而粗傳，雖滅死萬萬無恨！〔註98〕

此篇文章乃是韓愈旨在辨明自身並未崇信佛教的論述，因採用的方式爲正面揭示「聖人之道」的內涵與流傳，所以在釐清韓愈對於「聖人之道」的理解上具有非常重要的參照價值。透過拆解文中論述的脈絡，可以發現韓愈論述的核心即是「二帝三王羣聖人之道」，其內涵包含了「仁義」與「大經大法」兩個要素。「仁義」雖然是屬於「聖人之道」的核心價值，所謂「凡吾所謂道德云者，合仁與義言之也，天下之公言也。」〔註99〕但是沒有踐行的地位與能力，在空言無施的情形下，其價值將受到侷限而呈現了萎縮的狀態，所以韓愈指出當缺乏「大經大法」的體現時，「仁義」之說不過是「存十一於千百」，不能完整呈現「聖人之道」的價值意義。換言之，「仁義」不可不有「大經大

〔註97〕韓愈：〈進士策問・其五〉，《韓昌黎文集校注》，頁104。
〔註98〕韓愈：〈與孟尚書書〉，《韓昌黎文集校注》，頁212～215。
〔註99〕韓愈：〈原道〉，《韓昌黎文集校注》，頁13。

法」之師效，否則空言無施，難以廓如；「大經大法」不可不有「仁義」之宗尚，否則殘缺廢滅，難以尋逐。韓愈這種仁義與經法相資爲用的思維，具體地顯示在孟子的評價上。因孟子崇尚仁義一面，以其能把握聖人之道的核心價值，視其爲醇乎醇者，是以推尊之，然而不能救經法於未敗亡之前，則仍顯有不足與遺憾，是故「使其道由愈而粗傳」一語，在謙詞中暗示了韓愈欲超越孟子以復原與承繼「聖人之道」之完整內涵的企圖。由此而言，經法與仁義乃是「聖人之道」所構成之不可分割的兩大要素。那麼，文辭呢？從韓愈的角度來說，「聖人之道」有用不用文的選擇，且「聖人之道」的價值首要乃行之於當世，如云：「化當世莫若口」，則文辭似乎有邊緣化的傾向，然而經法存有隨時壞亡而難以收救的危機，文辭即能以其「粹」將「聖人之道」保存下來，如云「聖賢事業，具在方冊，可效可師。」與「傳來世莫若書」即顯示出文辭具有積極的意義。據此，可以說韓愈雖然極爲重視現實的實踐性，但是當意識到時空所形成之限制時，文辭就成爲突破的契機。韓愈以孔子爲例，指出孔子因具備「聖人之道」，所以能透過刪削的方式使醇厚之「聖人之道」保存於粹美的文辭之中。也就是說，孔子不僅承繼了周公以上在行事方面展現的「聖人之道」，亦將此內涵透過文辭完善的保存下來。對於一個不明「聖人之道」的學者而言，孔子提供了明道的資源，從這個角度來說，韓愈指出「自度若世無孔子，不當在弟子之列。」〔註100〕與「依歸」〔註101〕之說，一方面已將孔子的價值在整個傳道統緒中突顯了出來，另一方面更透過一個欲重構「聖人之道」之接受者的角度，揭示孔子運用文辭以展現「聖人之道」的意義。

透過以上的論述，可知兩個要素——仁義與經法，以及一個作用——書冊，是韓愈在體見「聖人之道」上所呈現出的思維面向。這樣的思維，又可見於〈送浮屠文暢師序〉一文，韓愈云：

> 如吾徒者，宜當告之以二帝三王之道，日月星辰之行，天地之所以著，鬼神之所以幽，人物之所以蕃，江河之所以流而語之，不當又爲浮屠之說而瀆告之也。民之初生，固若禽獸夷狄然：聖人者立，然後知宮居而粒食，親親而尊尊，生者養而死者藏。是故道莫大乎仁義，教莫正乎禮樂刑政。施之於天下，萬物得其宜；措之於其躬，體安而

〔註100〕韓愈：〈答呂毉山人書〉，《韓昌黎文集校注》，頁216。
〔註101〕韓愈：〈與李翶書〉，《韓昌黎文集校注》，頁180。

氣平。堯以是傳之舜，舜以是傳之禹，禹以是傳之湯，湯以是傳之文

武，文武以是傳之周公孔子：書之於冊，中國之人世守之。〔註102〕

論述同樣是針對於浮屠之說，而「二帝三王之道」的開展仍是用心之所在。
韓愈以爲此道即是由於聖人之不忍，基於「仁義」之心，透過「禮樂刑政」
之大經大法的施措，轉變了人民初生之若禽獸夷狄的情性，而後透過文辭的
記述，成爲後世人人持守的典範。依此以觀韓愈的論道名著──〈原道〉，其
文云：

> 夫所謂先王之教者，何也？博愛之謂仁；行而宜之之謂義；由是而
> 之焉之謂道；足乎己，無待於外之謂德。其文《詩》《書》《易》《春
> 秋》，其法禮樂刑政，其民士農工賈，其位君臣、父子、師友、賓
> 主、昆弟、夫婦，其服麻絲，其居宮室，其食粟米果蔬魚肉：其爲
> 道易明，而其爲教易行也。是故以之爲己，則順而祥；以之爲人，
> 則愛而公；以之爲心，則和而平；以之爲天下國家，無所處而不
> 當。〔註103〕

「教」爲教育，蘊含轉化對象之意，故有教化之名，就其內涵而言，意通於
「道」，是以全段論述本在展示韓愈體悟中的「聖人之道」。展示的面向，依
然存在著隱含的結構：首先，即是揭示了仁義道德爲先王之教的內涵，此亦
即是「聖人之道」之意義所歸，而「仁義」實具樞紐之地位。其次，仁義價
值之完善，在透過「法」的施措中，以其易明易行的特質，具體地在民、位、
居、食中生發作用，呈現出爲己兼爲人、爲心且爲天下國家的開闊意義。學
者有欲凸顯韓愈之道的現實性，於是匯聚了韓愈「相生養之道」的提法，以
及柳宗元「以輔時及物爲道」〔註104〕的說法進行詮釋，這部分確實看到了韓
愈「其爲道易明」與「其爲教易行」所展示的面向，不過須留心的是此實踐
層面的核心脈絡乃是指向於仁義價值的流佈。至於《詩》、《書》、《易》、《春
秋》四經書，即是「文」之對於「聖人之道」的保存。

（三）透過「能自樹立」的詮釋

韓愈既以仁義與經法爲聖人之道的兩大要素，從表面上看，似乎沿襲了
傳統儒家的思維內涵，並無新的拓展，然而若將理解的角度作一調整，透

〔註102〕韓愈：〈送浮屠文暢師序〉，《韓昌黎文集校注》，頁 252～253。
〔註103〕韓愈：〈原道〉，《韓昌黎文集校注》，頁 18。
〔註104〕柳宗元：〈答吳武陵論非國語書〉，《柳宗元集》，頁 824。

過「能自樹立」的價值精神來進行解讀，則轉變後所蘊含的豐富意義將清晰可見。

就「仁義」來說，在韓愈的諸多論述中印象令人深刻的說法莫如〈原道〉中所云：「博愛之謂仁，行而宜之之謂義。」以愛釋仁，以宜釋義，看似簡要，卻蘊含不少問題，日後爭辯即是由此衍生，究其原因，除韓愈未有詳盡的闡釋外，讀者也是流於字面的認取，而失去了其中可能蘊含的意義。換言之，不論是仁與義，或者是博愛與行宜，當出入於韓愈的學術，以其整體性的思維來理會此中獨特意蘊，而非由一般性認知來衡定其思維的內容。

韓愈所體見之「仁」的意涵爲何呢？試觀其所云：

> 自古聖人賢士皆非有求於聞用也，閔其時之不平，人之不乂，得其道，不敢獨善其身，而必以兼濟天下也，孜孜矻矻，死而後已。故禹過家門不入，孔席不暇暖，而墨突不得黔：彼二聖一賢者，豈不知自安佚之爲樂哉？誠畏天命而悲人窮也。夫天授人以賢聖才能，豈使自有餘而已？誠欲以補其不足者也。耳目之於身也，耳司聞而目司見，聽其是非，視其險易，然後身得安焉。聖賢者，時人之耳目也；時人者，聖賢之身也。〔註105〕

此篇文章是韓愈針對陽城拜諫議大夫未肯有言所提出的批判，清楚可見闡述的焦點是鎖定在「位」的方面。由於「位」具有的實踐品格，在韓愈來說，這就屬於是大經大法的層面，也就是「道」的問題，所以韓愈於文末時指出此篇文章的要旨乃在「明道」。既是「明道」，其中是否蘊含「仁」的意義？答案當然是存在的。「畏天命而悲人窮」，可以說即是韓愈對於「仁」之深切體悟的表述。此中包含兩個面向：其一，即是「悲閔」。韓愈透過聖賢，體見到由於「悲閔」的心，是以能深切感知時之不平與人之不乂，從而竭力於「兼濟天下」與「補不足」的付出，這也能說是「博愛」的展現。然而，這是一種強調積極性、實踐性的「悲閔」，沒有傳統思維中所謂獨善其身的選項，他者必然納入到視域當中，所以它凸顯了韓愈將之轉化爲不可卸除的責任。試取他處論述以資印證，如〈與少室李拾遺書〉一文云：

> 昔者孔子知不可爲而爲之不已，足跡接於諸侯之國。即可爲之時，自藏深山，牢關而固距，即與仁義者異守矣。〔註106〕

〔註105〕韓愈：〈爭臣論〉，《韓昌黎文集校注》，頁112。
〔註106〕韓愈：〈與少室李拾遺書〉，《韓昌黎文集校注》，頁665。

又〈答陳生書〉一文云：

> 蓋君子病乎在己而順乎在天，待己以信而事親以誠。所謂病乎在己
> 者，仁義存乎內；彼聖賢者能推而廣之，而我蠢焉爲眾人。〔註107〕

透過孔子與聖賢不斷地踐行和推廣的作爲，指出僅僅將視野局限在個體身上，並無法體現「仁義」的價值精神。顯然，韓愈對價值的體認已有了個別色彩。

此外，相應於「博愛」，由「儒墨相用」所衍生的問題，長期困擾著學者的解讀，將之釐清或有助於韓愈學術的詮釋。解析前，試觀韓愈之所云：

> 儒墨同是堯舜，同非桀紂，同修身正心以治天下國家，奚不相悅如
> 是哉？余以爲辯生于末學，各務售其師之說，非二師之道本然也。
> 孔子必用墨子，墨子必用孔子；不相用，不足爲孔墨。〔註108〕

對於強調楊墨亂聖人之道而無所入其心的韓愈來說，儒墨必然相用的推論，顯得何其突兀！韓愈的思維是否產生了變異呢？「博愛」以釋「仁」，是相用的明證嗎？試觀韓愈於〈送浮屠文暢師序〉一文所云：

> 人固有儒名而墨行者，問其名則是，校其行則非，可以與之遊乎？
> 如有墨名而儒行者，問其名則非，校其行而是，可以與之遊乎？揚
> 子雲稱：「在門牆則揮之，在夷狄則進之。」吾取以爲法焉。……如
> 吾徒者，宜當告之以二帝三王之道，日月星辰之行，天地之所以著，
> 鬼神之所以幽，人物之所以蕃，江河之所以流而語之，不當又爲浮
> 屠之說而瀆告之也。〔註109〕

這是韓愈寫給釋氏的文章，其中論述正揭示出儒者面對異端時應該展現的作爲。「吾取以爲法」，一語道破韓愈的行事準則。這個準則是來自於揚雄：「在夷貉則引之，倚門牆則麾之。」〔註110〕的說法，依據身份的不同而有「揮之」與「進之」的差異，由於浮屠文暢師乃是夷狄，所以韓愈運用「進之」的方式，因其喜好的文辭作爲憑藉，「告之以二帝三王之道」，期望達到用夏變夷的功效。雖然，基於因事以陳辭，文章中韓愈並未展示「揮之」的實際作爲，但文末所謂「知而不以告人者，不仁也。」實已揭示出這些積極性作爲都是「仁」的眞切體現。由是復觀「儒墨相用」之說，韓愈推論的依據乃是以其

〔註107〕韓愈：〈答陳生書〉，《韓昌黎文集校注》，頁177。
〔註108〕韓愈：〈讀墨子〉，《韓昌黎文集校注》，頁40。
〔註109〕韓愈：〈送浮屠文暢師序〉，《韓昌黎文集校注》，頁251～252。
〔註110〕揚雄：《揚子法言》卷2，《四庫》第696冊，頁288。

「仁義」必兼濟他人的觀點，判斷同是堯舜的雙方，本然必是皆欲引、進對象以至於聖道，譏斥、排擠、相非而有的對立與爭辯，不過是末學爲務售師說而有的歧出。

其次，即是「敬畏」。韓愈體認到當「聖賢」與「時人」爲一體的關係時，上天之所以授與聖賢才能的意義乃在於能「得其道」以「安」衆人，是故一方面「敬畏」此上天所授與的價值意涵，另一方面也「敬畏」此足以承擔的主體。由是而言，韓愈對於「仁」的體見，含括了向內的「敬畏」與向外的「悲閔」。

在理會了有關韓愈「仁」的思維之後，猶待進一步釐清的問題，如：「敬畏」什麼？「悲閔」如何踐行？透過韓愈之「義」的剖析，當可獲得解答。如前所述，韓愈以行事上的「適宜」來作爲「義」定義〔註111〕，雖然用語清楚而明白，似乎也能合理的展現出價值的普遍性，不過再深一層的思考：何謂「適宜」？畢竟每一個人的思維與感受，可以是多元而不同的，則衡定的標準在哪呢？顯然，這樣的定義並不十分詳盡。那麼除了「適宜」之外，韓愈對「義」的觀點尚且包含什麼意蘊呢？試觀其所云：

> 自度若世無孔子，不當在弟子之列。……又自周後文弊，百子爲書，各自名家，亂聖人之宗，後生習傳，雜而不貫：故設問以觀吾子。其已成熟乎，將以爲友也；其未成熟乎，將以講去其非而趨其是耳。〔註112〕

在這段文字中，韓愈透露出諸多與「義」相關的重要訊息，包括：其一，「義」是價值思維上求是去非的問題。韓愈〈鄠人對〉亦有云：「母疾則止於烹粉藥石以爲是，未聞毀傷支體以爲養，在教未聞有如此者。苟不傷於義，則聖賢當先衆而爲之也；是不幸因而致死，則毀傷滅絕之罪有歸矣。其爲不孝，得無甚乎！苟有合孝之道，又不當旌門：蓋生人之所宜爲，曷足爲異乎？」〔註113〕即是藉由對行爲上異與常的審視，闡明價值之眞實意蘊下的是非。其二，「義」乃是以孔子爲依歸。韓愈將是非的判斷準繩歸諸於孔子，相關論述尚有謂：「務使合於孔子之道。」〔註114〕又以顏回之賢乃有孔子爲之依歸，皆

〔註111〕除了〈明道〉，〈復讎狀〉一文亦有云：「義，宜也。」顯見韓愈對「義」的看法。

〔註112〕韓愈：〈答呂毉山人書〉，《韓昌黎文集校注》，頁216～217。

〔註113〕韓愈：〈鄠人對〉，《韓昌黎文集校注》，頁680。

〔註114〕韓愈：〈與少室李拾遺書〉，《韓昌黎文集校注》，頁666。

是也。其三,「義」有不明需由講論。依據存則從其人,歿則從其書的思維,經學由於扮演著孔子代言者的角色,在韓愈學術中就具有不可漠視地位。然而,韓愈對於當代經學存在的問題是有清楚的認知,如其有云:「《書》與《易》《春秋》,經也。聖人於是乎盡其心焉耳矣。今其文相戾悖如此,欲人之無疑,不可得已。是二說者,其信有是非乎?抑所指各殊,而學者不之能察也?諒非深考古訓,讀聖人之書者,其何能辨之?」〔註115〕經文相戾悖,致使旨意難明,是非難定,欲明聖人之道,即當疏通之,故有云:「先生明《毛鄭詩》,通《春秋左氏傳》,善講說。朝之賢士大夫從而執經考疑者繼于門,太學生習《毛鄭詩》《春秋左氏傳》者皆其弟子。……古聖人言,其旨密微;箋注紛羅,顛倒是非;聞先生講論,如客得歸。」〔註116〕顯示出對於能夠適切闡明講貫聖人之道者的尊崇。由是而言,儒家經學的詮釋問題成爲了韓愈學術的關注焦點之一。其四,「義」非私有、自成而是共許、兼濟。透過設問與講說,使成熟與未成熟的學者,皆同趨於道,這不僅符合於韓愈強調兼濟的思維,更彰顯「義」的思維內涵具有溝通與對話的面向。

此外,一個核心關懷的明晰,韓愈云:

> 士之特立獨行適于義而已,不顧人之是非、皆豪傑之士,信道篤而自知明者也。〔註117〕

又有云:

> 古之學者惟義之問,誠將學於太學,愈猶守是說而埃見焉。〔註118〕

顯然,「義」取得了比「仁」更具關鍵的地位。當然,這與時代的課題是有緊密的相關性,韓愈云:

> 孟子有云:今之諸侯無大相過者,以其皆「好臣其所教,而不好臣其所以受教」,今之時,與孟子之時又加遠矣,皆好其聞命而奔走者,不好其直己而行道者。聞命而奔走者,好利者也;直己而行道者,好義者也:未有好利而愛其君者,未有好義而忘其君者。〔註119〕

雖是既有義利之辨的議題,但韓愈藉以凸顯出的乃是要革除「善候人主意」

〔註115〕韓愈:〈進士策問‧其一〉,《韓昌黎文集校注》,頁101。

〔註116〕韓愈:〈施先生墓銘〉,《韓昌黎文集校注》,頁351~352。

〔註117〕韓愈:〈伯夷頌〉,《韓昌黎文集校注》,頁65。

〔註118〕韓愈:〈答陳生書〉,《韓昌黎文集校注》,頁177。

〔註119〕韓愈:〈上張僕射書〉,《韓昌黎文集校注》,頁181。

〔註120〕之日入衰壞的時代風氣。由於當時「聞命而奔走」的作爲相扇成風，韓愈認爲在這唯命是從的表面下不過是爲了謀取私利，而不是眞正擁有愛戴君主的心，導正的方式，惟有透過「義」的思維角度，踐行「直己而行道」的觀點，才是實質上無忘其君的表現。韓愈何以倡議「直己而行道」來回應當時的時代課題呢？除了傳統推崇個體具有不屈不撓的氣節外，最重要的乃是韓愈的「己」已是蘊含了「能自樹立」的思維特質，既融攝了傳統儒家的價值內涵，更有轉舊爲新自立有得的主體性展現。是故，在韓愈的思維中，「義」有一般指行事必須採取「合宜」的意義，更有明道有得而出於「己」之「是非」的意蘊。

至於大經大法方面，從韓愈推尊孟子能使人知崇仁義而不能將之收救於壞亡之先，可知雖然聖人之道有其具體的施措，但在孟子之後已缺乏了對這部分的掌握，因此韓愈想要透過對經典的探究、貫通與衡定，重啓合於聖人之道、先王之法的實用矩矱。韓愈云：

> 余嘗苦《儀禮》難讀，又其行于今者蓋寡，沿襲不同，復之無由，考于今，誠無所用之，然文王周公之法制粗在於是。孔子曰：「吾從周。」謂其文章之盛也。古書之存者希矣，百氏雜家尚有可取，況聖人之制度邪？於是掇其大要，奇辭奧旨著于篇，學者可觀焉。惜乎！吾不及其時進退揖讓于其間。嗚呼，盛哉！〔註121〕

在這段論述中，可以看到韓愈依循著孔子的視角，在肯定周文的同時深信《儀禮》仍大體上保存著文王周公之法制，因此嘗試拆解這已是令人難以閱讀的典籍。然而，韓愈的目的，並不是要恢復、踐行經典記載中的這套制度，透過「誠無所用」一語，可知韓愈對古今時空所存在的差異是有理性的認知，如是，韓愈的目的爲何呢？當然是踐行聖人之道，只是作爲踐行所依循的矩矱，並非來自於移植，而是透過對於古代仁義與法制相應如一的體會，重新經由有得之仁義的主體來進行貞定與建構。舉如針對「小功不稅」的省察，韓愈云：

> 曾子稱「小功不稅」，則是遠兄弟終無服也，而可乎？……近出弔人，見其顏色戚戚類有喪者，而其服則吉，問之，則云「小功不稅」者也。禮文殘缺，師道不傳，不識《禮》之所謂不稅，果不追服乎？

〔註120〕韓愈：〈答呂毉山人書〉，《韓昌黎文集校注》，頁217。
〔註121〕韓愈：〈讀儀禮〉，《韓昌黎文集校注》，頁39。

無乃別有所指，而傳注者失其宗乎？〔註122〕

一方面有感於當時禮之踐行與自然情感間的衝突，另一方面有鑑於因「禮文殘缺，師道不傳」所造成之經典理解上宗旨不明的謬誤，因此韓愈針對「小功不稅」的禮儀規範提出了質疑，並引述曾子的觀點與態度作爲佐證。很清楚，韓愈是站在化解情感問題的角度來進行思考，而思考的取逕正是透過對傳注的審視企圖重新契會聖人制禮的宗旨，這是謀求禮與情相應合宜的思維展現。換言之，韓愈看似顛覆性的思維，實質上乃是企圖回歸、體現聖人制禮的價值精神。〔註123〕又如〈改葬服議〉云：

近代已來，事與古異，或游或仕在千里之外，或子幼妻稚而不能自還，甚者拘以陰陽畏忌，遂葬於其土；及其返葬也，遠者或至數十年，近者亦出三年，其吉服而從於事也久矣，又安可取未葬不變服之例而反爲之重服歟？在喪當葬，猶宜易以輕服，況既遠而反純凶以葬乎？若果重服，是所謂未可除而除，不當重而更重也。或曰：喪與其易也寧戚，雖重服不亦可乎？曰：不然，易之與戚，則易固不如戚矣；雖然，未若合禮之爲懿也。儉之與奢，則儉固愈於奢矣；雖然，未若合禮之爲懿也。過猶不及，其此類之謂乎？〔註124〕

這亦是有見於古今事物的變異，重新對禮制進行檢視的論述。從論述中，可見韓愈不僅考量了各種當時具體的可能情境，對於既經傳統化解之易戚、儉奢的問題也有清楚的認知，而最終的思維依據乃在尋求一個「合禮」的展現。所謂的「合禮」，當然即是出自於「能自樹立」的主體，基於仁義的價值精神具現爲當代所合宜踐行的規範。又如〈禘祫議〉云：

此五說者皆所不可，故臣博采前聞，求其折中。……《禮》所稱者蓋以紀一時之宜，非傳於後代之法也。……事異殷周，禮從而變，

〔註122〕韓愈：〈與李祕書論小功不稅書〉，《韓昌黎文集校注》，頁127。

〔註123〕劉敞雖然肯定韓愈爲「達於禮而近之」，但針對韓愈於曾子所述而產生的疑惑則提出了批判，認爲這是「隆於情而不及文，失禮之指」的無知，這顯示了更強烈的否定之意。（詳見〈小功不稅解〉，《全宋文》第30冊，頁313）然而，根據韓愈的用心以及禮文本非一定來說，從情文對立消長的角度進行批判，似乎顯得不契。張載則對此有深刻的看法，其云「時措之宜便是禮」，禮有「出於人」而隨時變易者，其變依「時中之義」而有「真義理」，亦有「本天之自然」而不變者，是以當「合內外之道」。詳見《張載集》（臺北：漢京文化事業有限公司，1983年9月），頁264。

〔註124〕韓愈：〈改葬服議〉，《韓昌黎文集校注》，頁115。

非所失禮也。〔註125〕

此處韓愈可謂清楚地揭示了如何看待古代禮法的問題。韓愈認爲禮文呈現的只不過是「一時之宜」，非爲世代共有之規範，事異則禮變，禮不變實乃失禮，當變而變始是眞合禮。然而，在倡變的同時，並非是一切棄舊從新，透過對於五說的辯駁，可知韓愈仍是透過對周制與經典的理會來求取其所謂的「折中」的面貌。又如〈省試學生代齋郎議〉一文，其末有云：「考之於古則非訓，稽之於今則非利；尋其名而求其實，則失其宜。」明白揭示出具體的施措當需兼顧古今，尤其必須是名實相符的合宜，而其中的關鍵思維，就在於「敬之至也，古之道也。」一語。〔註126〕如是而言，不論是得見宗旨或是合禮合宜的貞定，經法若要達其所用，都必須通過有得之主體的認可。

綜上所述，可知韓愈對於「道」的理會，在尋求「能自樹立」的思維取向下，雖與古道相通相容，但仍有其特殊的面向，不論是作爲價值精神的「仁義」，或者是實踐規範的「大經大法」，皆展現出韓愈之價值主體的獨特關懷。

五、小　結

一般在理解文道關係時，多以彼消我長對立的角度來進行思考，不過就韓愈的學術內涵來說，文與道卻是相應如一的關係，所以當觸及到韓愈文道觀的理會，必須要思考的應是：韓愈如何使其「道」精彩的具現爲「文」？抑或是：如何理解韓愈的「文」以悟入其「道」？瞭解其間的曲折內涵，對於韓愈的學術價值，始有更加深入的體會。

經過以上的論述，可以瞭解到韓愈修辭明道之文與道兩位一體的思維是具有實質、積極與樞紐的意義。而兩者的緊密環扣，所彰顯出的意蘊，正是「能自樹立」一語中所揭示之價值的主體精神。從這樣的精神，重新解讀韓愈的「文」，不論是關乎作者內心的「不平則鳴」、與「以文爲戲」的觀點，或者是修辭用語上之「務去陳言」與「文從字順」的主張，在整體性的思維底下，皆可獲得更爲適切的理會方式。

與「文」相應，關於韓愈之「道」，在主體性的彰顯之下，不論是制度上的大經大法，或是價值上的仁義道德，皆展現重構此「不傳」之學的嶄新

〔註125〕韓愈：〈禘祫議〉，《韓昌黎文集校注》，頁123。
〔註126〕韓愈：〈省試學生代齋郎議〉，《韓昌黎文集校注》，頁118。

意義。

　　要之，以上所述，韓愈學術之足以「作爲議題」即呈現在主體性與價值重建的兩個新意上。由於價值的內涵在「不傳」中隱含著未定之意，韓愈以其所得，在主體性的彰顯下，展現個體獨特的貞定成果，雖然極具意義，但此中樞紐乃是在於開啓價值的探究。宋儒即是承繼此思維，在「自得」中，展現多元的價值體悟。

　　順是而言，韓愈與宋儒在思維的精神上，具有了緊密的關係。然而，必須指出的是作爲視角的開啓者，韓愈顯然存有不足之處。或許是客觀環境下缺乏足以對話之「自立」的儒者，韓愈對於客體的關注顯然是不足的。韓愈云：

> 周之政文，既其弊也，後世不知其承，大斁古先，遂一時之術以明示民；民始惑敎，百氏之說以興。……原其始，固有啓之者也。聞於師曰：古之君天下者，化之不示其所以化之之道；及其弊也，易之不示其所以易之之道：政以是得，民以是淳。其有作者，知敎化之所繇廢，抑詭怪而暢皇極，伏文貌而尚忠質，茫乎天運，窅爾神化，道之行也，其庶已乎！〔註127〕

「化之不示其所以化之之道」與「易之不示其所以易之之道」，可以瞭解到韓愈對於客體的態度，仍是從被動承受的角度來看待，並未賦予積極的意義。當漠視了客體的存在，其實寓含之意也是對價值主體之體悟的不足。有關於此，從宋儒的積極對話而呈現出復歸於儒家「爲己之學」的努力，可以看到其間顯著的進展。

〔註127〕韓愈：〈本政〉，《韓昌黎文集校注》，頁50～51。

第四章 印本文化與韓集傳行

　　在韓愈透過「修辭明道」走向「能自樹立」所開啓之價值的主體精神之後，不論是歐陽脩的精神重契，或者是宋學由師道轉向友道之主體間的對話，都需要一個促成的元素，而印本的發展即是此關鍵。

　　雖然，學術思想與客觀環境之間不具有類似於科學的因果關係，但是在積極化成之外，客觀環境所提供的資源卻是不可或缺的要素。尤其，在學術發展環境的好壞衡量之外，宋代印本文化的形成，實具有推進學術開展的重要質素。如錢存訓即云：「在西方，印刷術的發明和使用，激發歐洲各民族的理智思潮，促進民族語言和文學發展，鼓勵民族主義和建立新興的民族國家。」〔註1〕據此，對印本文化在學術上具有傳播、理解與詮釋的作用，即當加以正視。

　　以宋代學術的推展而言，韓愈的學術在當時是受關注的，但是「能不能理解？」、「如何理解？」的問題以及開啓詮釋、拓展意義的層面，都需要一個堅實的憑藉基礎，此即是促使主體能夠挺立的知識。宋代由於雕版印刷的發展，一改知識獲取的局限，儒者能夠憑藉印本傳播的效益，讓自身的視野遠過師法與寫本所給予的格局。這樣的轉變，是巨大的，而且深具意義，尤其是對於張揚主體，彰顯主體與主體間對話的宋學而言，畢竟對話的形成需要有對等的知識基礎。因此，本章將針對宋代的印本文化進行討論，內容包含了宋代在印本傳行上展現的特色以及傳行的情形，其中當然對於有關韓愈

〔註1〕錢存訓：〈印刷術在中國傳統文化中的功能〉，《中國書籍、紙墨及印刷史論文集》（香港：中文大學出版社，1992年），頁239。雖然錢氏認爲中國因爲「保守性」因素，使得印刷術產生的效果迥異於西方，但在這裡，已讓人看到從印刷術所能開啓的意義。

文集的傳行狀態也將進行陳述。

第一節　宋代的印本文化

　　雕版印刷乃是結合雕版與印刷的技術而加以運用。論其起源或發明時代，依據學者研究之成果，呈現眾說紛紜，莫衷一是的現象。此中緣由，乃在於學者們汲汲於確認雕版印刷發明的時間點，而確認的途徑，不論是從實物或者是技術層面切入，其中皆有難以釐清之困境存在。以實物而論，確認的方式，又可分爲記載留存與作品留存兩者，前者依據古籍之記載進行推論，因此述作之遺逸及字義之難定〔註2〕，即成爲困境所在；後者依據現今可見之作品進行推算，因此斷定所見之作品是否爲首創，乃爲難解之課題。以技術思維而言，未有雕版前，已有印章雕刻之技術；未有印刷前，已有石刻拓印之方法，兩者雖存有差異，惟僅存一間之隔，有待突破性之思維轉化，自然形成新的運用型態，換言之，雕版印刷雖屬技術性工具義，然其發展卻未是科學式的發明、創造，而是有如文化具有前後相承、一脈相通之特質，是故由此必難以斷定其發明之時間。〔註3〕因此，針對雕版印刷之起源或發明之探究，必須轉向思維，以其具有產生影響之連繫性意義的角度加以切入，諸如雕版印刷初期的運用連繫於佛教之發展、五代時經典刊刻與儒學之發展〔註4〕，換言之，從雕版印刷與學術發展之聯繫性來思維，意義將可更爲

〔註2〕　王士禎（貽上，1634～1711）對於「廢象遺經悉令雕撰」提出疑義，其云：「予詳其文義，蓋雕者乃像，撰者乃經，儼山連讀之悞耳。」文見《居易錄》卷25，《景印文淵閣四庫全書》第 869 冊（臺北：臺灣商務印書館，1986 年 3月），頁 618。以下引書以《四庫》簡稱之。此種字義釐定的困境現今學者亦有論述，可參見李秀民與曹之的論述。

〔註3〕　李致忠對於雕版印刷起源研究的看法，以爲「必須將雕版印書術的出現和雕版印刷術的發明區別相提」，兩者爲不相同的概念。在總結雕版印刷術所需之社會條件、物質條件與技術條件，於東漢後期，即二世紀中葉，印刷術的發明是可能的。至於唐初，則是進入雕版印書的開始。論述見氏著《古代版印通論‧雕版印刷術的發明》（北京：紫禁城出版社，2000 年 11 月），頁 8～23。

〔註4〕　朱彝尊：「後唐長興中，始更傳寫爲雕印，舍至難而就至易，由是書籍日以盛。」將長興三年雕印九經之事視爲轉折的開始，然而與其說是雕版印刷的發展，不如貼切的說這是蘊含著儒學視野下的雕版印刷史。文見〈風峪石刻佛經記〉，《曝書亭集》（臺北：臺灣商務印書館股份有限公司，1968 年 12月），頁 1071。陸深：〈金臺紀聞下〉云：「石林葉少蘊以爲雕板印書始馮道，

眞切。

　　雕版印刷的運用在初期時與佛教的發展是具有密切的關係〔註5〕，以現今可見的資料與實物顯示，佛教經典的刊刻在隋唐時期乃是主要的焦點，其他範疇不過是鳳毛麟角。時至五代時期，九經與科舉考試用書的刊刻，讓焦點有所轉變，不過有理由相信佛教經典的刊刻依然盛行。以胡應麟所言爲證，其言：

> 余意隋世所雕，特浮屠經像。蓋六朝崇奉釋教致然，未及槪雕他籍也。唐至中葉以後，始漸以其法雕刻諸書，至五代而行，至宋而盛，於今而極矣。〔註6〕

初期的侷限與後來的「行」、「盛」、「極」，說明了歷經隋、唐、五代、宋、明的發展，雕版印刷呈現出技術的漸次純熟與範圍的逐漸擴大。或許可以如此說：雕版印刷之運用焦點，或因時制宜，然其「法」之發展，則與時俱進。〔註7〕因此，雕版印刷所呈現成品內容之不同，乃時代所尚之變易，而成品內容之擴展，正標示其技術之成熟度與普遍性。以宋初對於五代圖書典籍的接收來看，其運用之成果是可觀的，尤其以在「戰火」之後，典籍多有遺逸，印板難逃焚燬的狀態下，尚存有近四千之數，其成熟度與普遍性可見一斑。〔註8〕

此不然，但監本五經，道爲之爾。」（文見氏著《儼山外集》卷8，《四庫》第885冊，頁49）其意即近此。

〔註5〕昌彼得在〈我國版本學上幾個有待研究的課題〉中對於印刷發明時期之未定，提出：「我國印刷術的發明，似以受佛教的影響比較大。」詳見氏著《版本目錄學論叢（一）》（臺北：學海出版社，1977年8月），頁182～184。

〔註6〕胡應麟：《少室山房筆叢》（北京：中華書局，1958年10月），頁59～60。

〔註7〕方以智亦指出：「雕本，印書也。隋唐有其法，至五代而行，至宋而盛，今則極矣。」僅以「法」來說，越來越精良實屬自然之事，是故明勝於宋乃理勢之必然也。文見《通雅》卷31，《四庫》第857冊，頁600。

〔註8〕經過了戰火的一番摧殘，一代文物之盛通常就被毀壞殆盡，以南宋無處不刻的狀況來說，元人虞集（伯生，1272～1348）於〈跋濟寧李璋所刻九經四書〉一文中云：「是時，干戈未寧，《六經》板本，中原絕少，學者皆自抄寫以成書。其後朱子《論語》、《孟子集註》，《大學》、《中庸章句》，傳至北方，學者傳授，板本至者尚寡，猶不能無事手錄。」（見李修生主編《全元文》第26冊，南京：鳳凰出版社，2004年12月，頁332）可見戰火影響之大，令人在評估一代之發展狀態時不得不有所保留，洪邁在〈國初文籍〉裡即云：「國初承五季亂離之後，所在書籍印板至少，宜其焚煬蕩析，了無子遺。」（《容齋隨筆》，上海：上海古籍出版社，1978年7月，頁884）唐末五代的戰火，究竟摧毀了多少印板與典籍，這對於斷定宋代雕版的發展極其重要，可惜卻難

　　文化發展具有層累效果，或深化，或拓展，而技術性的雕版印刷，同樣展現著這種特質。以下即就宋代承繼五代後對雕版印刷的發展與意義展開梳理。

一、「精」的文化特質

　　時處雕版印刷發展的歷程上，兩宋三百餘年展現了輝煌的成果。所謂「黃金時代」的稱譽，即是肯定宋朝的貢獻，並認可其具有關鍵性地位，如張秀民即云：「宋代官私刻書最盛，爲雕板印刷史上的黃金時代。」〔註9〕李致忠云：「南北兩宋刻書之多，規模之大，版印之精，流通之寬，都是前所未有的。」〔註10〕皆是此論。此說殆非過譽，元儒吳澄（伯清，1249～1333）即指出：

> 宋三百年間，鋟板成市，板本布滿乎天下，而中秘所儲莫不家藏而人有，不惟是也，凡世所未嘗有，與所不必有，亦且日新月益，書彌多而彌易，學者生於今之時，何其幸也！無漢以前耳受之艱，無唐以前手抄之勤，讀書者事半而功倍宜矣。〔註11〕

透過「板本布滿乎天下」與「世所未嘗有，與所不必有」之描繪，其意已將宋世雕版成書的盛況明白展現，亦側寫出學者在雕版印刷盛行下學習方式與任之視野的轉變，所謂「耳受之艱」、「手抄之勤」即是。

　　此外，創新雕印方式的研發，在宋仁宗慶曆年間所展現的具體成果，亦可補充說明宋代在雕版印刷史上的地位。〔註12〕沈括（存中，1031～1095）云：

以掌握。不過，至少在考量此因素後，再結合於邢昺回答眞宗的提問時指出：「國初不及四千，今十餘萬，經史正義皆具。臣少時業儒觀學徒能具經疏者，百無一二，蓋傳寫不給。今板大備，士庶家皆有之，斯乃儒者逢時之幸也。」（李燾：《續資治通鑑長編》，北京：中華書局，1979年8月，頁1333）學術環境的迅速重建，雕版已扮演著關鍵性的角色。

〔註9〕張秀民：《中國印刷史》（上海：上海人民出版社，1989年9月），頁57。
〔註10〕李致忠：《古代版印通論》（北京：紫禁城出版社，2000年11月），頁87。
〔註11〕吳澄：〈贈鬻書人楊良甫序〉，見李修生主編《全元文》第14冊（南京：江蘇古籍出版社，1999年10月），頁246。
〔註12〕昌彼得對於各時期印刷術的發展，著重於技術上是否創新、改進作爲論斷基準，是故「活字版」的新發明，對宋代而言，意義是重大的，而清代「自圖書版刻史而言」雖是最盛時期，不過以印刷史論，以其僅是繼承前人技藝，只能說是守成時期。參見氏著：〈歷代版刻的演變〉，《版本目錄學論叢（一）》（臺北：學海出版社，1977年8月），頁105～122。

> 慶曆中，有布衣畢昇，又爲活板。其法用膠泥刻字，薄如錢脣，每
> 字爲一印，火燒令堅，先設一鐵板，其上以松脂臘和紙灰之類冒之，
> 欲印則以一鐵範置鐵板上，乃密布字印，滿鐵範爲一板，待就火煬
> 之，藥稍鎔，則以一平板按其面，則字平如砥。若止印三、二本，
> 未爲簡易；若印數十百千本，則極爲神速。〔註13〕

「活板」可以視爲板印書籍在技術上的進一步發展，它改良了印書上的速
度。從刊印的數量來說，「數十百千本」以上的需求量，在宋代以後，實屬自
然之事，是故改良後的雕印技巧，必將引起關注，這由元明清三代續有發展
可以想見，不過「繫於漢字之基本構造與性質」的原因，使活字印刷在敏
捷、經濟與文字之精美、無訛方面，未能有效達成，因此，在現代印刷術應
用以前，中國傳統印書仍「以雕板爲主」。〔註14〕

　　然而，若僅是以「無書不刻版，無處不刻版」作爲衡量之基準，則如前
所述，「法」的運用，後出當轉精、轉廣，明清之盛於宋，當是理之必然。胡
應麟指出：

> 魏晉以還，藏書家至寡，讀南北史，但數千卷，率載其人傳中；至
> 唐書所載，稍稍萬卷以上，而數萬者尚希；宋世驟盛，葉石林韜，
> 弁山之藏，遂至十萬。蓋雕本始唐中葉，至宋盛行，薦紳士民，有
> 力之家，但篤好則無不可致。〔註15〕

從「藏書」的角度，揭示了雕版印刷的角色與發展的狀況。宋代因爲雕本盛
行，故藏書量約可百倍於魏晉，十倍於唐朝；因發展的成熟，故「薦紳士民，
有力之家，但篤好則無不可致」。雖然，宋代盛行如是，但胡氏又有云：

> 終宋世書目，無十萬者。葉嘗自言，備見諸家，皆不過四萬，而甚
> 多猥雜，惟宋宣獻獨精。其難者已不能盡致，則弁山之藏，亦僅可
> 三四萬，餘皆重複或猥雜也。〔註16〕

論述中所蘊含的對比基準，即以當代／明代爲視野，故檢視「弁山之藏」，以

〔註13〕沈括撰、胡道靜校注：《新校正夢溪筆談》（香港：中華書局，1987年4月），
　　　　頁184。
〔註14〕活字印刷的發展情形，參見昌彼得：〈中國的印刷術〉，《版本目錄學論叢（一）》
　　　　（臺北：學海出版社，1977年8月），頁147～149。錢存訓：〈中國印刷術之
　　　　技術與程序〉，見《造紙及印刷》（臺北：台灣商務印書館，1995年9月），頁
　　　　246～269。
〔註15〕胡應麟：《少室山房筆叢》，頁53。
〔註16〕胡應麟：《少室山房筆叢》，頁53。

量而言亦不以宋世爲多。此外，胡氏更有云：

> 今欲購書，又差易於宋，何也？經則一十三家注疏，遞梓於諸方；
> 史則二十一代，類頒於太學，合之便可三千餘卷。宋初諸大類書，
> 合之又可三千餘卷。南渡類書十餘，合之又可三千餘卷，則不啻萬
> 卷矣。釋藏金陵，道藏句曲，捐數百金，即吾家物，稍益神仙小說
> 諸家，合之又不下萬卷矣。〔註17〕

從論述之語意與情調顯示：隨意所擇，即可達萬卷之數，可見刊刻之豐富；「捐
數百金，即吾家物」，可見所費當輕，取得甚易。兩相比較，宋明兩朝在雕版
印刷的運用上，高下之勢，清楚可辨。

因此，宋代雕版印刷在推行的廣度與技術的純熟上雖足以稱羨前代，但
要凸顯宋代在雕版印刷史上的地位，尚有可再申論者。如何凸顯呢？若視野
不僅僅侷限於雕版印刷，將思維之焦點加以轉換，不同的角度，即可見到新
的特質。以明人文震亨（啓美，1585～1645）所述爲例，其言云：

> 藏書貴宋刻，大都書寫肥瘦有則，佳者有歐、柳筆法，紙質勻潔，
> 墨色清潤；至於格用單邊，字多諱筆，雖辨證之一端，然非考據要
> 訣也。書以班、范二書、《左傳》、《國語》、《老》、《莊》、《史記》、《文
> 選》，諸子爲第一，名家詩文、雜記、道釋等書次之。紙白板新，綿
> 紙者爲上，竹紙活襯者亦可觀，糊背批點，不蓄可也。〔註18〕

藏書貴「宋刻」，已揭示了明代對於宋代刻本的重視。不過依據胡應麟的說
法：

> 宋世書千卷，不能當唐世百；唐世書千卷，不能當六朝十；六朝書
> 千卷，不能當三代一，難易之辨也。然今世書萬卷，亦不能當宋
> 千。〔註19〕

又云：

> 凡本，刻者十不當鈔一，鈔者十不當宋一。三者之中，自相較，則
> 又以精粗、久近、紙之美惡、用之緩急爲差。〔註20〕

「難易之辨」換言之即是物以稀爲貴，「精粗」、「美惡」亦是依據書本的物質

〔註17〕 胡應麟：《少室山房筆叢》，頁53～54。
〔註18〕 文震亨：〈宋板〉，《長物志》（江蘇：江蘇科學技術出版社，1984年3月），頁219。
〔註19〕 胡應麟：《少室山房筆叢》，頁53。
〔註20〕 胡應麟：《少室山房筆叢》，頁58。

價值來衡量其珍貴性。簡言之，乃以書論書，以貨物論「宋刻」之價值。由於宋刻本對藏書家而言，存在著不斐的價值，書肆射利下，自然產生所謂的覆刻、仿刻本，因此辨偽的工夫亦隨之而生。文震亨所述「筆法」、「紙質」、「墨色」之特色，除了揭示「宋刻」具有不凡之價值外，留意於書冊面貌的分析，即呈現了對版本辨別工夫的重視，手法近似於今日之古籍鑑定。是故，明代對於宋代雕版印刷的關注，焦點不在技術而是產品，具體的從產品／刻本的角度出發，透過覺知「宋刻」面貌之精彩的過程中，蘊含對宋代雕版印刷之稱許。然而，以藏書的角度，雖能查知「宋刻」之特色，亦僅能見其價值之一端。如果說以上這些關注之焦點皆近圍繞於外在部分，那麼對於宋代雕版印刷之價值的認定，當有內在的特質。

所謂內在的特質，即是將焦點轉換，使視野擴大至學術的角度。換言之，即是從在學術上產生的意義來衡量宋代雕版印刷的價值與地位。若說印本之刻成，如筆法、紙質、墨色等，屬於雕版印刷之形，則學術內涵的呈現，即為雕版印刷之神。其形可仿而難仿，其神可仿而不真。因此，挖掘何為宋代雕版印刷之精神，乃真能確立其不可替代之地位。其精神為何呢？當在於「精」。胡應麟即表示：

> 雕本肇自隋時，行於唐世，擴於五代，精於宋人，此余參酌諸家，確然可信者也。〔註21〕

以「精」作為宋代「雕本」有別於其他時期的刊刻狀態，所言甚是。然而，所謂「精」當如何理解呢？其意當可包含版印書冊外觀之精緻，如前所述，表現在筆法、墨色、用紙等方面的講究，但更重要的是涉及到宋人對刊刻所展現的用心。這個用心，具體表現在「校讎」〔註22〕的工夫上，此即「精」之所在。明代雕印書籍盛於宋，但有「明人刻書而書亡」之嘆〔註23〕，即是有感於校讎之未精。由此，可以瞭解到校讎對於雕印書籍所扮演的角色。

雕印前的校定工夫，在五代時已是重要的一環。《五代會要》記：

〔註21〕 胡應麟：《少室山房筆叢》卷4，《四庫》第886冊，頁211。
〔註22〕 校讎最初的意義僅是「校定文字」，透過對比版本之異同，以正文字之舛誤。但此僅屬於狹義，其廣義尚含審定篇第、抉擇存本、編撰目錄等方面。從歷史的發展來說，「校讎」與「校勘」本是同義詞，皆有廣狹二義，至清代乃以「校讎」付以廣義，「校勘」專屬狹義。是故宋代對於文字釐定工作上之用語或有不同，其實際指涉則幾無差異。論述見管錫華：《漢語古籍校勘學》（成都：巴蜀書社，2003年12月），頁4～7。
〔註23〕 趙一清：《水經注釋》附錄卷下，《四庫》第575冊，頁694。

> 後唐長興三年二月中書門下奏，請依石經文字，刻九經印板。勅令國
> 子監集博士儒徒，將西京石經本，各以所業本經句度，抄寫注出，
> 仔細看讀，然後顧召能雕字匠人，各隨部秩刻印板，廣頒天下。如諸
> 色人等要寫經書，並須依所印敕本，不得更便雜本交錯。〔註24〕

於雕九經印板之前，取石經文字爲底本，透過博士儒徒的專業，抄寫注出，
仔細看讀。對於這種「仔細看讀」的過程，司馬光、沈樞（持要，1145 進士）
徑以「校定」表示。〔註25〕刻板雕印後，乃是要「廣頒天下」，以爲定本，其
目的即是要「一其文字，使學者不惑。」〔註26〕因此，爲使字句不生舛誤，
校定的工夫自然不可或缺。宋代在雕印的方式上，即承繼著這種思維。宋眞
宗於〈頒行公羊傳敕〉表示：

> 流傳既久，譌舛遂多，爰命校讎，俾從刊正。歷歲時而盡瘁，探簡
> 策以惟精。載嘉稽古之功，允助稽古之理。宜從雕印，以廣頒行。
> 〔註27〕

先校讎以刊正譌舛，進而雕印頒行，可說已型塑爲標準程序。從宋初到眞宗
景德二年之間，透過「校讎」然後「刊刻」的操作，在「經史未有印板者，
悉令刊刻」的用心下，讓書板的數量從國初戰火留存下之「不及四千」，成長
到「十餘萬」之多，並使「經史正義皆具」，可說成果輝煌。〔註28〕

欲雕印而先校讎，雖承繼著五代刻書的習慣，不過再行探究當可知此乃
源自於寫本的工夫。葉夢得指出：

> 唐以前，凡書籍皆寫本，未有模印之法，人以藏書爲貴。人不多有，
> 而藏者精於讎對，故往往皆有善本。學者以傳錄之艱，故其誦讀亦
> 精詳。五代時，馮道始奏請官鏤《六經》板印行。國朝淳化中，復
> 以《史記》《前後漢》付有司摹印，自是書籍刊鏤者益多，士大夫不
> 復以藏書爲意。學者易於得書，其誦讀亦因滅裂，然板本初不是正，

〔註24〕 王溥：《五代會要》（臺北：世界書局，1970 年 8 月），頁 96。
〔註25〕 司馬光：《資治通鑑》卷 277；沈樞《通鑑總類》卷 14 上：「後唐明宗令國子
　　　　監雕賣九經」，《四庫》第 462 冊，頁 93。
〔註26〕 李燾：《續資治通鑑長編》，頁 2756。
〔註27〕 宋眞宗：〈頒行公羊傳敕〉，《全宋文》第 6 冊，頁 176。
〔註28〕 李燾：《續資治通鑑長編》，頁 1333。以李致忠所述，「開寶間在成都雕造的《大
　　　　藏經》」有「十三萬板」來算，此「十餘萬」書板，當專指與「經史」相關之
　　　　儒家典籍的刊刻，並無納入佛、道所雕之板數。見氏著《古代版印通論》，頁
　　　　100。

不無訛誤。世既一以板本爲正，而藏本日亡，其訛謬者遂不可正，
甚可惜也。〔註29〕

唐代以前，普遍的情形顯示：書籍皆屬寫本，其時存在著「以藏書爲貴」的
情形，乃因傳鈔艱辛，書籍稀少而昂貴。既以藏書爲貴，爲使不失其價值，
則藏者對所藏書籍，即透過讎對的工夫使其成爲「善本」。可以說，宋人雕印
前藉由多本參校以求至當之工夫，即借鑑或移轉自此。雖書籍刊鏤後，書籍
獲得容易，使得士大夫不復以藏書爲意，致使藏本日漸亡逸，在一以板本爲
正之情形下，可能造成訛謬不可正的遺憾，然宋人謹慎「校讎」於雕印之前，
即使雕印後亦有再三校定，且刊印異本所在多有，因此宋代士大夫多有手自
讎對以求至善之情形。是故於雕版印刷發展後，校讎的運用實更顯寬廣與更
具意義，此由宋代校讎的盛行與發展可以窺見。〔註30〕換言之，雕本不僅在
數量上取勝寫本，亦吸納其工夫，使自身價值足以與寫本並駕齊驅，甚至取
而代之。〔註31〕

此外，與五代的「看讀」相比，宋人在「校讎」上更顯謹慎與精細，其間
自然存有新的開展。謹慎與精細的成果，主要是因：兼本定著與重複校讎。所
謂兼本定著，即是校定的資料，必不以孤本爲據。《宋朝事實類苑》記載：

> 嘉祐四年，仁宗謂輔臣曰：「宋、齊、梁、陳、後魏、後周、北齊書，
> 世罕有善本，未行之學官，可委編校官精加校勘。」八月，命編校
> 書籍孟恂、丁寶臣、鄭穆、趙彥若、錢藻、孫覺、曾鞏，校宋、齊、
> 梁、陳、後魏、北齊、後周七史。恂等言：「梁、陳等書缺，獨館所
> 藏，恐不足以定著，願詔京師及州縣藏書之家，使悉上之。」仁宗
> 皇帝爲下其事，至七年冬，稍稍始集，然後校正訛謬，遂爲完書，
> 刊本行之。〔註32〕

〔註29〕葉夢得：《石林燕語》（北京：中華書局，1997年12月），頁116。

〔註30〕依據管錫華指出合北宋三次及南宋二次，兩宋大規模之官家校書，即有五次
　　　　之多；私家校書亦超越以前各個朝代，此外更以「校讎學」乃起於南宋之鄭
　　　　樵，可見校讎於宋代之開展。見氏著《漢語古籍校勘學・兩宋的校勘》，頁49
　　　　～56。

〔註31〕胡應麟指出當時鈔本「謬誤相仍，大非刻本之比」，是故「凡書市之中，無刻
　　　　本則鈔本價十倍，刻本一出，則鈔本咸廢不售矣。」可見刻本在質的方面確
　　　　有足以超越鈔本價值的可能。文見《少室山房筆叢》，頁59。

〔註32〕江少虞：《宋朝事實類苑》（臺北：源流文化事業有限公司，1982年8月），頁
　　　　397。

書籍未有善本，未能行於學官，故欲精加校勘以刊印行之，然而《梁》、《陳》二書，因「獨館所藏」，所以不足以定著，必集他本以校正訛謬，以理推之，其他五史必有兼本，故無須透過藏書之家的協助，已能完成校定。不僅史書校讎如是，其他諸書皆是如此，試觀宋敏求（次道，1019～1079）所云：

> 今三館秘閣，各有四部書，分經史子集，其書類多訛舛，雖累加校正而尚無善本，蓋讎校之時，論者以逐館幾四萬卷，卷數既多，難爲精密，務在速畢，則每秩止用原寫本一再校而已，更無兼本照對，故藏書雖多而未及前代也。臣欲乞先以《前漢書》藝文志內所有書廣求兼本，令在館供職官重復校正。〔註33〕

藏書非是「善本」未以爲數，因此三館秘閣藏書雖多，但涵蓋經史子集諸藏書，於讎校之時，只用原寫本校定者，未爲「善本」，故「未及前代也」。可見校讎需有「兼本」照對，已然形成宋代之基本觀念。換言之，五代時期，博士儒徒之「看讀」，僅類似於以原寫本校定之工夫，兩者相較，精粗立判。所謂重複校讎，即是無論雕印與否，再三校定以求至善。以《漢書》爲例，依據《欽定天祿琳琅書目》所述：

> 淳化、至道間校正之本，在宋太宗時業經雕印，眞宗景德年又經重刻，仁宗景祐時復命余靖等校正，神宗嘉祐、熙寧間經歐陽脩詳定刊成。是北宋時官刻《漢書》已非一本，而熙寧本爲最後。〔註34〕

第一次乃淳化五年七月，宋太宗詔選官分校而後就杭州鏤板雕印；第二次爲景德年間，宋眞宗命直秘館刁衎等覆校而後重刻；第三次爲宋仁宗景祐時，命余靖等人之校正〔註35〕；第四次爲嘉祐、熙寧年間歐陽脩詳定而後於宋神宗時期刊成。如此謹愼，反覆校定以求至善之態度，自然將宋代「版印之精」之特質展現無餘。

　　宋人爲求書籍版本之精善，除了尋訪兼本，再三參校外，挖掘新材料以爲佐證之創舉，亦使校讎之視野與思維更形開闊。所謂的新材料，即是宋人開啓的金石學。以歐陽脩爲例，其言云：

> 余家所藏書萬卷，惟《昌黎集》是余爲進士時所有，最爲舊物。自天聖以來，古學漸盛，學者多讀韓文，而患集本訛舛。惟余家本屢

〔註33〕宋敏求：〈乞校正秘閣圖書奏〉，《全宋文》第26冊，頁262。

〔註34〕《欽定天祿琳琅書目》卷2，《四庫》第675冊，頁356～357。

〔註35〕余靖：〈上校正後漢書奏〉中述及其與王洙共同讎對之《後漢書》於景祐二年九月校畢，然是否雕印則未知。文見《全宋文》第13冊，頁629～630。

更校正，時人共傳，號爲善本。及後集錄古文，得韓文之刻石者如
〈羅池神〉、〈黃陵廟碑〉之類，以校集本，舛繆猶多，若〈田弘正
碑〉則又尤甚。蓋由諸本不同，往往妄加改易。以碑校集印本，與
刻石多同，當以爲正。乃知文字之傳，久而轉失其眞者多矣。則校
讎之際，決於取舍，不可不慎也。〔註36〕

當其校定韓愈《昌黎集》之際，以進士所得舊物爲底本，透過屢更校正而得
「善本」，此階段尚是眾人所共用之方法。其後，由「集錄三代以來金石遺文
一千卷」，運用其中所得之韓文刻石再加校定，仍得正許多舛繆失眞之處，進
而覺知「刻石之文可貴」。〔註37〕雖然其間之取捨偶有出入，如以碑云「春與
猿吟而秋鶴與飛」爲誤之說令人疑惑〔註38〕，但是於校讎之際開啓的新頁，
卻是瑕不掩瑜的。此種以實物爲證之方式，廣義來說，其意通於今日所謂「二
重證據法」〔註39〕之思維。

　　除了在廣度上有新的開展，宋人在校讎方法上更有深度的開拓。蘇軾指
出：

近世人輕以意改書，鄙淺之人，好惡多同，故從而和之者眾，遂使
古書日就訛舛，深可忿疾。孔子曰：「吾猶及史之闕文也。」自余少
時，見前輩皆不敢輕改書，故蜀本大字書皆善本。蜀本《莊子》云：
「用志不分，乃『疑』於神。」此與《易》「陰『疑』於陽」、《禮》
「使人『疑』汝于夫子」同。今四方本皆作「凝」。陶潛詩：「採菊
東籬下，悠然見南山。」採菊之次，偶然見山，初不用意，而境與
意會，故可喜也。今皆作「望南山」。杜子美云：「白鷗沒浩蕩，萬
里誰能馴。」蓋滅沒於烟波間耳。而宋敏求謂予云「鷗不解『沒』」，
改作「波」字。二詩改此兩字，便覺一篇神氣索然也。〔註40〕

〔註36〕歐陽脩：〈唐田弘正家廟碑〉，《歐陽脩全集》（北京：中華書局，2009 年 1 月），
　　　　頁 2270。
〔註37〕文見歐陽脩：〈六一居士傳〉，《歐陽脩全集》，頁 634～635；歐陽脩：〈唐韓愈
　　　　黃陵廟碑〉，《歐陽脩全集》，頁 2273。
〔註38〕歐陽脩所論見〈唐韓愈羅池廟碑〉，《歐陽脩全集》，頁 2272。
〔註39〕王國維〈古史新證〉：「吾輩生於今日，幸於紙上之材料外，更得地下之材
　　　　料。……此二重證據法，惟在今日使得爲之。」見《王國維先生全集初編（十
　　　　一）》（臺北：大通書局有限公司，1976 年 7 月），頁 4794。
〔註40〕蘇軾：〈書諸集改字〉，孔凡禮點校《蘇軾文集》（北京：中華書局，2008 年 7
　　　　月），頁 2098～2099。

「近世人輕以意改書」與宋人疑經改經、六經注我、好奇立異等之風氣相通，其弊確實能使「古書日就訛舛」，詩文「神氣索然」。不過，其實宋人於校讎之精彩處，正是在於不廢寫本校讎之基礎上，進一步「以意改書」而不拘於以版本是正之思維下，使詩文之血脈及神氣得以煥發。就僅以蘇軾此處所針對三例之修正而論，不論是取資於經以爲證，或是所謂「境與意會」、「神氣索然」之說，實質上仍是蘇軾透過自得其意之詮釋，進而認定當以「疑」、「見」、「沒」爲是。換言之，在校讎的過程中，文字之取捨，或有版本以爲依據，然而釐定之樞紐，仍在於校讎者之主體是否有所意會上，是故「蜀本大字書皆善本」的認定，已非純屬事實層面的問題，其中更有蘇軾所賦予的價值認定。將時間往前推移，也可見到相關的例子，如歐陽脩所述：

> 陳公時偶得杜集舊本，文多脫誤，至〈送蔡都尉詩〉云：「身輕一鳥」，
> 其下脫一字。陳公因與數客各用一字補之，或云「疾」，或云「落」，
> 或云「起」，或云「下」，莫能定。其後得一善本，乃是「身輕一鳥
> 過」。陳公歎服，以爲雖一字，諸君亦不能到也。〔註41〕

雖然是得一「善本」，所以解決了文字脫誤的問題，但其中蘊含的意義則是：陳從易得以意會「過」字之所以不能到，乃知「善本」之所以「善」，進而歎服、校定。將此拆解，可以發現陳從易的「歎服」，實際上存有兩個主體性：一是認取「過」字所展現之校讎者的主體性，也就是說，在「善本」未定論下，「過」字的校定，是通過校讎者主體的認許，假使校讎者未契會「過」字使詩文展現出的神氣，則「過」字與「疾」、「落」、「起」、「下」或將等同視之；一是校讎者「歎服」所展現之作品的主體性，也就是說，「過」字使詩文所展現出的韻味，超越了校讎者的視野，依此，作品保有自身的主體性。當作品有待釐定時，校讎者之主體性實主導著作品之主體性，然而作品之主體性仍可透過自身具有血脈、神氣之特質，於意義彰顯時超越校讎者的視野而取得主導性。是故，兩者存在著「互爲主體性」〔註42〕的關係，以心會心，以意會意，通而不同。從校讎學的角度來說，這就是所謂的「理校法」。宋代將這種方式推展到極致的，莫過於朱子。

〔註41〕歐陽脩：《六一詩話》，何文煥輯《歷代詩話》（北京：中華書局，2001 年 11
月），頁 266。

〔註42〕黃俊傑將經典與解讀間構成之主體與主體間的關係，界定是「互爲主體性」
的關係。文參氏著〈宋儒對孟子政治思想的爭辯及其蘊含的問題〉，《孟學思想
史論（卷二）》（臺北：中研院文哲所籌備處，1997 年 6 月），頁 187～189。

　　朱子，被視爲在宋代理學方面發展至極致的代表人物之一，從他對於文集的校讎方式與成果，可以看到多種特質。以韓愈文集的校讎爲例，朱子於〈書韓文考異前〉云：

　　　　此集今世本多不同，惟近歲南安軍所刊方氏校定本號爲精善。別有
　　　　《舉正》十卷，論其所以去取之意，又他本之所無也。然其去取以
　　　　祥符杭本、嘉祐蜀本，及李、謝所據館閣本爲定，而尤尊館閣本，
　　　　雖有謬誤，往往曲從：他本雖善，亦棄不錄。至於《舉正》，則又例
　　　　多而辭寡，覽者或頗不能曉知。故今輒因其書更爲校定，悉考眾本
　　　　之同異，而一以文勢、義理及他書之可驗者決之。苟是矣，則雖民
　　　　間近出小本不敢違：有所未安，則雖官本、古本、石本不敢信。又
　　　　各詳著其所以然者，以爲《考異》十卷，庶幾去取之未善者，覽者
　　　　得以參伍而筆削焉。〔註43〕

校讎模式一如以往，選定底本，參校兼本，這是承襲著既有的學術成果。然而，朱子在校讎上展現的特質，即是在此模式中，展現更爲豐富的意涵。此意涵包括：以鑑別底本之優劣與悉考眾本之同異，融攝既有校讎之成果；一以文勢、義理爲去取，開啓未來詮釋之新頁。換言之，朱子重新定位與釐清傳統校讎之工夫與成果，視其當爲「精善」的初期工作，而以文字之去取，意義之彰顯，當一以文勢、義理爲依據。〔註44〕朱子曾表示：「大凡疑義，所以決之，不過乎義理、文勢、事證三者而已。」〔註45〕將釐清疑義的要素，概括爲「義理」、「文勢」、「事證」三者。所謂「事證」，即是論斷的事實依據。所謂「文勢」，即是指文章行文上的脈絡，諸如是否「順」？有無「重複」、「繁冗」？所謂「義理」，即是文章陳述內容之價值取向。此三者，皆是

〔註43〕朱熹：〈書韓文考異前〉，《朱子全書・晦庵先生朱文公文集》卷76（上海：上
　　　　海古籍出版社：合肥：安徽教育出版社，2002年12月），頁3682。

〔註44〕梅廣在〈語言科學與經典詮釋〉一文中，檢視宋代經學研究時，以理學爲中
　　　　心，並指出朱子乃「吸收了漢以後歷代經師訓解的精華」，「他的章句學融會
　　　　宋儒的經解，推陳出新，代表宋代學術最高水平。」此亦看到了朱子融舊鑄
　　　　新的特質。但進一步藉由「解說」與「解讀」的梳理過程中，指出宋儒在解
　　　　讀古代經籍時，不自覺把自己的思想擦入古人的思想中，並因「解說」能力
　　　　上的匱乏，使得意義復原工作出了差錯而影響到經學成就，則給予嚴屬的批
　　　　判。文收葉國良編《文獻及語言知識與經典詮釋的關係》（臺北：台大出版中
　　　　心，2004年6月），頁53～83。然以朱子而言，「解說」能力的評價，作者似
　　　　陷兩難。

〔註45〕朱熹：《朱子全書・四書或問》，頁543。

作爲說明校正文字之依據——「所以然」，所以朱子在校讎上思維的深度，遠非僅是讎對校正而已。至於三者，若有糾葛，則輕重之取捨，當以「義理」爲主，「文勢」次之，「事證」爲末。〔註46〕其中具有關鍵性地位之「文勢」與「義理」，自是存在於作品之中，此源自於作者之創意造語以賦予其完滿具足的意義，然而「復現」文勢與義理，形成「所以然」之思維，以校正有待釐清之文字，要皆有賴於校讎者之主體價值的認定。因此，校讎的成果即不再是純粹客觀之異本讎對、訛誤校正而已，其中蘊含著濃厚的校讎者／詮釋者之主體色彩。

這種主體色彩雖使宋人的校讎成果產生了兩面評價，然而即是因爲宋人能在前人校讎的基礎上，以主體精神開展校讎的新視野，始能自成一家，在校讎學上佔有一席之地。胡樸安、胡道靜雖云：「言校讎者，必歸於清。」然更可留意的是：「漢、宋、清，校讎學最盛之三時期也。然漢世以經術政治取勝，宋世以理學勝，清代則專以治書之學勝。」〔註47〕宋之所以得以與漢、清之學並立，正是在於「理學」涉入了校讎了範疇。同理，宋代雕版印刷可與明清並稱，除了書籍質量上，當有相當之成果外，透過校讎所展現之主體特質，使宋代雕版印刷展現其「精」的一面，自是關鍵所在。

二、形之於眞宗而成之於仁宗

以上論述了在雕版印刷史上當如何看待宋代的問題，釐清了宋代雕版印刷的特質。以下將進一步展示雕版印刷在宋代的發展，並釐清其扮演的角色。

雕版印刷經由唐至五代的發展，時至宋朝已趨於成熟，因此不論是在技術上，或是在運用上，都展現了蓬勃發展的一面。由簡至繁，乃事理之自然。活板技術的開發，即是標示著雕版印刷技術的繁化，以「若印數十百千本，則極爲神速」作爲描述之焦點，正說明了爲解決需求的變化在技術層面尋求突破以解決刊印速度的問題。換言之，活板印刷術的完成，意味著慶曆時期，宋人對於刊印書籍的需求量，已非常可觀。至於運用上的變化，大概可以由質與量兩個方面來看。

〔註46〕 朱子：「其說雖有事證，然與此文理絕不相入，不若舊說之爲安也。」《朱子全書‧楚辭集注‧楚辭辯證》卷下，頁208。

〔註47〕 胡樸安、胡道靜：《校讎學》（臺北：台灣商務印書館，1990年7月），頁40。

（一）質的變化

　　所謂「質」，此處乃指雕版印刷的內容。宋代在雕版印刷的內容上，幾近於無所不刻，所謂「無書不刻版」言之極爲眞切。除了曆書外，宋代在佛、道書籍的刊印方面，不僅延續著隋、唐、五代的發展，在太祖採取保護政策與太宗、眞宗納入爲求治工具之一後，使佛、道更形興盛，不僅民間刊印如常，如宋白（太素，936～1012）〈大宋杭州西湖昭慶寺結社碑銘〉云：「良工雕之，印成千卷，若僧若俗，分施千人。」〔註48〕與張齊賢（師亮，943～1014）〈新彫維摩經後序〉云：「因擇工人，俾之彫刻，志願散施，貴廣傳布。」〔註49〕可見一斑。官方印經院亦時有大量典籍的雕印，如開寶四年於益州雕印十三萬板凡 5408 卷 480 函的《大藏經》以及大中祥符九年三月王欽若上凡 4359 卷之新校《道藏經》前，於大中祥符五年十二月已先許可摹印頒行其中《九天生神章》、《玉京》、《通神》、《消災》、《救苦》、《五星》、《祕授》、《延壽》、《定觀》《內保命》、《六齋》、《十直》凡十二經的部分。〔註50〕其次，刑事法典與醫藥書籍的刊印亦屬大宗，前者主在恢復國家制度、安定社會秩序，屬於政治上的需要，後者近似於曆書的性質，具有實用價值，與人民生活息息相關，因此兩者刊印時刻有之，無有間斷。以宋代雕版印刷的歷程來說〔註51〕，初期集中於刑事法典與醫藥書籍的刊印，而後經社會安定與經濟發展後，太宗時期已將諸經正義、字書、史書、醫方和較大卷帙的類書、小說、文章總集等開始鏤板摹印，尤其是《釋藏》的完成，已展現官府在雕版印刷上的迅速發展；眞宗時期以重刊、續刊方式繼續發展外，新刊書籍爲數亦多，其中《道藏》的校定選刊，更見雕印範圍之廣闊；仁宗時期雕印範圍在官私相互爲用下，已幾近無所不及，惟形式上仍有所限；神宗之後直至徽宗時期，除了官方配合時政需求展開的新刊外，民間雕印在解禁下的

〔註48〕宋白：〈大宋杭州西湖昭慶寺結社碑銘并序〉，《全宋文》第 2 冊，頁 238。

〔註49〕張齊賢：〈新彫維摩經後序〉，《全宋文》第 3 冊，頁 280。

〔註50〕宋代延續五代而對佛、道採行的保護，使其教盛行，雕印情形亦顯得熱絡，此可參見李致忠《古代版印通論・宋代的版印概況》，頁 92～94。王欽若校定《道藏經》的經過，文見《續資治通鑑長編》，頁 1975～1976；至於十二經之摹印頒行見其作〈乞摹印頒行九天生神章等十二經奏〉，《全宋文》第 5 冊，頁 286。

〔註51〕宋代各時期雕版印刷發展的情形與焦點，可以參見宿白：〈北宋汴梁雕版印刷考略〉與〈南宋雕版印刷〉，文收氏著《唐宋時期的雕版印刷》（北京：文物出版社，1999 年 3 月），頁 12～63、84～104。

蓬勃發展，實與官刻呈現爭豔之勢；至於，南宋整體的發展，主要乃在恢復及延續北宋既有的成果，其中更廣泛地將近人與時人學術納入雕板行列，實是其最爲顯著的成果。

　　然而，應當指出的是：宋代雕版印刷在運用上所關注的焦點，乃始於經、史，進而擴及於子、集的領域。將經書透過官方雕版印賣雖然是從五代開始，但是將其視爲焦點，而加以匯聚及有次序的整理刊印，卻是在宋代才積極著手進行。依據王應麟（伯厚，1223～1296）所云：

> 景德二年，龍圖閣經典閣總三千三百四十一卷，目錄三十卷，正經三百一十四卷，經解千三十五卷，訓詁四百九十五卷。六月庚寅，國子監上新刻《公》、《穀》傳、《周禮》、《儀禮》正義印板。先是，後唐長興中雕九經板本，而正義傳寫踳駁，太宗命刊校雕印，而四經未畢，上遣直講王煥就杭州刊板，至是皆備。十月甲申，賜輔臣親王《周禮》、《儀禮》、《公》、《穀》傳疏。〔註52〕

宋代九經的刊印，初期或運用五代的九經板本，其後因「摹印歲深，字體訛缺」，始有「重校刻板」的情形。〔註53〕至於正義的部分，一開始即「傳寫踳駁」，所以此項工作完全由宋人著手進行，而在景德二年六月（1005）完成了九經正義的印板。從「太宗命刊校雕印，而四經未畢」，可知正義的校定雕版，分爲兩階段完成，王應麟云：

> 端拱元年三月，司業孔維等奉敕校勘孔穎達五經正義百八十卷，詔國子監鏤板行之。《易》則維等四人校勘，李說等六人詳勘，又再校，十月板成以獻；《書》亦如之，二年十月以獻；《春秋》則維等二人校，王炳等三人詳校，邵世隆再校，淳化元年十月板成；《詩》則李覺等五人再校，畢道昇等五人詳勘，孔維等五人校勘，淳化三年壬辰四月以獻；《禮記》則胡迪等五人校勘，紀自成等七人再校，李至等詳定，淳化五年五月以獻。……是年判監李至言義疏釋文尚有訛舛，宜更加刊定。……二年命祭酒邢昺代領其事……五經正義始畢。〔註54〕

從端拱元年三月（988）到淳化五年五月（994），共花費了六年兩個月的時間，

〔註52〕王應麟：〈咸平校定七經疏義〉，《玉海》（合璧本）（臺北：大化書局，1977年12月），頁847。

〔註53〕王應麟：〈景德羣書漆板、刊正四經〉，《玉海》，頁857。

〔註54〕王應麟：〈端拱校五經正義〉，《玉海》，頁856。

始先將五經正義初步完成，其後再用五年的時間加以刊定。可能因為參與校
定者有重複的情形，因此影響到雕印完成的時間。然而，以《易》而言，為
期七個月即經三次校定並雕版完成，可見處理速度之快，且經三校後之雕版，
尚繼續刊定以求完善，得見宋版之精嚴如是。在五經正義初步完成時，李至
（言幾，947～1001）即上奏云：

> 五經書疏已板行，惟二《傳》、二《禮》、《孝經》、《論語》、《爾雅》
> 七經疏未備，豈副仁君垂訓之意。今直講崔頤正、孫奭、崔偓佺皆
> 勵精強學，博通經義，望令重加讎校，以備刊刻。〔註55〕

可見對於正義的整理，乃先著手於五經，等五經完備後，才進一步擴及十二
經。一如五經書疏，七經的書疏的整理雖於「至道二年」〔註56〕已展開，但
校定之成效似乎不彰，王應麟云：

> 咸平三年三月癸巳，命國子祭酒邢昺等校定《周禮》、《儀禮》、《公
> 羊》、《穀梁傳》正義，又重定《孝經》、《論語》、《爾雅》正義。四
> 年九月丁亥，翰林侍講學士邢昺等及直講崔偓佺表上重校定《周
> 禮》、《儀禮》、《公》、《穀傳》、《孝經》、《論語》、《爾雅》七經疏義，
> 凡一百六十五卷，賜宴國子監，昺加一階，餘遷秩。十月九日，命
> 摹印放行。於是九經疏義具矣。〔註57〕

可能因為五經正義刊定工作的排擠，使得七經正義在卷帙上雖較少，但花費
的時間則比五經正義還要長，在校定上就用了五年的時間。其後，再用三年四
個月的時間完成雕版。過程中，亦當如五經正義一樣先後完成，只是上印板
的時間，四經經疏統一於景德二年六月而已。〔註58〕至於《孝經》、《論語》、
《爾雅》三經印板是否同時完成，則未可知，然最遲三年內，亦可完成。

　　以上所述，乃經與經疏校定雕版的情形，至於史部的校定雕印則始於淳
化五年，依據《宋會要輯稿》所記：

> 太宗淳化五年七月詔選官分校《史記》、前後《漢書》……既畢，遣
> 內侍裴愈齎本就杭州鏤板。〔註59〕

〔註55〕李至：〈乞令重校七經疏奏〉，《全宋文》第4冊，頁31。
〔註56〕王應麟：〈咸平《孝經》、《論語》正義〉，《玉海》，頁820～821。
〔註57〕王應麟：〈咸平校定七經疏義〉，《玉海》，頁857。
〔註58〕根據記載七經書疏賜書時間有在景德二年之前，可能是先完成的部分。
〔註59〕徐松：《宋會要輯稿》第55冊崇儒4（臺北：新文豐出版社股份有限公司，
　　　　1976年10月），頁2216。

從《史記》、前後《漢書》開始著手進行，並於印板完成後，如經書之例，後仍續有重校刻板之情形。繼三史之後，宋眞宗接續新刊三史，其先後完成爲：

> （咸平）三年十月詔選官校勘《三國志》、《晉書》、《唐書》……五年校畢，送國子監鏤板。……《唐書》以淺謬疏略且將命官別修，故不令刊板。〔註60〕

> （咸平）五年四月乙亥，直秘閣黃夷簡等上新印《三國志》。〔註61〕

> 景德元年七月丙午，崇文院上新印《晉書》百三十卷，賜校勘官。
> 〔註62〕

是知咸平三年著手校定三史，而《三國志》卷帙只有六十五卷，故於五年校定後，短短數月時間即於當年四月雕印完成，《晉書》則拖延到景德元年七月始完成。至於《唐書》，則因「淺謬疏略」，故「命官別修」而不刊行。《唐書》別修乃自慶曆五年五月，由王堯臣、張方平與宋祁始著手進行，其間累有數人加入，然久而未就，於至和元年八月始命歐陽脩加入，至嘉祐五年七月始完成，凡二百二十五卷，是年亦完成鏤板刊印的工作。〔註63〕從卷帙數來看，此時雕版印刷的迅速，充分展現出其發展的成熟。

此外，仁宗時期續有新刊者，包括：

> 仁宗天聖二年六月詔……校勘南北史、隋書。……隋書有詔刻板，
> 內出板樣示之，三年十月板成。四年十二月南北史校畢。〔註64〕

《隋書》於天聖三年十月完成了雕版，《南北史》則在天聖四年十二月校畢後，在景祐元年與康定元年又有覆校，校定後是否雕版則未知。〔註65〕其後，乃針對七史進行校勘，宋仁宗於嘉祐六年八月下詔：

> 三館、秘閣校宋、齊、梁、陳、後魏、後周、北齊七史書，有不完者訪求之。〔註66〕

由於缺乏兼本以爲讎對，所以下詔訪求書籍，至嘉祐七年十二月始集眾本後，

〔註60〕徐松：《宋會要輯稿》第55冊崇儒4，頁2217。
〔註61〕王應麟：〈咸平賜《三國志》〉，《玉海》，頁1105。
〔註62〕王應麟：〈景德賜經史〉，《玉海》，頁1105。
〔註63〕參見王應麟：〈嘉祐賜《新唐書》〉，《玉海》，頁1106；歐陽脩：〈與王郎中書3〉，《歐陽脩全集》，頁2407。
〔註64〕徐松：《宋會要輯稿》第55冊崇儒4，頁2219。
〔註65〕江少虞：《宋朝事實類苑》，頁396。
〔註66〕宋仁宗：〈命館閣校南北朝七史詔〉，《全宋文》第23冊，頁367。

以曾鞏（子固，1019～1083）爲主所校正之《陳書》，於嘉祐八年七月始完成了校定的工作，其餘各史亦約在此時完成校定。〔註67〕至於雕印完成，最遲當在治平三年五月之前。〔註68〕最後當述及者，即是《五代史》。其初乃由薛居正（子平，912～981）等人於開寶六年四月二十五日開始修撰，次年閏十月書成，凡百五十卷，天聖五年二月丙申，楊及亦上重修《五代史》，唯所修皆未盡善，有待筆削，故至嘉祐末仍未得立，最後於熙寧五年八月十一日詔取歐陽脩所撰《五代史》，始付國子監刊行。〔註69〕

　　至於子部的校定與鏤板方面，起先乃是依經而立，試觀孫奭（宗古，962～1033）所云：

> 諸子之書，《老》、《莊》稱首，其道清虛以自守，卑弱以自持，逍遙無爲，養生濟物，皆聖人南面之術也。故先儒論撰，以次諸經。唐陸德明撰《經典釋文》三十卷，內《老子釋文》一卷，《莊子釋文》三卷，今諸經及《老子》釋文共二十七卷並已雕印頒行，唯闕《莊子釋文》三卷，欲望雕印，冀備一家之學。又《莊子》注本前後甚多，率皆一曲之才，妄竄奇說，唯郭象所注，特會莊生之旨，亦請依《道德經》例，差官校定雕印。〔註70〕

陸德明《經典釋文》將《老子》與《莊子》納入其中，與十二經並列，宋初儒者則由「聖人南面之術」的觀點進行詮釋，是以延續了對《老》、《莊》的關注，並將其定位於「以次諸經」之層級。因此，咸平六年四月始校《道德

〔註67〕七史校定過程見江少虞：《宋朝事實類苑》，頁397。至於王應麟所指：「七史板本四百六十四卷送國子監，以校勘功畢，明年，遂罷局。」除了說明校定時間，其「板本」所指當是校勘所用書籍，非指七史鏤成之板，其文見〈嘉祐編定書籍、昭文館書〉，《玉海》，頁1044；《陳書》之校定完成見曾鞏：〈陳書目錄序〉，曾鞏撰；陳杏珍、晁繼周點校：《曾鞏集》（北京：中華書局，1984年11月），頁185～186。

〔註68〕王應麟於〈嘉祐賜《新唐書》〉云：「治平三年五月，詔以七史賜二府下逮編校官。」以書賜編校官，可見當是新刊印完成。文見《玉海》，頁1106。

〔註69〕參見晁公武：《郡齋讀書志校證》「五代史記七十五卷」條（上海：上海古籍出版社，1990年10月），頁194；王應麟：〈景德羣書漆板、刊正四經〉，《玉海》，頁857～858。以及〈五代史、五代史記〉，《玉海》，頁919；李燾：《續資治通鑑長編》，頁2437；徐松：《宋會要輯稿》第56冊崇儒5，頁2245。實歐陽脩於皇祐五年已完成74卷之《五代史》（見〈與梅聖俞23〉，《歐陽脩全集》，頁2455），嘉祐五年已令上進，但爲歐陽脩所力辭（見〈免進五代史狀〉，《歐陽脩全集》，頁1706）。

〔註70〕孫奭：〈乞雕印莊子釋文及郭象注奏〉，《全宋文》第5冊，頁310。

經》，是年六月校畢後即雕印頒行。〔註71〕在《老子》釋文隨著諸經雕印而頒行後，景德二年二月孫奭即提出對於《莊子》學說釐定雕印之問題，並得到眞宗之認可，是以次年宋眞宗即下詔頒行：

> 莊叟玄言，理歸于沖漠；郭象爲注，義造于精微。即廣玄風，實資至治。朕仰崇古道，俯勸烝民，言念此書，盛行于世，尚多踳駮，已命校讎。將永煥于縑緗，宜特滋于雕鏤。〔註72〕

下詔「頒行」之時，校讎工作應已完成，故命雕鏤以廣流布以永煥於縑緗。雕鏤完成的時間，據程俱（致道，1078～1144）、王應麟的說法，於大中祥符元年六月時賜輔臣人各一本，又陳景元（太虛，1025～1094）指出有「國子監景德四年印本」一事，兩者時間相距甚短，則景德四年時，《莊子》一書應已新雕完成。〔註73〕

伴隨《莊子》而關注到的即是《列子》，王應麟指出：

> 景德四年，經列子觀。二月丙子，詔加至德之號，命官校正其書。
> 〔註74〕

但可能是校讎成效不彰，所以「大中祥符四年三月」下詔崇文院著手校勘，五年校畢後，隨即鏤板頒行，當年四月崇文院已能上新印列子《沖虛至德眞經》一書，並得詔賜親王輔臣人各一本。〔註75〕

此後，即是對於《孟子》的校勘與鏤板，歷時僅一年有餘，其始爲：

> （大中祥符）五年十月詔國子監校勘《孟子》……是年四月以進，詔兩制與丁謂看詳，乞送本監鏤板。〔註76〕

校正主要是由孫奭等人所完成，在此過程中並重新撰寫「音義二卷」以修正往昔張鎰、丁公著在音釋上未甚精當之處，作品於大中祥符七年正月俱刻印

〔註71〕 王應麟：〈景德校諸子〉，《玉海》，頁858。

〔註72〕 宋眞宗：〈頒行《莊子》詔〉，《全宋文》第6冊，頁203。

〔註73〕 王應麟：〈祥符賜《莊》、《列子》〉，《玉海》，頁1105；程俱：《麟臺故事校證》（北京：中華書局，2004年4月），頁60；陳景元：〈南華眞經章句音義敍〉，《全宋文》第35冊，頁574～575。

〔註74〕 王應麟：〈祥符賜《莊》、《列子》〉，《玉海》，頁1105。

〔註75〕 徐松：《宋會要輯稿》第55冊崇儒4，頁2218；程俱：《麟臺故事校證》，頁60。然而，陳景元〈列子沖虛至德眞經釋文序〉一文中，卻提及《列子》有「景德年中國子監印本」一事，由大中祥符五年始命鏤板頒行來看，景德有國子監印本之說，當存疑。文見《全宋文》第35冊，頁573。

〔註76〕 徐松：《宋會要輯稿》第55冊崇儒4，頁2218。「是年」當可能爲「次年」之誤。

完成，宋眞宗以之賜輔臣各一部。〔註77〕

　　最後，將焦點移至文中子、荀子與揚雄，三者之刊印，揚雄作品之鏤板當是較爲明確，陳振孫（伯玉，約1183～1262）指出：

> 晉尚書郎李軌宏範注。此本歷景祐、嘉祐、治平三降詔，更監學、
> 館閣兩制校定，然後頒行。與建寧四注本不同。錢佃得舊監本刻之，
> 與《孟》、《荀》、《文中子》爲四書。〔註78〕

「四書」之稱，可見至南宋之時，孟、荀、揚、文中子四人之學術，已發展成相互輝映之勢，此乃有賴於北宋時期對於四子學說的整理、傳播與定調。但是，不同於《孟子》之校定雕鏤僅約花費一年兩個月的時間，揚雄《法言》從景祐四年（1037）始詔國子監校勘，經過二十年的時間，於嘉祐二年七月（1057）完成後，又下詔校定而於治平元年完成，隨即再下詔看詳，於治平二年（1065）正式命國子監鏤板印行，前後共經三次下詔，並花費長達二十八年的時間校讎，相形之下，其間波折，不言可喻。〔註79〕以司馬光與館閣諸君於皇祐二年（1050）同上之狀的內容來看〔註80〕，所云「雖民間頗畜私本，文字訛誤，讀不可通」，國家摹刻「顧茲二書，猶有所闕」，不僅說明了其書在民間已經學者關注與傳播，印證了揚雄《法言》於鏤板印行上的波折，亦指出了《荀子》雕印一事的相似性。早在景祐時期李淑針對進士考試題目提出看法時，即以《國語》、《荀子》、《文中子》三書足附新奧兼具化成之義，在諫請「只於國子監有印本書內出題」之情形下，對此「國庠未有印本」之三書，希冀「差官校勘刻板，撰定音義，付國子監施行」。此議雖得仁宗許可，下詔施行，然而時至皇祐二年仍未摹刻，故司馬光等再行陳乞，最後始有所謂「元豐監本」之《荀子》面世。〔註81〕至於《文中子》一書，

〔註77〕王應麟：〈祥符賜《孟子》〉，《玉海》，頁1105；孫奭：〈孟子正義序〉，《全宋文》第5冊，頁327；晁公武：《郡齋讀書志校證》「孟子音義二卷」條，頁416～417。

〔註78〕陳振孫：《直齋書錄解題》卷9「法言注十三卷音義一卷」條（上海：上海古籍出版社，1987年12月），頁272。

〔註79〕司馬光〈集註揚子序〉：「孟子之文直而顯，荀子之文富而麗，揚子之文簡而奧。唯其簡而奧也，故難知，學者多以爲諸子而忽之。」可見當學術存有理解的障礙時，學者又不能深信而探究之，意義必將隱沒難顯。文見《全宋文》第28冊，頁470。

〔註80〕司馬光：〈乞印行荀子揚子法言狀〉，《全宋文》第27冊，頁527～528。

〔註81〕徐松：《宋會要輯稿》第55冊崇儒4，頁2219與《宋會要輯稿》第108冊選舉3，頁4257，除時間上前者爲景祐四年，後者爲景祐五年外，所述李淑言

雖與《荀子》同於景祐時期詔許校勘鏤板，但其刊印時間之延遲可能更久。侷限於未見校定雕版過程之資料，僅能從旁取證以窺知其一二。依據陳亮（同甫，1143～1194）所云：

> 此書類次無條目，故讀者多厭倦。余以暇日參取阮氏、龔氏本，正其本文，以類相從，次爲十六篇。其無條目可入與凡可略者，往往不錄，以爲王氏正書。……及陸龜蒙、司空圖、皮日休諸人，始知好其書。至本朝阮氏、龔氏，遂各以其所得本爲之訓義。考其始末，要皆不足以知之也。獨伊川程氏以爲隱君子，稱其書勝荀揚。〔註82〕

在陳亮眼中，《文中子》一書之整理雖前有阮氏，後有龔氏，皆「類次無條目」，未爲精湛，但或監本疏漏更甚，故重新類次仍取「阮氏、龔氏本」爲據以成「王氏正書」。以國子監鏤板頒行與科舉考試緊密聯繫來看，景祐四年時李淑建議作爲出題依據且進行雕印〔註83〕，並獲得首肯，但元祐七年五月「癸巳，詔：『祕閣試制科論題，於九經兼正史、《孟子》、《揚子》、《荀子》、《國語》并注內出，其正義內毋得出題。』」〔註84〕並未見納入《文中子》一書，而至紹興二年詔舉賢良方正能直言極諫科時，令召赴祕閣試論六首之試題當出自「九經、十七史、七書、國語、荀、楊、管子、文中子」正文內〔註85〕，又再將《文中子》一書納入，可知《文中子》之鏤板頒行當於景祐四年後，但被接納的情形似有波折，間接地就可能影響到校讎上的問題，故陳亮始著手重行整理。

至於集部的整理與雕印情形，大致可以分爲總集與別集兩方面來看。以總集而言，宋初最著名的四部書，《太平廣記》爲太平興國二年三月詔李昉（明遠，925～996）等取野史、小說集爲五百卷，至三年八月書成，六年詔令鏤板，板成因非學者所急而藏於太清樓；《太平御覽》一千卷由李昉等撰修，太平興國二年受詔至八年書成；《文苑英華》一千卷由李昉等修纂，太平興國七年九月受詔至雍熙三年十二月書成付史館，景德四年八月重編校勘欲摹印頒行；《冊府元龜》一千卷由王欽若（定國，962～1025）等修撰，景德二年受

論大致近似：陳振孫：《直齋書錄解題》卷9「荀子注二十卷」條，頁270。
〔註82〕陳亮：〈類次文中子引〉，《陳亮集》（臺北：河洛圖書出版社，1976年3月），頁169。
〔註83〕徐松：《宋會要輯稿》第55冊崇儒4，頁2219。
〔註84〕李燾：《續資治通鑑長編》，頁11284。
〔註85〕李心傳：《建炎以來朝野雜記》（北京：中華書局，1985年），頁163。

詔至大中祥符六年書成，天禧四年閏十二月板本初成賜輔臣各一部，景祐四年二月時又賜書予御史臺。〔註86〕四部書雖有子、集之異，但其用心是一，試觀眞宗所云：

> 太宗皇帝始則編小說而成《廣記》，纂百氏而著《御覽》，集章句而製《文苑》，聚方書而譔《神醫》，次復刊廣疏於九經，較闕疑於三史，脩古學於篆籀，總妙言於釋、老。洪猷丕顯，能事畢陳。朕道遵先志，肇振斯文，載命羣儒，共司綴緝。粵自正統，至於閏位，君臣善迹，邦家美政，禮樂沿革，法令寬猛，官師議論，多士名行，靡不具載，用存典刑，凡勒成一千一百四門，門有小序，述其指歸，分爲三十一部，部有總序，言其經制，凡一千卷。〔註87〕

卷帙浩繁，撰修必然不易，初雖或有役舊臣之心，使卒老於文字之間，但四部書之編纂，則充分展現其欲振「斯文」之用心。〔註88〕既是修撰以振「斯文」，用存典刑，除「非學者所急」之《太平廣記》外，則必然鏤板印行以廣其傳布。雖然侷限於既有資料在記載上的匱乏，使《冊府元龜》外，難以判斷《太平御覽》與《文苑英華》之雕印的確切時間，不過仍可知其彷彿。其一，即是周必大於整理雕印《文苑英華》時指出：

> 臣伏覩太宗皇帝丁時太平，以文化成天下。既得諸國圖籍，聚名士於朝，詔脩三大書：曰《太平御覽》，曰《冊府元龜》，曰《文苑英華》，各一千卷。今二書閩、蜀已刊，惟《文苑英華》，士大夫家絕無而僅有，蓋所集止唐文章，如南北朝間存一二。是時印本絕少，雖韓、柳、元、白之文尚未甚傳，其他如陳子昂、張說、九齡、李翺等諸名士文集世尤罕見，故修書官於宗元、居易、權德輿、李商隱、顧雲、羅隱輩或全卷取入。當眞宗朝，姚鉉銓擇十一，號《唐文粹》，由簡故精，所以盛行。近歲唐文摹印浸多，不假《英華》而傳，況卷帙浩繁，人力難及，其不行於世則宜。……帝乃詔館職裒集《皇朝文鑑》。臣因及《英華》雖祕閣有本，然舛誤不可讀。〔註89〕

〔註86〕李燾《續資治通鑑長編》於景祐四年記述云：「甲子，賜御史臺《冊府元龜》及《天下圖經》各一部。」（頁2821）

〔註87〕宋眞宗：〈冊府元龜御製序〉，見王應麟：〈景德冊府元龜〉，《玉海》，頁1081。

〔註88〕李心傳針對朱希眞所云：「以役其心，多卒老於文字之間。」進行辨證，見氏著《舊聞證誤》（北京：中華書局，1999年12月），頁9。

〔註89〕周必大：〈文苑英華序〉，曾棗莊、劉琳主編《全宋文》第230冊（上海：上

「以文化成天下」一語道盡宋太宗編撰三部書籍的用心，閩蜀刊印二書，可說是繼承著宋太宗的意志，至於《文苑英華》，最初存在的價值，乃在於「印本絕少」之時能保存諸文章的完整性，但在「唐文摹印浸多」之情形下，「卷帙浩繁人力難及」的因素，造成流傳的困難，所以此時已不行於世，僅存之於士大夫家以及秘閣之中。換言之，經過戰火荼毒，經籍印板凋零，南宋迅速恢復了《太平御覽》與《冊府元龜》的刊印，至於《文苑英華》則隨「印本」唐文的廣布，失去流傳價值，時至嘉泰四年（1204）始再刊印流傳。是以三書在南宋的流傳，殆無疑義。其次，至於北宋，卷帙浩繁之《文苑英華》，存之於士大夫家，或可說明其時已經刊印之情形。然仍可以爲依據者，乃高麗人乞買、賜《文苑英華》、《冊府元龜》與《太平御覽》之事。起先乃元祐元年（1086）二月之時，李燾（仁甫，1115～1184）云：

> 館伴高麗使言，高麗人乞《開寶正禮》、《文苑英華》、《太平御覽》，詔許賜《文苑英華》。〔註90〕

此後乃元祐八年（1093）正月之時，李燾云：

> 辛丑，詔：「高麗國自先朝以來，累次陳乞《太平御覽》，以禁書難爲傳示外國，故不許。今又陳乞，宜依向來例，或別作一不許意降指揮。」〔註91〕

最後乃元符元年（1098）正月之時，李燾云：

> 高麗國進奉使尹瓘等言，乞賜《太平御覽》等書。詔，所乞《太平御覽》并《神醫普救方》見校定，俟後次使人到闕給賜。〔註92〕

《太平御覽》可能涉及到國家安全，朝廷深知利害，視爲「禁書」，難爲傳示外國，故遲遲未許賜予或買賣，此在高麗「人使要買國子監文書」時，蘇軾於申辯不當許買《冊府元龜》之文章中，此意亦有述及。〔註93〕然而，最後仍是開放賜予高麗國。於此，請買「國子監文字」，已透露諸書皆已鏤板印行。另外，從「賜書」的角度來說，依《宋史》所述：

> 書庫官。淳化五年，判國子監李志言：「國子監舊有印書錢物所，

海辭書出版社，2006 年 8 月），頁 183～184。此爲後出之《全宋文》，非本文之主要取材版本，故特別標明。
〔註90〕李燾：《續資治通鑑長編》，頁 8744。
〔註91〕李燾：《續資治通鑑長編》，頁 11426。
〔註92〕李燾：《續資治通鑑長編》，頁 12041。
〔註93〕蘇軾：〈論高麗買書利害箚子三首〉，《蘇軾文集》，頁 994～1001。

> 名爲近俗，乞改爲國子監書庫官。」始置書庫監官，以京朝官充。
> 掌印經史羣書，以備朝廷宣索賜予之用，及出鬻而收其直以上於
> 官。〔註94〕

從國子監書庫官的職掌，主在「印經史羣書以備朝廷宣索賜予之用」，則「宣索賜予」之書籍，必已是完成了鏤板的工作。以高麗於仁宗朝以前曾受賜書籍來看，不論是祥符或是天禧年間，如九經、《史記》、兩《漢》、《三國志》、諸子、《聖惠方》等，皆已是鏤板完成的作品。〔註95〕此外，嘉祐年間夏國欲贖之《大藏經》，更表明以「常例馬七十疋充印造工直」。〔註96〕諸如此類，皆是屬於印板書籍。是故，透過高麗乞賜與買書一事，可知：至元祐時期，不僅《冊府元龜》屬於印本書籍，包括《文苑英華》與《太平御覽》的賜予與買賣，並非指寫本，而是已經鏤板送國子監刊行之印本書籍。因此，北宋時期《文苑英華》與《太平御覽》實有印本之刊行，且時間當在元祐元年高麗人乞賜以前，已經鏤板完成。〔註97〕

　　除了《文苑英華》外，文章總集的雕印，尚可留意的是：《文選》與《唐文粹》。《文選》在五代時已經雕印，從毋昭裔先刻《文選》與《初學記》，後刻九經諸書來看，《文選》的重要性可見一斑。〔註98〕宋初承接五代鏤板的成果，《文選》亦是其中之一，從咸平中即受命「監三館秘閣圖籍」之劉崇超云：

> 本監管經書六十六件印板，內《孝經》、《論語》、《爾雅》、《禮記》、
> 《春秋》、《文選》、《初學記》、《六帖》、《韻對》、《爾雅釋文》等十
> 件，年深訛闕，字體不全，有妨造印。昨禮部貢貢院取到《孝經》、
> 《論語》、《爾雅》、《禮記》、《春秋》，皆李鶚所書舊本，乞差直講官
> 重看榻本雕造。內《文選》只是五臣注本。切見李善所注該博，乞
> 令直講官校本別雕李善注本。其《初學記》、《六帖》、《韻對》、《爾
> 雅釋文》等四件，須重寫雕印。〔註99〕

〔註94〕脫脫：《二十四史・宋史》卷165（北京：中華書局，1997年11月），頁1023。

〔註95〕蘇軾：〈論高麗買書利害箚子3〉，《蘇軾文集》，頁1000。《太平聖惠方》已於淳化三年（992）以「印本頒天下」，見李燾：《續資治通鑑長編》，頁736。

〔註96〕歐陽脩：〈賜夏國主贖大藏經詔〉，《歐陽脩全集》，頁1256。

〔註97〕「有北宋仁宗時監本」，見許瀛鑑主編：《中國印刷史論叢》（臺北：中國印刷學會，1997年9月），頁386。

〔註98〕見〈毋公印書〉，《新編分門古今類事》（北京：中華書局，1985年），頁237。

〔註99〕劉崇超：〈乞重雕孝經等書印板奏〉，《全宋文》第7冊，頁246～247。

此文作於天禧五年七月，可知當時官方印板書籍已有六十六件，其中十件，已「年深訛闕，字體不全，有妨造印」。何以年深呢？以所書者李鶚來推論可知一二。李鶚乃「五代時仕爲國子丞，九經印板，多其所書」〔註100〕，是以，從宋初就開始沿用至今幾近六十年的時間，不可謂不久。《文選》爲十件之一，可能亦是沿用。這種沿用，將《文選》之學的視野限定於五臣注本中，劉崇超欲透過再次雕版的時機，「別雕」李善注本，或可視爲《文選》學的轉折。然而，李善《文選》之摹印頒行，其實早在景德四年八月眞宗詔重編校定《文苑英華》時已經展開，只是刻板毀於宮城大火，依據劉崇超在這裡的論述，可以知道「二書皆燼」應是事實，所以此時才需要「別雕」李善注本，只是過程亦未平順，在天聖中才又上言，終於在天聖七年十一月刻板完成。〔註101〕換言之，《文選》要從五臣注本或轉換、或納入李善注本的視野，實際上至天聖七年以後才開始逐漸盛行。其次，即是《唐文粹》，相對於《文苑英華》純粹出於官方編纂雕印，《文選》之由私刻轉爲官刻，此書從編纂到雕印，皆屬私人性質。作者爲姚鉉，乃吳興人，以「嗣于《文選》」之志，取唐賢之文，依「古雅爲命」，以類相從，前後花費了十年的時間，於大中祥符四年編纂成一百卷。纂成後雖有云「建樓貯書」一事，似乎甚受朝野重視，但作品實在天禧四年六月時，由其子上於朝廷，當時亦未有爲刊布者，直至寶元二年，始由臨安進士孟琪摹印流行，所以要有較爲寬廣的影響應當在此之後。可能是與《文苑英華》的性質近似，周必大才會誤以《唐文粹》爲姚鉉（寶之，967～1020）銓擇《文苑英華》十一之作，但所指「由簡故精，所以盛行。」的說法與施昌言（正臣，？～1064）所云「用意精博，世尤重之。」之意若合符節，惟施氏所云之時，介於「傳錄」與「摹印」升降交替之間，其中更蘊含著雕版印刷對《唐文粹》的傳播，實扮演著推波助瀾的角色。〔註102〕換言之，此時雕版印刷的運用，已漸漸走向配合學風的需

〔註100〕趙明誠：〈後唐汾陽王眞堂記〉，《金石錄》（濟南：齊魯書社，2009年4月），頁254。

〔註101〕苗書梅等點校：《宋會要輯稿‧崇儒》（開封：河南大學出版社，2001年9月），頁213。至於「李善注本有大中祥符四年監本」與「有大中祥符四年監本，近人或以爲《文苑英華》直到南宋寧宗時才有刻本，非是。」兩論述，以印本來說，於理可通，但以刻版來說，前者當爲劉崇超所說推翻，後者以此類推當亦不存，且之所以重雕，因是印本之數，未足廣傳。許瀛鑑主編：《中國印刷史論叢‧史篇》，頁401～402。

〔註102〕姚鉉：〈唐文粹序〉，《全宋文》第7冊，頁252～254；《欽定天祿琳琅書目》

求。此外，孟琪刊印百卷本《唐文粹》，亦間接說明了民間已擁有雕印卷帙浩繁的物質能力，代表私刻在雕版印刷上已佔有一席之地。

以別集而言，唐末五代即有雕版刊印的例子，不過並未盛行，除了物質的條件外，對於文字刊印的態度亦是關鍵之一，以毋昭裔刊印書籍多爲眾所鄙笑一事，可見一斑。到了宋初，所以會有「印本絕少」的狀況，主要是因：舊無所留、新未有成。舊無所留，是指受戰火影響，印板焚蕩了無孑遺；新未有成，是指在收拾典籍、恢復社會秩序與經濟水準之前，未能有新雕作品呈現。換言之，隨著太平興國五年李繼捧來朝，天下定於一，以及裒合文籍，新成三館，再置秘閣，使「簡冊之府，翕然一變」，並透過「夫教化之本，治亂之原，苟非書籍，何以取法？」所展現出的作爲，轉變了眾人對於典籍的認知，如朱彝尊（竹垞，1629～1709）引李燾之言曰：「太宗朝，又摹印遷、固諸史，與六經並傳，於是世之寫本悉不用。」太宗朝正是宋代摹印的開展時期。﹝註103﹞

官刻方面，如上所述，集中於經史方面，而旁及子與總集，至於民間私刻的發展，起初仍受資源限制，當至眞宗朝始有較大的變化，並且雕印的內容應集中於別集的部分。徐鉉（鼎臣，916～991）云：

> 前序猶謂學者殊寡，而今之學者益多，家畜數本，不足以供其求借。
> 潁川陳君文灝，任當守土，寵列侍祠，習武好文，憐才樂善，見人
> 爲學，如己誨子弟焉。因取此書，刊於尺牘，使模印流行，比之繕
> 寫，省功百倍矣。﹝註104﹞

此文作於太宗雍熙三年（986），前此二年時有所謂「近年舉人動盈萬計」﹝註105﹞，可見當時學者之眾。此書模印的性質與內容，正是針對這些欲赴科舉之學者，所以有很強的實用性與工具性，這即是民間刻書初期的取向。此後，才漸漸擴大書籍內涵，從工具性轉向價值性與學術性內容較強的作品。

　　　卷3「唐文粹」條，《四庫》第675冊，頁403～404；周必大：〈文苑英華序〉，《全宋文》第230冊，頁183～185；施昌言：〈唐文粹後序〉，《全宋文》第10冊，頁94。

﹝註103﹞論述依據有關天下一定，見脫脫：《二十四史・宋史》卷85，頁565；三館秘閣新建見江少虞：《宋朝事實類苑》，頁393～394；太宗重視典籍見徐松：《宋會要輯稿》第55冊崇儒4，頁2224；朱彝尊所云見氏著〈鏤板〉，《經義考》第8冊（臺北：中研院文哲所籌備處，1999年8月），頁734。

﹝註104﹞徐鉉：〈韻譜後序〉，《全宋文》第1冊，頁384。

﹝註105﹞徐松：《宋會要輯稿》第108冊選舉3，頁4250。

較明顯的例子，當是張詠（復之，946～1015）。當其知益州時，一方面，好事者意在「敦風俗、篤孝義」而將其斷案判語編爲《戒民集》，鏤板傳市；另一方面，以薛許昌爲「詩人之雄」，其詩「率以治世爲本」，乃「風流之至也」，是以命人參校，編爲十卷，「授鬻書者雕印行用」，雕成之印本，雖「字未盡精，篇亦頗略」留下了初期發展的痕跡，卻仍「與夫世傳訛本，深有可觀」。〔註106〕兩方面的呈現，正凸顯出民間私刻在雕印內容上的突破。

此外，張詠自身的論著，在天禧四年以前，亦已由「仲氏詵集之，成十卷，以行於代。」〔註107〕這種將先公前輩作品雕印的情形在大中祥符七年（1014）蘇耆（國老，987～1035）的〈次續翰林志跋〉一文亦可見到，甚至是在天禧五年時，有獻其祖陳鄂所撰《四庫韻對》九十八卷的「印板」。〔註108〕前後相距之時間甚短，即呈現了價值認定的對象，由前代之學術作品擴展到近代之學術作品的巨大變化。實質上，不僅如此，景德年間以楊億（大年，974～1020）、錢惟演（希聖，962～1034）、劉筠（子儀，971～1031）三人爲主，更迭唱和，有詩作凡二百五十首，由楊億編成兩卷並爲之序，名曰「西崑酬唱集」〔註109〕，歐陽脩云：

> 蓋自楊劉唱和，《西崑集》行，後進學者爭效之，風雅一變，謂「西崑體」。由是唐賢諸詩集幾廢而不行。〔註110〕

隨後於大中祥符二年（1009），宋眞宗作〈誡約屬辭浮艷令欲雕印文集轉運使選文士看詳詔〉〔註111〕中有云「別集眾製，鏤板已多」及「其古今文集可以垂範，欲雕印者，委本路轉運使選部內文士看詳，可者即印本以聞。」可以瞭解到由於《西崑集》透過雕印而廣爲傳布之下，形成了一種學風，一種文

〔註106〕前者，朱熹《宋名臣言行錄》前集卷3「公每斷事有情輕法重，情重法輕者，必爲判語讀以示之，蜀人鏤板謂之戒民集，大抵以敦風俗、篤孝義爲本也。」見《四庫》第449冊，頁38：及《欽定續通志》卷327：「民有謀訴者，詠灼見情僞，立爲判決，人皆厭服，好事者，編集其辭，鏤板傳市。」見《四庫》第397冊，頁129；後者見張詠：〈許昌詩集序〉，《全宋文》第3冊，頁430。

〔註107〕宋祁：〈張尚書行狀〉，《全宋文》第13冊，頁69～70。

〔註108〕蘇耆：〈次續翰林志跋〉，《全宋文》第9冊，頁294：徐松：《宋會要輯稿》第55冊崇儒4，頁2225。

〔註109〕楊億：〈西崑酬唱集序〉，《全宋文》第7冊，頁726～727。

〔註110〕歐陽脩：《六一詩話》，《歷代詩話》，頁266。

〔註111〕宋眞宗：〈誡約屬辭浮艷令欲雕印文集轉運使選文士看詳詔〉，《全宋文》第6冊，頁341。

體號為「西崑體」的創作取向。在此取向下，既已鏤板雕印的「別集」，其中尤以「唐賢諸詩集」，原本或廣為流行，可能也包含了張詠命人編成且雕印的《許昌詩集》在內，就被排擠與取代了，造成了文集在傳播上所謂「幾廢而不行」的現象。在此不僅可以看到別集雕印的盛況，「古今文集」的爭豔以及透過雕版印行文集而形成的一種文風，更是令人耳目一新。換言之，透過雕版印刷的運用，新成詩作得以迅速流傳，在競相仿效下，形成一種新的學術風潮，並且能在古、今對比中，不僅能充分展現自身的學術特質，得以並駕齊驅，甚至取而代之，「西崑體」即是顯著的例子。是故，透過《西崑集》的傳布以及「西崑體」的獨樹一格，可以見到的是：一種意味正視自我價值的思維──能夠「立言」不朽，在雕版印刷的輔成下已隱然成形。

　　當然，在學政緊密相關的情形下，對於民間的雕印，自然不可能放任，宋眞宗即欲對民間廣泛鏤板古今文集的情形加以管制。然而，一方面鏤板印賣文字隨著經濟的發展以及學者的需求，尤其在存有射利的空間下，另一方面雕版印刷既成士大夫「立言」的主要途徑之一，則欲行雕印的監控管制實際上自是難以獲得良好成效，民間雕印依然盛行。從穆修（伯長，979～1032）因家貧乞親厚者得金即可雕印韓、柳集鬻賣於京師相國寺一事，不僅印證其間具有射利空間，亦可見雕印的自由與成本的低微。如此輕易，是以雕印的範圍無所不及，其中更有「臣僚著撰」的文集傳鬻境外，由於涉及「朝廷防遏邊鄙機宜事件」，宋仁宗才又下詔，重申不得輒行雕印，當候看詳方定鏤板。〔註112〕雖然宋仁宗在雕印上的限制，已經將內容大幅縮小到針對國家安全的範圍，不過依然無法抑制與規範民間鏤板的盛況，試觀歐陽脩所云：

> 臣伏見朝廷累有指揮禁止雕印文字，非不嚴切，而近日雕板尤多，蓋為不曾條約書鋪販賣之人。臣竊見京城近有雕印文集二十卷，名為《宋文》者，多是當今論議時政之言。其首篇是富弼往年讓官表，其間陳北虜事宜甚多，詳其語言，不可流布。而雕印之文不知事體，竊恐流布漸廣，傳入虜中，大於朝廷不便。及更有其餘文字，非後學所須，或不足為人師法者，並在編集，有誤學徒。〔註113〕

文章作於至和二年（1055），當時依然禁止擅自雕印文字，但是所謂「不可流

〔註112〕徐松：《宋會要輯稿》第164冊刑法2，頁6489；宋仁宗：〈禁輒行雕印臣僚譔著文集及將帶出界詔〉，《全宋文》第22冊，頁492。
〔註113〕歐陽脩：〈論雕印文字箚子〉，《歐陽脩全集》，頁1637。

布」者與「有誤學徒」者，卻仍然雕板鬻賣。對於這種情形，雖然歐陽脩尋思從「條約書鋪販賣之人」著手，最後可能仍然抵擋不住民間私刻的盛行，是以朱彝尊有引羅璧（子蒼，約 1279 在世）之言曰：「宋興，治平以前猶禁擅鐫，必須申請國子監，熙寧後乃盡弛此禁，然則士生于後世者何其幸也。」〔註114〕直接解除了民間雕印在形式上的限制，雖然此後依然時有文禁的產生，但顯示了民間在雕版印刷發展上的活力。

綜觀上述所論，宋代雕版印刷的發展，乃始於官方雕印的盛行進而擴展到民間的鏤板。官方雕印從太宗時迅速發展，以經、史爲核心，而及於子、集；民間鏤板則於眞宗後有顯著的運用，集中在別集的印行，旁及於子，而漸至經、史。雖然官私雕版在運用上其焦點輕重有所有異，但發揮雕版印刷的價值則是一致，尤其眞宗時期已見民間雕印與文風形成有著緊密的關係，以及仁宗時期更基於以往雕版印刷運用的成果，於「人文化成」中，一新斯文，皆是顯著的例子。學術面貌的呈現與走向既是如此的相關，則典籍之廣刻與傳行，對學者視野的開闊與主體的彰顯，更加引人關注。

（二）量的變化

所謂「量」，包含雕印處所的數量與刊印書籍的數量，兩者關係屬於正相關。從雕印處所的數量切入，官刻與私刻從北宋初年隨著經濟的增長與需求的擴張，在漸次發展後，時至南宋，已是無處不刻版，誠如宿白所云：「中央和地方官府、學宮、寺院、私家和書坊都從事雕版印刷，雕版數量多，技藝高，印本流傳範圍廣，不僅是空前的，甚至有些方面明清兩代也很難與之相比。」〔註115〕從事雕版印刷的地方多了，雕版的產量自然也就多了，學者學習的侷限也隨之少了，而視野則在突破一家之言下變得寬闊。

官刻從宋初開始最主要即是國子監，其後才陸續有崇文院、左司郎局、禮部等地方進行刻版，其中有些則是透過委託的方式來進行，如《開寶藏》在成都、《史記》與前後《漢書》在杭州鏤板皆是。可能受到資源限制，以及「一其文理」必須精加校讎的認知，官刻鏤板印賣起初皆集中在中央，至大中祥符五年（1012）時，宋眞宗下詔：「國學見印經書，降付諸路出賣，計綱讀領，所有價錢于軍資庫送納。」〔註116〕地方才擁有了販賣印本書籍的權力。

〔註114〕朱彝尊：〈鏤板〉，《經義考》第 8 冊，頁 735。
〔註115〕宿白：《唐宋時期的雕版印刷》，頁 84。
〔註116〕宋眞宗：〈國學見印經書降付諸路出賣詔〉，《全宋文》第 6 冊，頁 489。

此後，地方亦進一步扮演了鏤板書籍的角色，甚至在熙寧四年有詔「諸路歲給錢千緡爲鏤板紙墨之費。」一事。由此可見，官方刻版乃由中央而擴及地方，直至南宋時期而達到「無處不刻版」的盛況。

推動雕版印刷的發展，達到「無處不刻版」的盛況，私刻自是不可或缺的一環，宋代重要版本中所謂「家刻本」、「坊刻本」即是。就現有資料來看，此類鏤板雕印的成果主要集中在南宋時期。然而，從發展的角度來說，北宋時期已有性質近似的規模形成。除前文述及之《戒民集》、《許昌詩集》、《西崑集》、《徐鉉文集》〔註117〕、《唐文粹》與「唐賢諸集」等雕印無一不是透過私刻外，盛行不墜之佛徒、信士等將釋典雕印的情形，亦屬此類性質。這些作品得以順利鏤板廣行，即是有藉於私刻的發展。張詠云「授鬻書者雕印行世」與孫朴（元忠，生卒不詳）云：

> 臣自元祐元年十二月入館，即取曾鞏三次所校定本，及蘇頌、錢藻
> 等不足本，又借劉敞手校書肆印賣本參考。〔註118〕

「劉敞手校書肆印賣本」一語，正說明了「書肆」除書籍的買賣、流通外，兼具鏤板雕印的功能，咸平時已是如此，至元祐時仍是如此。換言之，「書肆」鏤板雕印的情形，在北宋已經有著一段長時間的發展。從「古今文集」、「臣僚著撰」無所不雕，雖遭到毀板禁印，亦難遏止其傳布之勢來看，私刻發展的成熟應已無庸置疑。曾鞏云：

> 公所爲書，號《僊鳧羽翼》者三十卷，《西陲要紀》者十卷，《清邊
> 前要》五十卷，《廣中台志》八十卷，《爲臣要紀》三卷，《四聲韻》
> 五卷，總一百七十八卷，皆刊行於世。〔註119〕

時當至和元年（1054）十二月，不僅個人作品皆得盡行雕印刊行，且卷帙可達「一百七十八卷」之多，若非私刻發展的成熟，實難以呈現如此成果。即是在此私刻發展成熟的條件下，當傳播的效力獲得認知後，除了個人文集的編纂與刊行外，更形成了一種塑造「輿論型態」的發展。歐陽脩云：

> 右臣竊見前年宋庠等出外之時，京師先有無名子詩一首傳於中外，
> 尋而庠罷政事。近又風聞外有小人欲中傷三司使王堯臣者，復作無
> 名子詩一篇，略聞其一兩句。臣自聞此詩，日夕疑駭，深思事理，

〔註117〕胡克順：〈進徐騎省文集表〉，《全宋文》第 5 冊，頁 260。
〔註118〕孫朴：〈書閣本戰國策後〉，《全宋文》第 48 冊，頁 129。
〔註119〕曾鞏：〈先大夫集後序〉，《曾鞏集》，頁 194。

不可不言。〔註120〕

時當慶曆三年（1043），乃宋代第一次進行政治革新的階段，新舊勢力間形成的衝突，自是難免。歐陽脩立場下的「小人」，運用了「無名子詩」的傳播而造成「興論」的效應，使得位居權要之宋庠去職，是以在深知「傳於中外」所具之效力下，對於針對王堯臣之「無名子詩」才會感到「日夕疑駭」。此中「興論型態」的形成，雖然未有直接的效力，但透過「傳於中外」而聞達聖聽時，仍可達到同樣的效果。「傳於中外」一語，實非虛言，以蔡襄所作詩爲例，清人鄭方坤（則厚，生卒不詳）指出：

> 范仲淹貶知饒州，余靖上疏論救，尹洙請與同貶，歐陽脩移書責司諫高若訥，皆坐貶。蔡襄作四賢一不肖詩，以紀其事，四賢仲淹、靖、洙、脩，不肖指若訥也。詩播都下，士人爭傳寫之，鬻書者市之，頗獲厚利。契丹使至，密市以還，後張仲庸使北，幽州館舍中，有寫襄所作歐陽脩詩於壁者。〔註121〕

「四賢一不肖詩」的傳播，不僅是在「都下」，更遠至契丹之「幽州館舍」，可見其範圍之寬闊。如此寬闊的傳播效力，媒介自然不僅是透過士人的傳寫而已，所謂「鬻書者市之」，其所鬻之本，可能即是書肆爲獲厚利而自行進行鏤板的印本。以天聖二年（1024）時，王子融所述：「舊募書寫費三百千，今模印止三十千。」〔註122〕推論之，則鬻書者爲取厚利，自不可能鬻賣昂貴的寫本。且趙抃（閱道，1008～1084）有云：

> 臣竊聞近日有以匿名文字印百餘本，在京諸處潛然張貼，謗讟大臣，聞達聖聽。……以臣料其傳寫雕印謗書百餘本，遍布輦下，似非一二人能獨爲之。〔註123〕

文章作於至和元年九月，傳播的途徑採用印本捨棄寫本的情形，清晰而明確，其中原因包括鏤板雕印取得的便利、摹印費用的低廉以及鏤板一成，「印百餘本」，使「遍布輦下」、「聞達聖聽」輕易可及，諸如此類，皆有賴於私刻發展的成熟。是故，宋人意識到印本在傳播上具有的優勢，以及「興論型態」之

〔註120〕歐陽脩：〈論禁止無名子傷毀近臣狀〉，《歐陽脩全集》，頁1618。
〔註121〕鄭方坤：《全閩詩話》卷2，《四庫》第1486冊，頁66～67。
〔註122〕李燾：《續資治通鑑長編》，頁2368。
〔註123〕趙抃：〈乞緝捉匿名文字人狀〉，《全宋文》第21冊，頁135。宋仁宗因此作〈募陳告印匿名書謗王堯臣者詔〉以禁之，文見《全宋文》第23冊，頁280。

形成足以「聞達聖聽」而後產生實質的效果，「匿名文字」、「無名子詩」之類的手法才會層出不窮。

與此近似之情形，尚有兩例，其一，為：

> （慶曆四年五月）乙亥，衛尉寺丞邱濬降饒州軍事推官、監邵武軍酒稅。上封者言：「濬先作詩一百首，訕謗朝政，言詞鄙惡，兼以陰陽災變，皆非人臣所宜言者，傳布外夷非便。在杭州持服，每年赴闕，逐處稍不延接，便成嘲詠，州縣畏懼。又印書令州縣強賣，以圖厚利，去年朝廷以無名詩嚴敕禁捕，近又有賦詠傳寫。如濬使在京師，必須復妄謗好人。國家多事之時，亦宜使邪正區別，風俗純厚，無容小輩敢肆輕易。」故有是命。〔註124〕

從「無名詩嚴敕禁捕」僅是去年之事，可見並不是沒有採取遏阻的措施，而是傳布四方後足使疑似之言發生功效，是以近年又「賦詠傳寫」如故。其間當有如邱濬之類，敢於訕謗、嘲詠以求利，而最後遭到降職處分的情形，但以前文趙抃所述，相隔約二十年，其情依舊，不難推知其勢實難遏阻，「州縣畏懼」自是理所當然。其二，乃蔡襄所述，其云：

> 臣竊見前來遣安撫使諸路巡察，惟魏兼最為狼籍。是時杭、越、蘇、秀等州旱澇連年⋯⋯蘇州民謠刊板傳誦，臣略得兩句云：「繞梁歌妓唱，動地饑民哭。」杭州刻〈安撫夜飲圖〉賣於都市，醜聲惡語，傳於道路。緣魏兼與宰臣章得象、晏殊并是親戚，當時無人疏兼罪狀，請加誅以謝吳人。〔註125〕

相對於「無名子詩」或「匿名文字」的攻訐，蘇州人民以刊板的方式作為心聲的傳達工具。蘇州民將朝廷派遣之救災官員，不務救民水火而奢靡度日的情形，創作成寫實之民謠與〈安撫夜飲圖〉，由傳誦、印賣的過程，廣為流布。在「醜聲惡語，傳於道路」之情形下，蔡襄將其罪狀傳達於聖聽，以解州民之苦。此類情形，亦可說是私刻盛行的一種表徵。

以上偏重於以板印種類的浩繁與運用性質的便利，呈現雕版印刷在北宋真宗、仁宗時已得到相當程度的發展。至於雕印典籍的數量，雖未能確知，但從藏書、賜書的過程，或得窺見其一二，亦得見典籍流通之無礙。首先，以《大藏經》的雕印而言，卷帙達 5048 卷，太祖時即著手進行鏤板，完成後

〔註124〕李燾：《續資治通鑑長編》，頁 3609～3610。
〔註125〕蔡襄：〈乞罷魏兼館職奏〉，《全宋文》第 23 冊，頁 677。

約有十三萬版之多。依據歐陽脩在嘉祐二年十二月的論述，其云：

> 詔夏國主：省所奏伏爲新建精藍，載請贖大藏經、帙、籤、牌等，
> 其常例馬七十疋充印造工直，俟來年冬賀嘉祐四年正旦使次附進，
> 至時乞給賜藏經事，具悉。封奏聿來，祕文爲請。惟覺雄之演說，
> 推善利於無窮。嘉乃純誠，果於篤信。所宜開允，當體眷懷。所載
> 請贖大藏經、帙、籤、牌等，已令印造，候嘉祐四年正旦進奉人到
> 闕，至時給付。故茲詔示，想宜知悉。〔註126〕

是知印造一部《大藏經》，所需時間僅需約爲一年的時間，可見當時印造書籍
已極爲迅速。此外，朱處約有云：

> 佛書總五千四十八卷，其大部折三乘有次矣。自前五代而下，縣學
> 其教者抵西域取貝葉行梵之書至中國，譯而爲經。歷代官爲置局，
> 參以文士，爲之潤色。故近世函而演之，始有藏號。……今天下名
> 山劇寺必有《大藏經》，奉爲偉觀秩字之宗，費常數百萬。〔註127〕

此文作於皇祐四年（1052），時間略早於夏國之請贖《大藏經》，當此之時，「五
千四十八卷」之《大藏經》竟已是「天下名山劇寺」所必有，除了由「費常
數百萬」一語可知當時寺院在財力上的雄厚外，能夠印造如此大量書籍以供
應各寺院之所需，則可知其雕版印刷的發展已趨近於成熟。

其次，基於崇尚儒學、稽古好文的取向，宋初即積極將經、史、子、集
校讎鏤板已如上述，然而得以推廣流布，仍有賴印本數量足供所需。與《大
藏經》相互輝映的，即是九經的賜予。除了延續五代印賣的制度，宋初即陸
續有接受乞請而將九經賜予「聚徒講誦之所」的情形，如：

> 宋朝太平興國二年三月庚寅，知江州周述言：盧山白鹿洞學徒數千
> 百人，請賜九經書肄習。詔從其請，仍驛送之。〔註128〕

> 端拱二年五月三十日康州言願給九經書以教部民之肄業者。從之。
>
> 〔註129〕

> 至道二年七月六日賜嵩山書院額及印本九經書疏，從本道轉運使之

〔註126〕歐陽脩：〈賜夏國主贖大藏經詔〉，《歐陽脩全集》，頁1256。王珪所作與此相
　　　近，爲時間誤爲嘉祐十一年，文見〈詔夏國主乞贖大藏經詔〉，《全宋文》第
　　　26冊，頁391～392。
〔註127〕朱處約：〈北巖定林禪院藏經殿記〉，《全宋文》第23冊，頁472～473。
〔註128〕王應麟：〈白鹿洞書院〉，《玉海》，頁3173。
〔註129〕徐松：《宋會要輯稿》第54冊崇儒2，頁2174。

請也。〔註130〕

> 開寶九年，潭州守朱洞始創宇於嶽麓山抱黃洞下，以待四方學
> 者。……（咸平）四年三月二十日辛卯，允則奏嶽麓山書院修廣舍
> 宇，生徒六十餘人，請下國子監賜諸經釋文、義疏、《史記》、《玉篇》、
> 《唐韻》。從之。〔註131〕

書院是宋初有名的聚徒講學之所，屬於民間私人性質，以嶽麓山書院爲例，從開寶到咸平，橫跨了宋初三朝，但在典籍的收藏上，仍顯不足，可見當時資源的窘迫。因此，此類講學之所，多得官方賜予典籍以利學習。到了咸平四年（1001）六月時，宋眞宗更直接下詔云：「諸路州縣有學校聚徒講誦之所，並賜《九經》。」〔註132〕此外，早期聚徒講學蓋依孔廟而立，廟中亦有書樓，所以即有賜書予孔廟的例子。〔註133〕諸如此類，針對已有聚徒講學事實者，始賜予九經書籍，性質乃爲被動。因此，在講學處所數量多寡難以確認下，書籍印造、流通的情形即難以掌握。然而，至宋仁宗時，延續既有講學處所的發展，化被動爲主動，史書記載：

> 寶元元年詔許潁州立學，特從知州戶部侍郎蔡齊之請也。自明道、
> 景祐間累詔州郡立學賜田給書，學校相繼而興。近制惟藩鎮立學，
> 潁爲支郡，齊以爲□而特許之，故有是命。又蔡齊請立學時，大郡
> 始有學，而小郡猶未置也。慶曆詔諸路州府軍監各令立學，學者二
> 百人以上許更置縣學，於是州郡不置學者鮮矣。〔註134〕

一般以慶曆詔令立學爲宋代學校興起的標誌，以普及性而言，慶曆後達到「州郡不置學者鮮矣」的情形確實支撐了這樣的說法，然若以官方正式化被動之「聚徒講誦之所」轉變成主動提供資源的學校而言，則其始當在「明道、景祐間」已展開，且已呈現學校「相繼而興」的狀態，惟當時的制度限定「藩鎮立學」，是以「大郡始有學」，此不及慶曆後放寬學者人數的限制，使學校達到州郡無不置學的普遍性。從「州郡不置學者鮮矣」的普遍性來看，各皆賜予所需典籍，則其印造數量之大可以想見。因此，從需求量大的講學之所

〔註130〕徐松：《宋會要輯稿》第 54 冊崇儒 2，頁 2174。
〔註131〕王應麟：〈嶽麓書院〉，《玉海》，頁 3173。
〔註132〕宋眞宗：〈賜諸州縣學校九經詔〉，《全宋文》第 6 冊，頁 23。
〔註133〕諸如宋眞宗：〈賜孔子廟經史詔〉，《全宋文》第 6 冊，頁 328～329；王應麟：
〈景德賜經史〉，頁 1105；徐松：《宋會要輯稿》第 54 冊崇儒 2，頁 2174。
〔註134〕徐松：《宋會要輯稿》第 54 冊崇儒 2，頁 2174。

來說，眞宗的供應典籍，正顯示了印本書籍開始展現其效益，而配合著仁宗的積極立學，這樣的效益正迅速的延展開來。

此外，宋代以文官治國的政策，使得參與科舉應考的人數激增，除了科舉考試試題的印製外，國子監鏤板頒行以供應科舉諸科考試的典籍，在印造的數量上亦相當可觀。宋眞宗天禧元年（1017）時，詔：

> 曩以群書，鏤于方版，冀傳函夏，用廣師儒。期于向方，固靡言利。
> 將使庠序之下，日集于青襟；區域之中，咸勤于素業。敦本抑末，
> 不其盛歟！其國子監經書更不增價。〔註135〕

國子監群書的印賣，僅取印造之紙墨工直，目的在於「用廣師儒」，不在於取利，所以在價格低廉的情形下，典籍的流通與需求自然無所限制。

綜觀上述所論，不論是鏤板的種類，或是印造書籍的數量，皆顯示出：雕版印刷在宋眞宗時已趨活絡，而宋仁宗時已臻純熟。當然，以上的論述，目的是要說明在印本發揮其具體效應下，對宋代學術的發展即扮演了重要的角色，因此在詮釋宋代學術的思維時必然需要思索其產生的意義。至於，寫本與印本的消長問題，雖然可能遲至宋末寧宗、理宗後，甚至是度宗之後，印本始取代寫本而成爲知識傳播的主要媒介，但對推動學術進展的儒者而言，當印本與寫本爭輝時，就已達到拓展視野、轉化思維與涵養主體的實質效益。〔註136〕

三、小　結

學術與環境之間雖然沒有必然的因果關係，但是環境的變化確實會產生些許的影響。尤其，當與學術的關係愈是緊密，其產生的變化愈是可能牽動學術的發展方向。

本論文在第二章與第三章指出，宋儒的學術思維，在韓愈開啓價值的主體性後，已從「師道」之上下的價值傳承，轉向「友道」之主體與主體間的對話，視野顯得開闊而自由。而促成這樣的學術發展，需要有兩個不可或缺的構成要素：其一，價值主體性的彰顯。這是韓愈學術的價值精神，也是與

〔註135〕宋眞宗：〈國子監經書更不增價詔〉，《全宋文》第 6 冊，頁 714。
〔註136〕關於印本與寫本的消長，張師高評於「南宋刻書之興盛與寫本印本之消長」
　　　　有所論述，文見〈雕本印刷之繁榮與宋代印本文化之形成——兼論印本圖書
　　　　對學風文教之影響（下）〉，《宋代文學研究叢刊》第 12 期（2006 年 6 月），
　　　　頁 36～41。

歐陽脩的重要連繫。宋代雕版印刷的發展，讓知識的承載體得到解放，正如眞宗時張知白所云「書無涯」而「道非一」，而經知識爆炸衝擊著既有的認知後，隨著價值的重新釐定，個體的主體性亦同時彰顯。至於有關歐陽脩部分，將於第六章再行論述。其次，即是促成主體與主體的對話。如何促成對話呢？主體性的彰顯仍是首要，但是有了主體之後，走向對話的交流，就需要有共有的知識基礎。在彼此擁有基本的認知底下，才能形成對話的焦點，進而在議題的形成之中，透過深切的講論，達到詮釋的開啓，推進了學術的發展。據此，作爲知識的承載體，印本擁有傳行迅速、廣泛的特質，瞭解其發展的狀態與特質，是深具意義的。

　　透過本節的論述，首先可以瞭解到印本在宋代展現出「精」的學術特質。所謂「精」，包含了文字貞定上的謹愼，如兼本定著與重複校讎，更具有內涵剖析工夫上的突破，所謂「理校法」即是。其次，從質與量兩方面，可以瞭解到印本對宋代學術產生的具體效應，至於發展狀態，應在眞宗時逐漸成形，而至仁宗時已爲學術傳行的主要媒介。

第二節　北宋韓集的刊刻傳播與其影響

　　關於學術的發展，人自是關注的核心所在，但對於時代環境的影響也應當要有積極的關注。除了學術的生命無不展現在對現實課題的積極回應上，完善學術的意義，貼近價值的理想，時代的變化確實提供了一個開展的契機。由唐而宋，除了政治上的朝代更替外，在社會、經濟、文化上的轉型，尤其富含深刻意義。〔註137〕論者關於「唐型文化」與「宋型文化」的闡釋，即是對此面向之深入探究的展現。然而，總體的觀照，在去繁爲簡下，時或失去了對於具體事物的掌握，從而存有了商榷的空間，如何洞悉複雜多變之時代環境中所存有的啓發要素，即是進一步關注的要點。

　　由唐而宋，對於學術的領域來說，變化最大，影響最深，意義最廣，莫過於雕版印刷的發展。雖然關於雕版印刷術的肇始時間尚待進一步的釐清，但是從應用的層面來看，五代時期已開始擴大到釋典之外，至於宋代，如吳澄所云：「宋三百年間，鋟板成市，板本布滿乎天下，而中秘所儲莫不家藏而

〔註137〕內藤湖南於「近世史的意義」一章中有清楚的表述，見《中國史通論》（北京：社會科學文獻出版社，2004年1月），頁323～334。

人有。」〔註138〕可見在雕版印刷的運用上唐宋兩代已呈現出極大的差異。這樣的差異，對於學者來說，除了擁有典籍之幸福感的簡單意義之外，當有學術發展上的深刻意蘊。

　　本文認爲時代環境提供了學者在視野上突破的契機，這是學術內涵得以深化的關鍵，而宋代雕版印刷的急遽發展，其中就蘊含了這樣的意義。具體而言，當韓愈透過「能自樹立」、「立言」彰顯主體性價值後，雕版印刷除了打開了儒者的思維視野使其主體能在浸潤涵養下有得之外，更促成了與客體對話的可能，當有客體的對映，主體將益加朗現，因而在宋代儒者積極建構價值之主體性的學術精神上實扮演著輔成的角色。是故，基於韓愈的學術思維與宋代學術間所具有的緊密關係，以及長期受到宋儒的關注，本文即以韓集在北宋的刊刻傳播與影響作爲考察的焦點，希冀窺探唐宋時代巨變下所蘊含的意義。

一、韓集在北宋的雕印與傳播

　　由於學術具有的「古道」色彩，使得韓愈在有宋初年即已受到儒者的普遍關注。雖然學術風氣時有轉變，如楊、劉流風的衝擊〔註139〕，但是就整體的發展方向來說，韓愈學術的價值實是隨著不斷的詮釋而有新的開展。從具體學術文化傳播的物質層面來看，兩宋時期出現五百家注韓的說法，雖然有虛構、炫博之疑，但根據劉眞倫的具體考證，除今日流傳的 13 種韓集傳本外，可知尚有 102 種傳本，而廣泛收羅韓文版本，得以反映中唐至南宋初年韓文研究成果的《韓集舉正》，在引校中即可見 90 種作品，如此盛況，正顯示了韓愈學術在宋代所受到的關注。〔註140〕然而，雕版印刷除了能夠客觀

〔註138〕吳澄：〈贈鬻書人楊良甫序〉，見李修生主編《全元文》第 14 冊（南京：江蘇古籍出版社，1999 年 10 月），頁 246。

〔註139〕所以稱爲「流風」，乃因西崑體的盛行而壓抑到韓愈學術的發展，實是緣自於後學模仿失實所造成，雖然楊億並不認同韓愈的處事態度，但將兩個學術的取向視同水火，則有失實。

〔註140〕五百家的說法出現在魏仲舉編成韓集的書名稱謂上，但《提要》對此指出「大抵虛構其目務以炫博」，是「書肆之習氣」而已。此外，朱彝尊亦有謂此乃當時刊書者知以博學詳說爲要務，是故形成「往往以摭采之富誇人」的現象。文見〈跋五百家昌黎集注〉，《曝書亭集》（臺北：臺灣商務印書館股份有限公司，1968 年 12 月），頁 840。雖是如此，根據劉眞倫的考述，仍可見宋代韓集研究刊印的盛況。詳見劉眞倫：《韓愈集宋元傳本研究》（北京：中國社會科學出版社，2004 年 6 月），頁 35、109。

反映韓愈學術受到關注的一面之外，對於學術價值的彰顯，實扮演著關鍵的角色。

關於宋初韓愈文集傳播的描繪，周必大有云：

> 臣伏觀太宗皇帝丁時太平，以文化成天下，既得諸國圖籍，聚名士於朝，詔修三大書：曰《太平御覽》，曰《冊府元龜》，曰《文苑英華》，各一千卷。今二書閩、蜀已刊，惟《文苑英華》，士大夫家絕無而僅有，蓋所集止唐文章，如南北朝間存一二。是時印本絕少，雖韓、柳、元、白之文尚未甚傳，其他如陳子昂、張說、九齡、李翱等諸名士文集世尤罕見，故修書官於宗元、居易、權德輿、李商隱、顧雲、羅隱輩或全卷取入。當真宗朝，姚鉉銓擇十一，號《唐文粹》，由簡故精，所以盛行。近歲唐文摹印浸多，不假《英華》而傳，況卷帙浩繁，人力難及，其不行於世則宜。〔註141〕

《文苑英華》的編纂，是從太平興國七年（982）開始著手而至雍熙三年（986）完成，目的乃是要去蕪存菁。〔註142〕這與周必大從集成、傳播的角度所進行的解讀，明顯存有落差。此外，關於《唐文粹》是「銓擇十一」之編纂方式的論斷，實際上也是存有疑義。由是而言，對於周必大的表述，必須加以審視。透過引文，可見兩個重要的觀點：一是當時由於「印本絕少」，所以影響了傳播的效力；二是作品的罕見，直接影響到編纂的內容。「印本絕少」可以說是周必大的主要論斷依據，然而此中實是包含雕印與傳播之既相關又不同的兩個面向。

從雕印的角度來說，相應於嘉祐之後學術上「非韓不學」〔註143〕、「以

〔註141〕周必大：〈文苑英華序〉，曾棗莊、劉琳主編《全宋文》第230冊（上海：上海辭書出版社，2006年8月），頁183～184。此為後出之《全宋文》，非本文之主要取材版本，故特別標明。

〔註142〕編成的時程見陳振孫：《直齋書錄解題》（上海：上海古籍出版社，1987年12月），頁443。至於編纂的目的，《續資治通鑑長編》記云：「上以諸家文集，其數實繁，雖各擅所長，亦榛蕪相間。乃命翰林學士宋白等精加銓擇，以類編次，為《文苑英華》一千卷……」宋太宗於書成時亦有云：「近代以來，斯文浸盛。雖述作甚多，而妍蚩不辨。遂令編輯，止取菁英。所謂摘鷲鳳之羽毛，截犀象之牙角。」可見去蕪存菁以引導斯文之走向的意圖是非常明顯。文見李燾：《續資治通鑑長編》（北京：中華書局，1979年8月），頁625；宋太宗：〈文苑英華書成付史館詔〉，《全宋文》第2冊，頁459。

〔註143〕歐陽修：〈記舊本韓文後〉，李逸安點校《歐陽修全集》（北京：中華書局，2009年1月），頁1057。

古文爲貴」〔註144〕的風潮，當時就有「嘉祐蜀本」與「呂夏卿本」的刊印。
〔註145〕「嘉祐蜀本」的刊刻者——蘇溥——有云：

> 益部所雕《昌黎先生集》，雖傳行久矣，文字脫爛，實難披閱，唯餘
> 杭本稍若完正。慶曆辛巳歲，溥求薦王府，時從兄渙以小著宰鄢陵，
> 因即觀之。語及古學，且謂：「退之文自軻、雄沒，作者一人而已。
> 予近獲河東先生所修正本，雖甚惜之，於子無所隱耳。比之杭、蜀
> 二本，其不相類者十之三四。」越明年，從兄改秘書丞，倅南隆，
> 復以故龍圖燁所增修本爲示。又且正千餘字，并獲外集三十八篇。
> 又得嘉州李推官詡傳歐、尹二本重加校勘。溥既拜厚賜，不敢藏於
> 家，期與好古之士共之，乃募工鏤板，備於流行。其所增修字數乃
> 加音切，具諸目錄後。集外，《順宗實錄》爲十卷，仍以河東先生後
> 序附於末。謹述傳授之自，庶信於人爾。〔註146〕

透過引文，可知蘇溥的韓集，是匯聚了杭、蜀二本以及柳開、劉燁（耀卿，
968～1029）、歐陽脩與尹洙所修四本的成果。其中，值得令人關注的是兩本
已確認爲鏤板流行的作品，一爲在大中祥符二年（1009）於杭州明教寺所雕
印的「餘杭本」，當時韓愈學術正走向沈寂，何以仍然進行雕印，值得玩味；
一是益部所雕的《昌黎先生集》，從「傳行久矣，文字脫爛，實難披閱」的表
述，可知此本鏤板已經歷了一段長久的時間，並且有著廣泛的影響，劉眞倫
先生即推論其刊刻的時間是在宋初甚或是五代時期。〔註147〕此外，根據邵伯
溫（子文，1056～1134）的記述，期間尚有穆修的雕印，其文云：

> 老益貧，家有唐本韓、柳集，乃丐於所親厚者，得金募工鏤板，印
> 數百帙，攜入京師相國寺，設肆鬻之。伯長坐其旁，有儒生數輩至
> 其肆輒取閱，伯長奪取，怒視謂曰：「先輩能讀一篇，不失句讀，當
> 以一部爲贈。」咱是經年不售。〔註148〕

〔註144〕 蘇軾：〈擬進士對御試策并引狀問〉，孔凡禮點校《蘇軾文集》（北京：中華書
　　　　局，2008 年 7 月），頁 301。

〔註145〕「嘉祐蜀本」是蘇溥於嘉祐六年時在蜀所刊刻，而「呂夏卿本」則是呂夏卿
　　　　於嘉祐七年時在杭州所刊刻。有關兩本的介紹可參見劉眞倫：《韓愈集宋元傳
　　　　本研究》，頁 258～271。

〔註146〕 蘇溥：〈昌黎先生文集後序〉，《全宋文》第 22 冊，頁 345～346。

〔註147〕 劉眞倫：《韓愈集宋元傳本研究》，頁 232～233。

〔註148〕 邵伯溫：《易學辨惑》，見《景印文淵閣四庫全書》第 9 冊（臺北：臺灣商務
　　　　印書館，1986 年 3 月），頁 404。以下引書以《四庫》簡稱之。近似亦可見於

試與《道山清話》所述並觀，其云：「張文潛嘗言：『近時印書盛行，而鬻書者往往皆士人躬自負儋。』」〔註149〕時間上雖然有些差距，後必勝前，不過古代的產業技術並不若今日科技的一日千里，此處可見的是，士人遭受到經濟壓力時，鬻書共同成為一個足以謀生的選擇途徑，不僅反映出當時鏤板印書具有的利潤空間，並且透露出雕版印刷在運用上的普及。又，張詠在景德二年（1005）所寫〈許昌詩集序〉一文中，有云：

> 薛詩千餘篇，少得全本。咸平癸卯年，余移自咸鎬，再蒞三川，歲稔民和，公中事簡，時會同列，引滿酬詩。因議近代作者，各出薛集，僅將十本。五言、七言，二韻至一百韻，凡得四百七十篇，爰命通理太常博士王好古、太子中允乞伏矩、節度推官韋宿從長參校，依舊本例編為十卷，授鬻書者雕印行用。字未盡精，篇亦頗略，與夫世傳訛本，深有可觀。〔註150〕

透過張詠的陳述，可以瞭解到當時儒者對於薛能的評價尚屬正面〔註151〕，而在這個基礎上，可以看到作品的流傳雖是呈現出「少得全本」的情形，但在「世傳訛本」與「僅將十本」的用語中，則展現出學術資源的豐富。尤其，張詠在重次薛能的作品後，是要「授鬻書者雕印行用」，據此可知當時來自民間雕印的資源已然形成。有關於此，不僅與屬於官方之邢昺的說法相互呼應，楊、劉文風的盛行，以及祥符下詔約束文集的雕印，都可看到雕版印刷在學術上所展現的影響力。

再由傳播的角度來說，雖然雕版印刷的運用在速度與普及上呈現出很大的效益，不過在印本之外，擁有個體獨特性的寫本與精校本，以其存有的價值，仍舊發揮了巨大的影響力。

從古文發展的角度，柳開的寫作呈現，評價或許抑揚褒貶不一，但對其在宋代所具有的地位，殆無疑義。這樣的肯定不僅具體呈現在宋儒有關古文的論述中，對於柳開韓集校本的重視，亦應有所相關。劉真倫先生即指

魏泰：《東軒筆錄》（北京：中華書局，1997 年 12 月），頁 30～31。以及朱熹：《宋名臣言行錄》前集卷 10，《四庫》第 449 冊，頁 115。

〔註149〕王暐：《道山清話》（北京：中華書局，1985 年），頁 6。

〔註150〕張詠：〈許昌詩集序〉，《全宋文》第 3 冊，頁 430。

〔註151〕魏慶之：「薛能，晚唐詩人，格調不高而妄自尊大。」見《詩人玉屑》卷 10「風調・薛能劉白」一條（臺北：臺灣商務印書館股份有限公司，1968 年 6 月），頁 178。

出：「柳開所校韓集，兩宋間流傳甚廣。」〔註152〕此外，前文所提嘉祐蜀本，蘇溥亦以之爲主要參校依據，可見柳開校本的價值。關於柳開的校本，今或未能窺見全貌，不過根據相關的論述，則可掌握一些當時的學術狀態。柳開云：

> 余居東郊，府從事高公獨知予，開寶中，授以昌黎詩三百首。開與
> 之會，即廣誦評其尤至者。一日，予咨曰：「〈雙鳥詩〉何謂也？」
> 公曰：「得無若刺時之政者乎？」予因而悟之，與公言異，故作辭解
> 之，以編于後。〔註153〕

柳開在十七歲（963）時得到趙先生之授與，始擁有韓愈的作品，而根據張景（晦之，970～1018）的記述云：「持韓愈文數十篇授公……」則所得應非完整的韓愈文集。有關於此，引文的陳述正足以印證。透過引文，可以瞭解到柳開獲得韓愈的詩作與受到啓發而悟入，居東郊時「府從事高公」是一個關鍵，而當時爲「開寶（968～976）中」，距離柳開浸潤於韓文中已有了一段時間。〔註154〕由是可知，當韓文未受廣泛重視前，其作品仍舊能夠透過儒者的喜好與對話而不斷地在傳行著。此後，在持續的推行與闡釋之中，隨著尊韓儒者地位的提高，韓愈的學術也就逐漸成爲士人關注的主要對象。柳開云：「世論韓文者，有愛之名，無誠用之實。」〔註155〕王禹偁亦有云：

> 吾謂介曰：「爲吾謝諸公。慎勿來滁上，吾不復議進士之臧否以賈謗
> 矣。今攜文而來者，吾悉曰韓、柳也；贊賦而來者，悉曰裴、李也；
> 齎詩而來者，悉曰陳、杜也。復加禮焉，謗則弭矣。區區者皆是，
> 何其韓、柳、裴、李、陳、杜之多也。且吾學聖人之道，受明主之
> 知，三掌制誥，一入翰林，以文章負天下之望何其多，可易與胸中
> 混混乎無分別之若是邪？不如絕之可也。」介亦以爲然。〔註156〕

品鑑文章而以「韓、柳」作爲讚許的用語，意味著韓愈已成爲了士人在文章寫作上的典範，可見到了太宗時期，韓愈已居於學術的核心地位。此外，李

〔註152〕劉眞倫：《韓愈集宋元傳本研究》，頁234。

〔註153〕柳開：〈韓文公雙鳥詩解〉，《全宋文》第3冊，頁671～672。

〔註154〕柳開：〈東郊野夫傳〉，《全宋文》第3冊，頁687～689；柳開：〈昌黎集後序〉，
《全宋文》第3冊，頁651～652；張景：〈故如京使金紫光祿大夫檢校司空
知滄州軍州事兵馬鈐轄兼御史大夫上柱國河東縣開國伯食邑九百戶柳公行
狀〉，《全宋文》第7冊，頁313～314。

〔註155〕柳開：〈送李憲序〉，《全宋文》第3冊，頁639。

〔註156〕王禹偁：〈答鄭褒書〉，《全宋文》第4冊，頁356。

覺（仲明，947～993）於端拱元年（988）倣韓愈〈毛穎傳〉作〈竹穎傳〉以去王禹偁之疑而直史館〔註157〕，亦可窺見當時文風的趨向。在如是盛行的韓文風尚底下，韓集的傳行當是可想而知的，歐陽脩於《六一詩話》中有云：

> 蓋自楊劉唱和，《西崑集》行，後進學者爭效之，風雅一變，謂「西崑體」。由是唐賢諸詩集幾廢而不行。〔註158〕

學術間的排擠效應自是存在的，不過令人矚目的是相應於學者的「爭效」，取法的依據即呈現出「西崑集行」的情形，而相反的，「唐賢諸詩集」就走向了「幾廢而不行」的狀態，如歐陽脩見韓文集於「弊筐」中，意亦相近。藉此，可知當一學術備受關注時，其作品必然呈現出相應的傳行盛況。另外，從「行」到「不行」之間，透露出的是原有學術的走向與文集的傳行。如是，在太宗時期，雖未能窺見韓愈文集之完整的刊印情形，然其文集之盛傳而使儒者足資仿效與對話，應是可以確定的。

至於有關真宗時期韓集傳行的狀況，試觀穆修所云：

> 予少嗜觀二家之文，常病《柳》不全見于世，出人間者殘落纔百餘篇；《韓》則雖目其全，至所缺墜，亡字失句，獨于集家爲甚。志欲補其正而傳之。多從好事訪善本，前後累數十，得所長輒加注竄。
> 遇行四方遠道，或他書不暇持，獨齎《韓》以自隨，幸會人所寶有，就假取正。凡用力于斯，已踰二紀外，文始幾定。〔註159〕

穆修補正韓集的期間，仍處於西崑體風行的時期，韓、柳文集因學者不喜而造成缺墜的情形，自是合理的現象，不過從穆修得以取正之「善本」，擁有「前後累數十」之多，可知即使在如是寂寞無聞之時，韓愈文集仍爲儒者所寶有而傳行，這對於天聖後韓愈學術的再起，具有蓄積學術能量的作用。以穆修盡心之久與取正之多，並進行刊印來說，其校本應當傳行更廣，但在宋儒的論述中，卻未見珍視之語，是否「注竄」未盡妥善，值得關注。〔註160〕然而，從學術師友的角度來看，穆修與尹洙在古文寫作上的師從關係，而歐陽脩又

〔註157〕脫脫等：《二十四史・宋史》卷431（北京：中華書局，1997年11月），頁3263。

〔註158〕歐陽脩：《六一詩話》，何文煥輯《歷代詩話》（北京：中華書局，2001年11月），頁266。

〔註159〕穆修：〈唐柳先生集後序〉，《全宋文》第8冊，頁423～424。

〔註160〕劉真倫：「然其所校韓文，未見有人採用。」考述詳見《韓愈集宋元傳本研究》，頁314。

與尹洙相從寫作古文，則各自所擁有的韓愈文集，當有相互取正以求至善之處。歐陽脩云：

> 後七年，舉進士及第，官於洛陽。而尹師魯之徒皆在，遂相與作爲古文。因出所藏《昌黎集》而補綴之，求人家所有舊本而校定之。其後天下學者亦漸趨於古，而韓文遂行於世，至於今蓋三十餘年矣，學者非韓不學也，可謂盛矣。……集本出於蜀，文字刻畫頗精於今世俗本，而脫繆尤多。凡三十年間，聞人有善本者，必求而改正之。其最後卷帙不足，今不復補者，重增其故也。予家藏書萬卷，獨《昌黎先生集》爲舊物也。〔註161〕

歐陽脩所有《昌黎集》是蜀刻本，也是目前「可以考知的韓集最早刻本」。〔註162〕從「因出所藏《昌黎集》而補綴之」一語，顯示出歐陽脩與尹洙曾經共同盡心於韓愈文集的校正上，而蘇溥以「歐、尹二本」言之，則兩人所校韓集之成果，雖具有緊密的關聯，但同中仍應存有殊異之處。至於，尋求「舊本」、「善本」以補綴、校定、改正《昌黎集》之脫繆，可知韓文在走向盛行期間，韓集依舊存在多種版本在傳行著。歐陽脩云：

> 余家所藏書萬卷，惟《昌黎集》是余爲進士時所有，最爲舊物。自天聖以來，古學漸盛，學者多讀韓文，而患集本訛舛。惟余家本屢更校正，時人共傳，號爲善本。及後集錄古文，得韓文之刻石者如《羅池神》、《黃陵廟碑》之類，以校集本，舛繆猶多，若《田弘正碑》則又尤甚。蓋由諸本不同，往往妄加改易。以碑校集印本，與刻石多同，當以爲正。乃知文字之傳，久而轉失其眞者多矣。則校讎之際，決於取舍，不可不愼也。〔註163〕

> 《昌黎集》今大行於世，而患本不眞。余家所藏，最號善本，世多取以爲正，然時時得刻石校之，猶不勝其舛繆，是知刻石之文可貴也，不獨爲玩好而已。〔註164〕

> 今世所行《昌黎集》類多訛舛，惟《南海碑》不舛者，以此刻石人

〔註161〕歐陽修：〈記舊本韓文後〉，《歐陽修全集》，頁1056～1057。
〔註162〕關於歐陽脩所有刻本，劉眞倫有仔細的探究，詳見氏著《韓愈集宋元傳本研究》，頁243～256。
〔註163〕歐陽修：〈唐田弘正家廟碑〉，《歐陽修全集》，頁2270。
〔註164〕歐陽修：〈唐韓愈黃陵廟碑〉，《歐陽修全集》，頁2273。

家多有故也。其妄意改易者頗多，亦賴刻石爲正也。〔註165〕

今以碑校余家所藏《昌黎集》本，號爲最精者，文字猶多不同，皆當以碑爲正，茲不復紀。〔註166〕

透過以上引述資料，可知在歐陽脩所處之仁宗天聖以後，由於形成古學的趨向，學者呈現了「多讀韓文」的現象，伴隨而來的即是《昌黎集》的大行於世，但因「諸本不同，往往妄加改易」，使得文集內容「類多訛舛」，而有「患本不眞」的困擾。由是可知，當時《昌黎集》的傳行，不僅極爲興盛，並且在版本上呈現出多種不同的樣貌，惟在這些傳行的世俗集本當中，未有能如歐陽脩校本之眞與善。其中緣由，當如歐陽脩所云：「文字之傳，久而轉失其眞者多矣。」即在這樣的認知基礎上，謹愼面對校讎上的取捨問題，除了不妄意改易之外，同時也不偏執既有成果而擴大參校的視域，是故成爲眾人取正、共傳的「善本」。這樣廣泛的影響力，歐陽脩的學術地位自然是一個關鍵，但也呈現出有如半寫本的個人參校本，與寫本、印本在學術傳行上充分展現相資爲用的一面。

經由以上的論述，可以瞭解到在戰火後即使宋初雕印的運用仍受到限制，但文集的流傳依舊不斷，並且在太宗之時，雕印就有了迅速的發展，促使在學術上形成如王禹偁所言之詩、文、賦的多元風尚。韓愈，在柳開後就成爲儒者關注的焦點，考察其傳行的情形，即能清楚瞭解到周必大所謂印本絕少、文未甚傳在宋初短促的論斷，或有失實，這可能是受到視野的局限，當然南北宋之交的戰火可能是影響典籍保存的重要因素。此外，也可以說就是因爲傳播的通行無礙，使柳開與歐陽脩的校讎得以展現其獨特的價值。

二、學術與雕印之間

雕版印刷的運用，在學術上的影響是非常巨大的，其傳播上所展現的效力自是無庸置疑的。然而，雕版印刷畢竟只是工具的性質，從學術發展的角度來說，它仍是屬於外緣的因素，「人」依舊才是關鍵之所在，因此在中性看待傳播的效力時，當如何理解其由人所賦予的價值與意義，即是需要關注的焦點。

既是由「人」所賦予的價值與意義，則其關聯性的意蘊即取決於「人」

〔註165〕歐陽修：〈唐韓愈南海神廟碑〉，《歐陽修全集》，頁2271。
〔註166〕歐陽修：〈唐胡良公碑〉，《歐陽修全集》，頁2273。

所持有的視角。一個簡單的劃分，有大我、國家或者說皇帝的角度，有儒者、學者或者說是士的角度。

就皇帝的角度來說，意欲透過學術的倡行而達到教化的目的，如《麟臺故事》卷二有云：

> 議者以爲前代經史，皆以紙素傳寫，雖有舛誤，然尚可參讎。至五代，官始用墨版摹六經，誠欲一其文字，使學者不惑。至太宗朝，又摹印司馬遷、班固、范曄諸史，與六經皆傳，于是世之寫本悉不用。然墨版訛駁，初不是正，而後學者更無他本可以刊驗。〔註167〕

配合著科舉的發展，爲了使學者有所依循，宋代即漸次雕印科舉所需書籍〔註168〕，但究其根本，所謂「誠欲一其文字，使學者不惑」，執政者爲統一觀點令無紛雜應是原有之本意，是故宋代在刊印前皆精於校讎，如王應麟云：

> 先是，後唐長興中雕九經板本，而正義傳寫踳駁，太宗命刊校雕印，而四經未畢，上遣直講王煥就杭州刊板，至是皆備。十月甲申，賜輔臣親王《周禮》、《儀禮》、《公》、《穀》傳疏。〔註169〕

因「傳寫踳駁」，所以太宗（939～997）下令「刊校雕印」，用廣流布，令有所遵循。有關此孫復即有云：「國家以王弼、韓康伯之《易》，左氏、公羊、穀梁、杜預、何休、范甯之《春秋》，毛萇、鄭康成之《詩》，孔安國之《尚書》，鏤板藏於太學，頒於天下。又每歲禮闈設科取士，執爲準的。多士較藝之際，一有違戾於注說者，即皆駁放而斥逐之。」〔註170〕將此參照於景德時，取李迪（復古，971～1047）而黜賈邊一事，《龍川別志》述云：

> 國朝自眞宗以前，朝廷尊嚴，天下私說不行，好奇喜事之人，不敢以事搖撼朝廷。故天下之士，知爲詩賦以取科第，不知其它矣。諺曰：「水到魚行。」既已官之，不患其不知政也。昔之名宰相，皆以此術馭下。王文正公爲相，南省試「當仁不讓於師賦」，時賈邊、李迪皆有名場屋，及奏名，而邊、迪不與。試官取其文觀之，迪以落

〔註167〕程俱：《麟臺故事校證》（北京：中華書局，2004年4月），頁70。

〔註168〕孫奭：「諸科舉人，惟明法一科律文及疏未有印本，是致舉人難得眞本習讀，乞令校定鏤板頒行。（從之）」見〈乞令校定律疏頒行奏〉，《全宋文》第5冊，頁324。

〔註169〕王應麟：〈咸平校定七經疏義〉，《玉海》（合璧本）（臺北：大化書局，1977年12月），頁847。

〔註170〕孫復：〈寄范天章書2〉，《全宋文》第10冊，頁247～248。

韻，邊以師爲眾與注疏異，特奏令就御試。王文正議：落韻失於不詳審耳，若舍注疏而立異論，不可輒許，恐從今士子放蕩，無所準的。遂取迪而黜邊。當時朝論大率如此。〔註171〕

此爲蘇轍記述張方平的語言，不免融入其主觀的思維，但是大體與相關記述資料吻合。透過引文，可以瞭解到當落韻與立異皆未合於科舉的規範時，注疏有意識的立異，尤爲執政者所忌，張方平即透過王旦（子明，957～1017）揭示此「破壞科場舊格」〔註172〕的作爲，將造成「士子放蕩」，從而破壞了「朝廷尊嚴，天下私說不行」的治平狀態。由是可知，朝廷運用雕版以「一其文字」的內在用心。此外，根據《宋會要輯稿》的記述，文曰：

（太平興國）九年正月詔曰：國家勤求古道啓迪化源，國典朝章咸從振舉，遺編墜簡宜在詢求，致治之先無以加此，宜令三館所有書籍以開元四部書目比校，據見闕者，特行搜訪，仍具錄所少書於待漏院，榜示中外，若臣僚之家有三館闕書，許上之，及三百卷以上者，其進書人送學士院引驗，人才書判試問公理，如堪任職官者，與一子出身，或不親儒墨者，即與安排，如不及三百卷者，據卷帙多少，優給金帛。如不願納官者，借本繕寫畢卻以付之。先是，太宗謂侍臣曰：「夫教化之本，治亂之原，苟非書籍，何以取法？今三館貯書數雖不少，比之開元，則遺逸尚多，宜廣求訪。」乃下詔焉。〔註173〕

宋代崇文重道的文治傾向雖然可以溯源於太祖之重文輕武的取向，但太宗諸多舉措的具體踐行實爲關鍵所在。透過引文，可以看到宋太宗以書籍爲「教化之本，治亂之原」，因此將遺編墜簡的搜訪當作是走向致治的第一要務。在此觀點之上，往內而言，爲了充實國家的庫藏，就有了獎勵獻書的措施，而這樣的措施在太宗後仍一直在採行著。〔註174〕由實行之久，期間制度的內容就有了改易，尤其原是針對開元四部見闕的書籍進行搜訪，之後則擴及到

〔註171〕蘇轍：《龍川別志》（北京：中華書局，1997年12月），頁81～82。

〔註172〕范鎮記述王旦之言曰：「將令後生務爲穿鑿，破壞科場舊格。」文見《東齋記事》（北京：中華書局，1997年12月），頁2。朱熹：《宋名臣言行錄》前集卷2（《四庫》第449冊，頁27）亦有類似的說法。

〔註173〕徐松：《宋會要輯稿》第55冊崇儒4（臺北：新文豐出版社股份有限公司，1976年10月），頁2224。

〔註174〕王應麟：〈乾德求書〉，《玉海》，頁855；宋仁宗：〈求遺書詔〉，《全宋文》第23冊，頁354～355。

當代的作品。如眞宗時，尚針對當時獻書繁雜而「往往僞立名目妄分卷帙，多是近代人文字」的現象進行防禁，但仁宗時進納家集已成爲普遍的現象。〔註175〕往外而言，就是要發揮典籍的效力，這就讓雕印成爲了焦點，宋眞宗云：

> 囊以群書，鏤于方版，冀傳函夏，用廣師儒。期于向方，固靡言利。
> 將使庠序之下，日集于青襟；區域之中，咸勤于素業。敦本抑末，
> 不其盛歟！〔註176〕

顯然鏤版已成爲了化成的利器。綜上所述，可知從國家／皇帝的角度出發，雕印所顯示之由上而下的宰制力，對學術而言，價值多展現在用廣流布上。

以個人的角度而言，可以分爲兩個面向，一是容受，一是流布。就容受來說，有視野的拓展，如姚鉉云：

> 崇文院之列三館，國子監之印群書，雖唐漢之盛，無以加此。故天
> 下之人，始知文有江而學有海，識于人而際于天。〔註177〕

雕版印刷的運用使儒者見識到「文有江而學有海」的寬闊視野，這樣的改變，不僅讓宋儒的學術呈現由「專」轉「通」的取向，並且在「博」之上求其「約」。如二程務分「聞見之知」與「德性之知」〔註178〕，朱子云：

> 讀聖賢之言而不通於心，不有於身，猶不免爲書肆，況其所讀，又
> 非聖賢之書哉！〔註179〕

「書肆」成爲學者博學而「不通於心，不有於身」之有得的批判語，正可見宋儒面對於如江如海的典籍時，在學術思維上的轉化。張知白即云：

> 古之學者，其書簡而有限，其道精而有益。今之學者，其書無涯，

〔註175〕王欽若：〈請具條貫精訪書籍奏〉，《全宋文》第 5 冊，頁 290。宋仁宗〈禁再進家集詔〉：「自今臣僚子孫所藏家集已經進者，餘人不得再進。」見《全宋文》第 23 冊，頁 23。

〔註176〕宋眞宗：〈國子監經書更不增價詔〉，《全宋文》第 6 冊，頁 714。

〔註177〕姚鉉：〈唐文粹序〉，《全宋文》第 7 冊，頁 252～254。

〔註178〕二程特意彰顯「德性之知」有別於的「聞見之知」或「見聞之知」的意蘊，如云：「見聞之知，乃物交而知，非德性所知。德性所知，不待於聞見。」又云：「聞見之知非德性之知，德性所知，不假聞見。」即是。程頤、程顥：《河南程氏粹言》卷第 2，《二程集》（北京：中華書局，2004 年 2 月），頁 1253、1260。

〔註179〕朱熹：〈建寧府建陽縣學藏書記〉，《朱子全書·晦庵先生朱文公文集》卷 78（上海：上海古籍出版社；合肥：安徽教育出版社，2002 年 12 月），頁 3745。

其道非一。是故學彌多，性彌亂。至于經史子集，其帙殆萬。在于
前者，悉謂之古法；在于編者，悉謂之古書。殊不知法有可法不可
法也，書有可傳不可傳也，若盡使知之，則可謂勞而少功，博而寡
要，當年不能究其學，累世不能窮其業。〔註180〕

此文論述的時間在咸平五年（1002），可知古今在典籍上形成的巨大差異而影
響到爲學的成效，早已成爲宋儒的時代課題。張知白所云「博而寡要」，正
指出此時爲學的困境。又，有學習的趨於簡便，釋智圓（無外，976～1022）
云：

嘗謂斯文也，指南群惑，垂裕來裔，爲不俟矣。且患夫後學勞于繕
寫，而損于學功；損學功則壅于流通矣，豈若刻板模印，以廣其道
哉？〔註181〕

此雖出於釋者之口，但刻板模印有助於爲學之功則是共許之意，吳澄即有總
結云：「宋三百年間，鋟板成市，板本布滿乎天下，而中秘所儲莫不家藏而人
有。不惟是也，凡世所未嘗有與所不必有，亦且日新月益。書彌多而彌易，
學者生於今之時，何其幸也！無漢以前耳受之艱，無唐以前手抄之勤，讀書
者事半而功倍宜矣。」〔註182〕宋代雕版印刷的發展確實改變了漢、唐的學習
方式，從知識的獲得來說，「事半而功倍」的說法，實非虛言，但禍福相倚不
可否認地「束書不觀」〔註183〕、「誦讀滅裂」〔註184〕的現象也隨之出現。就
流布而言，誠如李昉於〈二李唱和集序〉所云：

昔樂天、夢得有《劉白唱和集》，流布海內，爲不朽之盛事。今之此
詩，安知異日不爲人之傳寫乎？〔註185〕

士人珍視自我述作，目爲不朽之盛事其來有自，而傳寫流布是足以不朽的保
證，此時雕版印刷既比傳寫更具有廣爲流布的功能，理當成爲儒者的利器，
惟刊印多爲師長先人著作，自身述作則多被民間書肆逕行雕印。〔註186〕

〔註180〕張知白：〈上眞宗論時政〉，《全宋文》第 5 冊，頁 228～229。
〔註181〕釋智圓：〈律鈔義苑後序〉，《全宋文》第 8 冊，頁 209。
〔註182〕吳澄：〈贈鬻書人楊良甫序〉，《全元文》第 14 冊，頁 246。
〔註183〕蘇軾：〈李氏山房藏書記〉，《蘇軾文集》，頁 359。
〔註184〕葉夢得：「學者易於得書，其誦讀亦因滅裂。」見《石林燕語》（北京：中華
　　　　書局，1997 年 12 月），頁 116。
〔註185〕李昉：〈二李唱和集序〉，《全宋文》第 2 冊，頁 18。
〔註186〕如天禧時胡克順雕印徐鉉的文集，文見宋眞宗：〈胡克順進徐騎省文集表批
　　　　答〉，《全宋文》第 6 冊，頁 717。又，李覯的文章即有被盜印的情形，文見

　　以上分別從不同的角度概略說明在雕印與學術之間所具有的意義，然而當雕印被普遍運用之後，間接所引起的效應，實有更爲深刻的意蘊，以下透過〈中庸〉與〈大學〉的發展進行說明。

　　〈中庸〉與〈大學〉原是《禮記》中的兩篇作品，直到宋代始在二程的表彰下展現嶄新意義，而終至朱子集成四書之大成而凌駕於六經之上。《宋史・道學傳》云：

> 仁宗明道初年，程顥及弟頤寔生，及長受業周氏，已乃擴大其所聞，表章〈大學〉、〈中庸〉二篇，與《語》、《孟》並行，於是上自帝王傳心之奧，下至初學入德之門，融會貫通，無復餘蘊。〔註187〕

從學術史的角度，二程對於〈大學〉、〈中庸〉的關注與詮釋，確實與朱子的學術思維，具有脈絡性的發展關係。程頤云：「學者當以《論語》、《孟子》爲本。《論語》、《孟子》既治，則六經可不治而明矣。」〔註188〕可見對《論語》、《孟子》的重視，又有云：「入德之門，無如〈大學〉。今之學者賴有此一篇書，存其他莫如《論》、《孟》。」〔註189〕且以〈中庸〉爲「孔門傳授心法」〔註190〕，而程顥云：「〈大學〉乃孔氏遺書，須從此學則不差。」〔註191〕顯見對〈大學〉、〈中庸〉的關注。然而，所謂「表章」而至於「並行」，隱含四書之規模，則似乎有待商榷，如程頤云：「《禮記》除〈中庸〉、〈大學〉，唯〈樂記〉爲最近道，學者深思自求之。《禮記》之〈表記〉，其亦近道矣乎！其言正。」〔註192〕仍將〈中庸〉與〈大學〉置於《禮記》之中來進行揀別，可見二程之獨特處，當是發明其義而深獲宋儒的認同。〔註193〕

〈皇祐續稿序〉，《全宋文》第 21 冊，頁 358。此外，蘇轍云：「本朝民間開版印行文字，臣等竊料北界無所不有。臣等初至燕京，副留守邢希古相接送，令引接殿侍元辛傳語臣轍云：『令兄內翰《眉山集》已到此多時，內翰何不印行文集，亦使流傳至此？』」據提議來判斷，似乎當時已有自行刊印作品的情形。文見蘇轍〈北使還論北邊事箚子五道・一論北朝所見於朝廷不便事〉，蘇轍著；陳宏天、高秀芳校點：《蘇轍集》（北京：中華書局，1990 年 8 月），頁 747。

〔註187〕脫脫等：《二十四史・宋史》卷 427，頁 3235。

〔註188〕程頤、程顥：《河南程氏遺書》卷第 25，《二程集》，頁 322。雖然二程如是重視《論語》、《孟子》，但以治經爲實學，兩者當不可輕重取捨論。

〔註189〕程頤、程顥：《河南程氏遺書》卷第 22 上，《二程集》，頁 277。

〔註190〕程頤、程顥：《河南程氏外書》卷第 11，《二程集》，頁 411。

〔註191〕程頤、程顥：《河南程氏遺書》卷第 2 上，《二程集》，頁 18。

〔註192〕程頤、程顥：《河南程氏遺書》卷第 25，《二程集》，頁 323。

〔註193〕胡安國〈奏狀〉云：「然〈中庸〉之義，不明久矣。自頤兄弟始發明之，然後

　　若說二程因對〈中庸〉與〈大學〉的關注，所以程顥有《中庸義》一卷，而程頤有《四先生中庸解義》一卷，從《宋史・藝文志》來看，當時亦不乏有相關著作，如司馬光即有《中庸大學廣義》一卷，且有《司馬光等六家中庸大學解義》一卷，二程亦有與之相接，記述云：

> 溫公作《中庸解》，不曉處闕之，或語明道。明道曰：「闕甚處？」
> 曰：「如強哉矯之類。」明道笑曰：「由自得裏，將謂從天命之謂性
> 處便闕卻？」〔註194〕

可見當時尚有共同關注的儒者，而兩人的對話，亦呈現出各自不同的看法。此外，與程頤勢如水火的蘇軾，亦有〈中庸論〉上中下三篇，蘇轍云：

> 既而讀《莊子》喟然歎息曰：「吾昔有見於中，口未能言，今見《莊
> 子》，得吾心矣。」乃出〈中庸論〉，其言微妙，皆古人所未喻。嘗
> 謂轍曰：「吾視今世學者，獨子可與我上下耳。」〔註195〕

從蘇軾的自信，以及蘇轍的讚許，所謂「其言微妙，皆古人所未喻」，可知〈中庸論〉中所發明的意蘊，足以成為一家之言，而與二程、司馬光等人的詮釋，共同呈顯出一個多元發展的時代。

　　宋代學術之所以能夠呈現如是多元的特色，雕版印刷應當扮演著非常重要的角色，因為它促成了「詮釋的開啟」。根據《宋會要輯稿》的記述，其云：

> 十五日詔新及第進士及諸科貢舉人〈儒行〉篇各一軸，令至所著於
> 壁以代座右之誡。〔註196〕

當時的時間為淳化三年（992），太宗遍賜進士、舉人〈儒行〉的用意是要規範眾人的行徑。據此以觀文彥博（寬夫，1006～1097）的論述，其云：

> 太宗淳化三年二月詔以新印〈儒行〉、〈中庸〉篇賜中書、密院、兩
> 制、三館、御史中丞、尚書丞郎、給諫等人各一軸。注：先是，御
> 試進士日，以〈儒行〉篇為論題。帝意欲激勸士人敦修儒行，故特

　　　其義可思而得。不然，則或謂高明所以處己，中庸所以接物，本末上下，析
　　　為二途，而其義愈不明矣。」可見二程是在詮釋上取得宋儒的認同。文見《二
　　　程集》，頁348～349。

〔註194〕程頤、程顥：《河南程氏外書》卷第12，《二程集》，頁425。有關此處對話，
　　　呂柟所編《二程子抄釋》於卷8中，並有記述程頤。

〔註195〕蘇轍：〈亡兄子瞻端明墓誌銘〉，《蘇轍集》，頁1126～1127。

〔註196〕徐松：《宋會要輯稿》第107冊選舉2，頁4232。

命雕印。至是首賜新及第舉人孫何等，次及宰輔、近臣、臺閣臣僚并銓司選人。聖旨諭令依此修身爲治，仍各於聽事所展掛，終身遵奉之。……臣伏覩先朝賜臣僚〈儒行〉、〈中庸〉篇及〈文武臣七條〉，所以激勵士大夫修飭行檢，及中外臣僚謹奉官箴。其出外任者，朝辭日，各賜一本，仍令閤門丁寧宣諭。凡在臣下，靡不恭授而奉行。慶曆中，先朝以久罷賜〈七條〉、〈儒行〉、〈中庸〉篇，嘗降詔書申明。然而後來臣僚久不受賜，無所警策，至有士行不完，進取無恥，官守失職，苟簡無功。臣欲乞舉行此法，依例於朝辭日，閤門給賜及宣諭誡勵之。〔註197〕

此文寫作的時間在元祐四年（1089），從論述的內容，可以瞭解到文彥博詳述賜書經過的用意，乃是希望透過藉鑑先朝的作爲來改正當時「士行不完，進取無恥，官守失職，苟簡無功」的弊病。從「激勸士人敦修儒行」的雕印用意到「靡不恭授而奉行」的成效，顯見文彥博的構想是取法有據。在此，令人關注的是，不僅賜予的印本有〈儒行〉一篇，〈中庸〉也在其中，並且在賜予對象的質量上顯有可觀。雖然在理解上〈中庸〉只是局限在行爲的規範，難免淪爲教條，但是從《禮記》中抽離，單獨雕印而普遍賜予知識份子，這就爲蘊含於〈中庸〉的價值內涵留下了一個彰顯的契機。根據所得資料，之後在至道二年（996）時，〈儒行〉又有一次「印賜近臣并新及第人」的舉措。〔註198〕如同文彥博所云「慶曆中，先朝以久罷賜……嘗降詔書申明。然而後來臣僚久不受賜……」這樣的賜予期間是有間斷的，不過值得注意的是，一個文彥博未經提及的作爲，相關記述云：

> 五年四月辛卯，賜新第王堯臣已下〈中庸〉。八年四月丙戌，賜王拱辰已下〈大學〉，後登第者必賜〈儒行〉及〈中庸〉、〈大學〉以爲常。〔註199〕

> （仁宗天聖五年四月）二十一日賜新及第〈中庸〉一篇。〔註200〕

> （天聖八年四月）四日賜新及第進士〈大學〉一篇。自後與〈中庸〉間賜著爲例。〔註201〕

〔註197〕文彥博：〈奏賜儒行中庸篇并七條事〉，《全宋文》第 15 冊，頁 638～639。
〔註198〕曾鞏：〈取士〉，《隆平集》卷 2，《四庫》第 371 冊，頁 15。
〔註199〕王應麟：〈天聖賜進士〈中庸〉、〈大學〉〉，《玉海》，頁 1105。
〔註200〕徐松：《宋會要輯稿》第 107 冊選舉 2，頁 4234。
〔註201〕徐松：《宋會要輯稿》第 107 冊選舉 2，頁 4234。

王應麟的說法與史書所述只是詳略的不同，並未存有衝突。透過記述，可以
瞭解到天聖五年（1027）時又有〈中庸〉賜予的舉措，這是文彥博所未提及
的，而天聖八年（1030）〈大學〉的賜予，應當更加引人注目，畢竟此時距離
理學思維的開展尚有一段時間，〈中庸〉與〈大學〉就已相繼抽離《禮記》而
用廣流布。從「後登第者必賜〈儒行〉及〈中庸〉、〈大學〉以爲常」一語，
可知其廣泛賜予的用意，仍舊是以「座右之誡」來看待。然而，雖是「座右
之誡」，意蘊或未顯深厚，但十足的實踐價值，在吸引上位者的目光後，受賜
者從而尊貴之，進而抉發其深蘊奧義，應是順理成章之事。以張載（子厚，
1020～1077）爲例，《宋史》云：

> 年二十一，以書謁范仲淹，一見知其遠器，乃警之曰：「儒者自有名
> 教可樂，何事於兵。」因勸讀〈中庸〉。載讀其書，猶以爲未足，又
> 訪諸釋、老，累年究極其說，知無所得，反而求之六經。〔註202〕

儒者所樂爲何？何以要讀中庸？此處並未清楚說明范仲淹的觀點，但朝廷的
雕印廣行，除了提供了學習的資源，在士人的心中所塑造的價值形象應當具
有深遠的影響，而張載因此與〈中庸〉產生了緊密的關係，一生的學術即由
是而展開，其云：「學者信書，且須信《論語》《孟子》。《詩》《書》無舛雜。
《禮》（理）雖雜出諸儒，亦若無害義處，如〈中庸〉〈大學〉出於聖門，無
可疑者。」〔註203〕又云：「某觀〈中庸〉義二十年，每觀每有義，已長得一
格。《六經》循環，年欲一觀。觀書以靜爲心，但只是物不入心，然人豈能長
靜，須以制其亂。」〔註204〕又云：「發源端本處既不誤，則義可以自求。」
〔註205〕在揭示〈中庸〉的價值內涵時，特別凸顯出「自求」與「每觀每有
義」一面，這與《宋史》所述切近，使人看到了在價值主體性的思維底下，
發明〈中庸〉意蘊所展現出的一家詮釋。當然，相較之下，如何適切詮釋
〈儒行〉的發展似乎成了一個問題？試觀李覯（泰伯，1009～1095）〈讀儒
行〉一文的論述，其云：「〈儒行〉，非孔子言也，蓋戰國時豪士所以高世之節
耳。……考一篇之內，雖時與聖人合，而稱說多過，其施於父子、兄弟、夫
婦，若家、若國、若天下，粹美之道則無見矣。」〔註206〕清楚揭示其不僅非

〔註202〕脫脫等：《二十四史‧宋史》卷427，頁3238。
〔註203〕張載：《張載集》（臺北：漢京文化事業有限公司，1983年9月），頁277。
〔註204〕張載：《張載集》，頁277。
〔註205〕張載：《張載集》，頁277。
〔註206〕李覯：〈讀儒行〉，《李覯集》（臺北：漢京文化事業有限公司，1983年10月），

孔子之言，並且無見「粹美之道」，批判之意顯而易見。又程頤有云：

> 〈儒行〉之篇，此書全無義理，如後世遊說之士所爲誇大之說。觀孔子平日語言，有如是者否？〔註207〕

這是程頤的解讀，在否定的批判性語言中，已透露個體的體悟。當然，這樣的觀點，非可一概而論，但如同在〈大學〉與〈中庸〉方面所呈現之多元詮釋的面貌，其中蘊含的是和而不同、殊途同歸的旨趣。據此而言，伴隨「詮釋的開啓」，「對話的形成」促進了宋儒在學術思維上的深化。

三、韓集刊印的價值與意義

透過前文的論述，可以瞭解到雕版印刷在學術上呈現的價值，除了廣爲流布，更重要的是促成學者產生詮釋的對象，對話的焦點。韓愈雖然不同於〈大學〉與〈中庸〉擁有朝廷給予的支撐力量，但其學術在太宗時期已經獲得了眾人的關注，只是眞宗時期轉趨沈寂，而在仁宗時期再次獲得儒者的青睞。之所以如此，有一段出自晏殊（同叔，991～1055）的論述，透露出許多重要的訊息，值得仔細玩味，其云：

> 某少時聞群進士盛稱韓柳，茫然未測其端。洎入館閣，則當時雋賢方習聲律，飾歌頌，誚韓柳之迂滯，靡然向風，獨立不暇。自歷二府，罷辭職，乃得探究經誥，稱量百家，然後知韓柳之獲高名爲不誣矣。邇來研誦未嘗釋手。若乃扶道垂教，剗除異端，以經常爲己任，死而無悔，則韓子一人而已，非獨以屬詞比事爲工也。如其祖述墳典，憲章騷雅，上轢三古，下籠百氏，極萬變而不嘩，會眾流而有歸，適然沛然，橫行闊視於綴述之場者，子厚其人也。彼韓子者，特以純正高雅，懍然無雜，乃得與之齊名耳。必也兼該氾博，馳騖奔放，則非柳之敵，況他人哉！〔註208〕

此文未見於《四庫》之中，但其論述的內容，對於理解宋儒尊韓的曲折變化具有相當重要的價值。此處本文僅以雕版印刷的角度來切入，從「盛稱韓柳」到「誚韓柳之迂滯」，可以瞭解到其間由盛而衰的轉折變化，而「不誣」之說正代表重新理解韓愈學術的取向再次興起，其中令人關注的是晏殊從「茫然未測其端」到「獲高名爲不誣」的變化。在引文中，不僅可以看到晏殊揭示

頁 327～328。

〔註207〕程頤、程顥：《河南程氏遺書》卷第17，《二程集》，頁177。
〔註208〕晏殊：〈與富監丞書〉，《全宋文》第10冊，頁198～199。

「探究經誥，稱量百家」乃是所以洞悉價值內涵的主要因素，並且透過這樣的視角仔細闡釋了韓柳文章的價值內涵。由是，何以能夠「探究經誥，稱量百家」，就成爲進一步應當思索的問題。根據辛仲甫（之翰，927～1000）在〈委徐鉉等雕造說文牒〉所云：「其書宜付史館，仍令國子監雕爲印板，依九經書例，許人納紙墨價錢收贖。」〔註209〕時爲雍熙三年（986）可知當時儒家經典透過雕版印刷的運用已得以廣爲流布，韓愈學術雖亦於此時初次漸成風尚，但除了在流布上眞宗與仁宗之時有更加普及的作法，與經學內涵有關的「九經疏義」，其完備而加入傳行之列則是始於咸平四年（1001），而如同邢昺所謂十餘萬書板與劉崇超所云六十六件經書印板，隨著收取紙墨價錢的輕薄而得到了廣泛的流布，亦在於眞宗時期，所以在儒者的思維視野上太宗時期自然就顯得有些狹隘了。〔註210〕如前文所引張知白的說法：「今之學者，其書無涯，其道非一。是故學彌多，性彌亂。」雕印顯然帶來了衝擊，讓儒者感到憂慮，但伴隨其中所寓含的深刻意義，乃是迫使儒者正視「道」的問題。換言之，儒者原始的課題是踐行聖人之道，在雕印打開視野之後，焦點轉而鎖定在對立足點的省思。這個省思，雖然未讓「道」歸於一致，但整個詮釋與理解的過程，已使宋代的學術有了多元而豐富的內涵。當然，這個精彩階段的呈現，一直要到慶曆之後才有清楚的輪廓，所謂「學統四起」，正是恰當的描繪。從這個認知來看對韓愈學術的理解，晏殊所謂「探究經誥，稱量百家」的學術視野，自然與太宗時期有了變異，而這樣的變異，不僅讓韓愈學術獲得明晰，並且呈現具有吸引人的價值面向，追根究底即是雕印在資源與視野上提供了一個「詮釋開啓」的契機。

　　伴隨「詮釋的開啓」，「對話的形成」亦是學術開展的重要元素。關於印本，葉夢得指出：

　　　　然板本初不是正，不無訛誤。世既一以板本爲正，而藏本日亡，其

〔註209〕辛仲甫：〈委徐鉉等雕造說文牒〉，《全宋文》第 2 冊，頁 57。

〔註210〕李燾：《續資治通鑑長編》卷 49 有云：「（咸平四年）先是，詔國子祭酒邢昺等校訂《周禮》、《儀禮》、《公羊》、《穀梁傳》正義，丁亥，昺等上其書，凡一百六十五卷，命模印頒行，賜宴國子監，並加階勳。於是九經疏義悉具矣。」（頁 1073）又有云：「（咸平四年六月）丁卯，詔諸路州縣有學校聚徒講誦之所，並賜《九經》。」（頁 1065）而劉崇超說法見〈乞重雕孝經等書印板奏〉，《全宋文》第 7 冊，頁 246～247。另外，宋眞宗〈國學見印經書降付諸路出賣詔〉：「國學見印經書，降付諸路出賣，計綱讀領，所有價錢于軍資庫送納。」此舉措必將收取更大的傳播成效，文見《全宋文》第 6 冊，頁 489。

訛謬者遂不可正，甚可惜也。〔註211〕

宋代雕印雖然以精校見稱，但從種種特性印本取代寫本似乎勢所必然，所以葉夢得對於「藏本」消失而印本萬一存有訛謬的狀態感到憂心。然而，從韓愈文集的刊印來說，印本的存在，不僅並未取代寫本，並且在校本所在多有的情形下，原始之「正」雖未可得，但在是非取捨之時所衍生出之詮釋與理解的問題，則讓整個學術的內涵顯得更加豐富而深刻，歐陽脩長期與諸儒校定、補綴韓集即是一個很好的例子，而直至南宋韓集的校定仍持續熱絡，韓學的發展自有精彩的呈現。

四、小　結

接續著前一節對於宋代印本的討論，本節將焦點具體的鎖定在與宋學具有緊密關係的韓愈文集上。

透過詳細的梳理，大致上可將探究的成果分為三個面向來說。其一，是關於學術的「傳行」。由於雕版印刷的漸趨成熟，不論是在官方或者是在民間，具體推動了典籍的廣泛流傳，讓學術風尚能夠快速形成。就韓集來說，太宗與仁宗時期的兩次學韓風尚，印本應皆扮演重要角色，尤其在真宗時期的刊印，更可視為是學術生命的重要維繫。此外，具體緊密配合的例子，西崑體的盛行與西崑集的刊印當是最佳的例子。其次，是關於學術的「理解」。崇尚固是好事，但是必須深知其然，才能具有實質的意義。從晏殊的論述就可以清楚瞭解到經史典籍的大量刊行，提供了儒者足以「理解」的能力，因而能夠體會到韓愈「約六經之旨以為文」〔註212〕的學術內涵。這是意義是否能夠被喚起的關鍵要素。其三，是關於學術的「詮釋」。學術的意義，就是在於能夠不斷地被詮釋中展現新貌。印本，即是能夠在廣泛的傳行中，引起學者的關注，促使形成交流與對話，進而產生「詮釋的開啓」。韓集、〈大學〉、〈中庸〉等，無不是先形成這樣的學術環境，進而在如張知白所云之理解的衝突中尋得嶄新的意涵。

此外，經由本節的論述，亦可見外在的客觀因素，對於內在的學術思維，仍有重要的輔成作用，如何適切理解與透澈洞悉其間意義的連結，則有賴一個有效的視角。

〔註211〕葉夢得：《石林燕語》，頁116。
〔註212〕韓愈：〈上宰相書〉，《韓昌黎文集校注》（上海：上海古籍出版社，1987年6月），頁155。

第五章　初期宋學與韓學詮釋

　　從印本文化一章，可以瞭解到理解是需要擁有基礎，意義並不會原封不動的一直在散發著光彩。韓愈，在進入宋儒的視野，意義也不會一開始就會被理會，這是需要時間來貼近。

　　本章所以稱爲「初期宋學」，一方面當然是意味著只是進入宋學的初期階段，從一代學術之開展的角度來說，存有萌芽時期是很正常的，另一方面則是寓含著雖是初期，但對於宋學精神的確立應具有實質的意義，故仍視爲是宋學的一部分。有關於此，本文自然是認爲從宋初儒者與韓愈學術之關係的探究中可以獲得明晰。當然，這不僅僅只是辨明宋初儒者對於韓愈的態度，而是涉及到學術的精神是否產生了相契、銜接的問題。因爲惟有如是的深入，才能辨明韓愈與宋學之間的實質關係，以及貞定初期宋學所具有的意義。詳細內容，如後所述。

第一節　初期宋學之「尊韓」及其蘊含的問題

　　經過了諸多學者的闡發，已成功樹立了韓愈在宋代學術上具有舉足輕重的地位，舉如陳寅恪基於唐宋學術爲連續性發展關係的認知而提出了：「退之者，唐代文化學術史上承先啓後轉舊爲新關捩點之人物也。」[註1] 將韓愈視爲學術新趨向的開啓者，錢鍾書亦云：「韓昌黎之在北宋，可謂千秋萬歲，名

〔註 1〕陳寅恪：〈論韓愈〉，《陳寅恪先生論文集》（臺北：九思出版有限公司，1977
　　　　年 12 月），頁 1292。

不寂寞者矣。」〔註2〕肯定韓愈在北宋學術裡所綻放之耀眼光彩，錢穆則謂：「治宋學者首昌黎，則可不昧乎其所入矣。」所謂「入」即是意味韓愈爲一路之開闢者，而宋人，尤其是在初期，乃是順著這條路在作學問。〔註3〕三人可謂各具慧眼，洞悉底蘊，於闡幽入微中，朗現韓愈之學術價值。後續研究者依此而入，即盡可能的從「尊韓」的角度，透過觸角的不斷延展，彰顯其在宋代學術上所具有之巨大影響力。然而，韓愈與宋代學術在大體上雖呈現出如是緊密關係之現象，但蘊含更爲豐富的價值與意義實存在於複雜的曲折變化之中，此非直尋之所可知而有得者。要之，在「生命學問」的開展過程中，雖是極平易、近似的現象裡，仍具有一種不凡的脈動，一種在探索一個能「安」之價值趨向的精神，依錢穆所云，即是走向開創一個新的天地──「儒學傳統」，這是學術得以朝著健康方向持續發展的根本動力。

　　韓愈之所以在宋代成爲矚目的焦點，被稱許爲「今之韓愈」〔註4〕的歐陽脩自然是最具關鍵性的人物，這是無庸置疑的，然而這並不意味著，價值與意義將完全歸諸其身，甚至成爲衡量的標準，在初期宋學裡，就存在著類似的關注。只是初期宋學的諸多關注，並未受到學者的重視。一方面乃是受限於自身的學術格局，由於與五代學術具有連續性與延續性的關係，加上旨歸不明、精神未立，在紛雜的學風裡，實難窺知其中意蘊；另一方面則是受到詮釋視野的局限，由於以往的研究用意多在彰顯歐陽脩的成就，既非立足於此，縱使目光有所觸及，諸如柳開與王禹偁的探究，仍偏重於與歐陽脩學術特質具有相關性、一致性之面向上的闡發，缺乏了全面性的觀照，自無視於此間深刻意蘊。或許擷取了「涵養」的概念，以學術史的角度，就可順理成章將初期宋學輕易帶過，然而學術的價值，除了可以欣賞它的精彩呈現，借鑑它的處理技巧之外，生動的蛻變過程應亦具有一席之地，畢竟令人喝采的展現無非來自於融舊出新的突破，唯有從中獲得啓發，始能充分發揮以古鑑今之作用。因此，當仁宗時期的學術開展，包括詩文創作的新變、理學內涵的開出、宋學精神的確立，皆具融舊出新的精彩呈現，那麼對於初期宋學這

〔註2〕錢鍾書：《談藝錄》（北京：生活・讀書・新知三聯書店，2001 年 1 月），頁187。
〔註3〕錢穆：《中國近三百年年學術史》（臺北：臺灣商務印書館，1996 年 7 月），頁2。
〔註4〕蘇軾：〈六一居士集敍〉，孔凡禮點校《蘇軾文集》（北京：中華書局，2008年 7 月），頁316。

個蛻變的過程，就應當投注更多的心力以抉發其中深刻的意蘊。

　　本文以爲當「初期宋學」一方面承接了五代的學術成果，另一方面在受到時代環境巨變之影響下，開始展開了一些新的省思。這些省思在消融、轉化既有學術成果的過程中，逐漸構築起屬於自身之學術的生命特質。這個變化的過程，正具體地反映在對韓愈學術價值的貞定上。因此，透過解析初期宋學對於韓愈學術之理解、詮釋與接受的曲折變化，應可窺知其中所蘊含之深刻的意義。

　　至於論題擬定之所謂的「初期宋學」〔註5〕，劃定的時間區段大致是從太祖建隆起一直到眞宗乾興年間爲止。之所以如此，主要有兩個考量的因素，一是，韓愈學術傳習的盛衰狀態，二是，思維的視野。前者著眼於時間而斷之以時代風氣，後者著眼於「人」，因同一時空中，透過師友交遊的對話，於思維上多有近似之處。然而，也正因爲學術的發展乃是繫之於「人」，一方面近似思維之人的生卒不一，另一方面人的學思也存在著不斷的變化，因此並非生存於區段內之人物皆納入討論，思維視野的近似性實是取捨之關鍵，這就與錢穆的劃定有了顯著的差異，尤其是將歐陽脩排除在討論的範圍之外。

一、兩種思維的角度

　　在切入初期宋學對於韓愈之詮釋狀態的解析前，一個應當面對且值得省思的問題：「古文」的發展與韓愈學術的價值和地位是否具有一致性呢？在既有的觀念裡，兩者的分判顯然沒有太大的差異。

　　根據錢穆的衡定，宋朝人是順著「唐朝以來只研究文學」的路作爲學問的開端，而主導這條路之發展走向的核心思維即是「學韓愈」。〔註6〕何沛雄在研究宋代古文運動的議題中，亦因韓愈影響了古文地位的確立，更明確地提出：「宋代古文運動最大的特色是『尊韓』」。〔註7〕很清楚地，「古文」與韓

〔註5〕錢穆有作〈初期宋學〉一文，然而其將歐陽脩與王安石納入其中，與本文看法有異，所以並非襲用其說法。文見《中國學術思想史論叢（五）》（臺北：東大圖書股份有限公司，1991年8月），頁1〜14。

〔註6〕錢穆：《錢賓四先生全集：講堂遺錄》（臺北：聯經出版社，1998年5月），頁678。

〔註7〕何沛雄：〈宋代古文家的「尊韓」〉，《清華大學學報》（哲學社會科學版）2002年第1期，頁39。作者於註中明言宋代古文家沒有揚言「尊孔」，卻有「尊韓」。

愈在宋代學術中存在著難以分割的關係。

由於「古文」在宋代學術中的價值與地位，詮釋者為凸顯韓愈的影響力，亦樂於將兩者結合討論，默許其間擁有換位的關係、互補的作用。

劉克莊在〈本朝五七言絕句序〉中指出：「或曰：『本朝理學、古文高出前代，惟詩視唐似有愧色。』余曰：『此謂不能言者也，其能言者，豈惟不愧於唐，蓋過之矣。』」〔註8〕顯然「古文」的突出表現，在宋人的眼中已自確立了不可撼動的地位，後代學者對於宋代學術的探究自然將目光聚焦於此發展的歷程上，試觀《宋史·文苑傳》的論述：

> 藝祖革命，首用文吏而奪武臣之權，宋之尚文，端本乎此。太宗、真宗其在藩邸，已有好學之名，及其即位，彌文日增。自時厥後，子孫相承，上之為人君者，無不典學；下之為人臣者，自宰相以至令錄，無不擢科，海內文士彬彬輩出焉。國初楊億、劉筠猶襲唐人聲律之體，柳開、穆修志欲變古而力弗逮。廬陵歐陽脩出，以古文倡，臨川王安石、眉山蘇軾、南豐曾鞏起而和之，宋文日趨於古矣。南渡文氣不及東都，豈不足以觀世變歟！〔註9〕

毫無疑問，描繪整個宋代文學的發展歷程，就是以「古文」作為主要的對象。據此，有理由相信，當「古文」作為關注的焦點，足資參照採擷的材料將不虞匱乏，有關其發展與演變的論述，就會顯得相對明晰。以引文中對「古文」發展的表述而言，從「變古」之始的弱小到倡和相從的盛大，不僅有「點」的個體凸顯，更運用了由萌芽到茁壯之發展規律的觀念，呈現出整體上「線」的趨勢脈絡。曾鞏云：「自五代之弊，氣格不振，宋興柳開始為古文，而辭語猶事隱奧。至天聖初，洙與穆修始興起之，繼而作者，遂高出近世矣。」〔註10〕在有關「古文」發展的描繪上顯得極其相似，足資參照。由此，藉以闡述韓愈在宋代的學術發展與價值地位，不僅脈絡清晰，亦言之有據，自可順理而成章。

當然，這也並不是一廂情願所能附會的，韓愈之所以得以與「古文」相

〔註8〕劉克莊：〈本朝五七言絕句序〉，《後村集》卷24，《景印文淵閣四庫全書》第1180冊（臺北：臺灣商務印書館，1986年3月），頁248。以下引書以《四庫》簡稱之。

〔註9〕脫脫等：《二十四史·宋史》卷439（北京：中華書局，1997年11月），頁3307。

〔註10〕曾鞏：〈儒學行義〉，《隆平集》卷15，《四庫》第371冊，頁145。

扣合，主要應有兩個因素，其一，是韓愈原有「古文」寫作的精彩呈現，足成溯源的對象。如王禹偁云：「近世爲古文之主者，韓吏部而已。」〔註11〕范仲淹在〈尹師魯河南集序〉一文中亦云：「近則唐貞元、元和之間，韓退之主盟于文，而古道最盛。」雖以「古道」稱許之，但文章之脈絡實際上即是在表述「古文」的發展。〔註12〕以王禹偁與范仲淹在當時的地位，同視韓愈爲「古文」寫作的典範，不論這是個人睿智的展現，或是意含群體之共識，皆是深具意義的，尤其是所處兩代，一爲宋代學術的築底時期，一爲宋代學術的新變時期，各是發展之關鍵，因而使作爲「古文」之韓愈的觀念深植人心，亦屬自然之理。其二，是作爲樞紐人物之學養的主要憑藉。僅就《宋史・文苑傳》所提柳開、穆修與歐陽脩三人來說，作爲宋朝始爲「古文」者，柳開乃是因深得「韓文之要妙」而登堂入室，身處於罪毀「古文」之氛圍中的穆修，堅信不移的指出：「嗚呼！天厚予者多矣，始而曆我以韓，既而飫我以柳，謂天不吾厚，豈不誣也哉！世之學者如不志于古則已，苟志于古，則求踐立言之域，捨二先生而不由，雖曰能之，非余所敢知也。」〔註13〕至於歐陽脩，不僅在經過了「三十餘年」學韓的歷程後，明確宣稱：「韓氏之文、之道，萬世所共尊，天下所共傳而有也。」〔註14〕更因全面的體現出韓愈的學術精神，而被目爲「今之韓愈」。在這些具有推動「古文」發展之關鍵性作用的人身上，都清楚可見韓愈學術的影響。

　　然而，「古文」與韓愈間的緊密關係，雖使兩者得以透過參照、互補的方式來完備其整體發展的面貌，但若不能有意識的先自分辨兩者間可能存在著微妙的差異，不僅有礙於相資爲用之理解的拓展，更將因化二爲一的認知取向，使意義產生了狹隘化的缺失。

　　韓愈學術屬於一家之學，有個別的獨特思維，而「古文」則是寫作的呈現，在相同的形式下卻存在各種不同的精神內涵，這種在靜態上的分辨，不難爲眾人所知，但是在動態發展上兩者趨於混同的詮釋現象，乃源自於思維的局限，這是有待省思的。

〔註11〕王禹偁：〈答張扶書〉，《全宋文》第4冊，頁357～358。
〔註12〕范仲淹：〈尹師魯河南集序〉，范仲淹著；李勇先、王蓉貴校點：《范仲淹全集》（成都：四川大學出版社，2002年9月），頁183。
〔註13〕穆修：〈唐柳先生集後序〉，《全宋文》第8冊，頁423～424。
〔註14〕歐陽脩：〈記舊本韓文後〉，《歐陽脩全集》（北京：中華書局，2009年1月），頁1057。

　　從「古文」的角度來說，當面對的是屬於文體之發展與演變的議題時，一種尋求完備、極致的思維取向自然產生，同時一個理解的架構也浮現了出來，這大體上是符合了所謂的規律，就是從萌芽到茁壯而後衰弱的演變架構，類似於《宋史‧文苑傳》之「古文」發展現象的描繪，正好足以作爲印證之用，儘管近代的視野有了些許的轉變，仍有待進一步的開展。由於在現象上有足夠的資料可以支撐思維的合理性，致使有關議題的闡述，縱使內容有所拓展，亦未有能踏出此既定的理解架構。然而，在這透過現象之刪削取捨所呈現之清晰而簡潔的演變過程，其中實蘊含著複雜的問題。約略劃分問題的面向，可以分爲「形式價值」與「內容價值」。

　　所謂的「形式價值」，即是指在寫作方式上對「古文」表示了肯定與接受的態度，《宋史‧文苑傳》的寫法正是取決於此。確實，讓「宋文日趨於古」，歐陽脩等人展現了比以往更加寬廣的影響力，但問題是當王禹偁云：「今攜文而來者，吾悉曰韓、柳也；贊賦而來者，悉曰裴、李也；齎詩而來者，悉曰陳、杜也。復加禮焉，謗則弭矣。」〔註15〕顯示出行文如韓、柳已成爲當時的風尙，這與歐陽脩所云：「其後天下學者亦漸趨於古，而韓文遂行於世，至於今蓋三十餘年矣，學者非韓不學也，可謂盛矣。」〔註16〕盛況或許存在著些微的差異，但皆已形成一股視韓文爲寫作典範的風潮了。以王禹偁與柳開生卒相近同世並存來說，有關「古文」發展的論述，就不是柳開與穆修並置所影射出之簡明的成長趨勢，其中的曲折變化，更在簡化中喪失了豐富的意涵。此外，以在「古文」創作思維上備受推崇的王禹偁與歐陽脩兩人來說，當身處於學韓成風的氛圍之中，呈現的心思惟在揀別眞僞，以凸顯出不同於俗學的精神趨向，仍是屬於孤寂的道路。如王禹偁除了在〈答鄭褒書〉〔註17〕一文中表達了對進士爲文臧否之意外，更云：「今吏部自是者著之於集矣，自慚者棄之無遺矣，僕獨意〈祭裴少卿文〉在焉。其略云『儋石之儲，常空於私室；方丈之食，每盛於賓筵。』此必吏部自慚而當時人好之者也。」〔註18〕即使是面對韓文，也盡情展現自身的獨特見解。又，歐陽脩除了表述「孟、韓文雖高，不必似之也，取其自然耳。」〔註19〕外，在景祐四年所作〈與荊

〔註15〕王禹偁：〈答鄭褒書〉，《全宋文》第4冊，頁356。
〔註16〕歐陽脩：〈記舊本韓文後〉，《歐陽脩全集》，頁1056～1057。
〔註17〕王禹偁：〈答鄭褒書〉，《全宋文》第4冊，頁356。
〔註18〕王禹偁：〈再答張扶書〉，《全宋文》第4冊，頁358～360。
〔註19〕歐陽脩：〈與曾子固書〉，《歐陽脩全集》，頁2590。

南樂秀才書〉〔註20〕一文中亦有言：「若僕者，其前所爲既不足學，其後所爲憚不可學，是以徘徊不敢留其所爲者，爲此也。」所謂的前者即是「時文」，而後者就是自身對立言堅持的「古文」呈現，前者自無可取，後者亦非一般的「古文」寫作，其言云：「今時之士大夫所爲，彬彬有兩漢之風矣。先輩往學之，非徒足以順時取譽而已，如其至之，是直齊肩於兩漢之士也。」可見在近似的現象中，仍存有不可不辨的異質性。由此可知，雖然可以從客觀的角度，依據現象的呈現狀態，獲得發展趨勢上的訊息，但這顯然是有所不足的，以「古文」的發展爲例，單純透過「形式價值」的角度來關注，就不僅不足以洞悉其實質的演變狀態，亦未能妥貼呈現其中複雜的意蘊，這即是爲何學者紛紛走向捨棄嘉祐二年與仁宗的說法，而試圖採用不同的角度來重新思索的原因。

　　所謂的「內容價值」，即是指「古文」本身在諸家寫作上所呈現之獨特的內涵與意義。假使對於宋代「古文」的發展而言，如柳開、王禹偁、穆修等人都具有貢獻，則其創作當各自存在著意義，這應是理所當然的，然而在目前的研究架構底下，這方面的內涵卻得不到彰顯，主要的原因即是受限於存在一個趨向於完備的思維，基於認定歐陽脩的創作乃是宋代「古文」寫作的確立，多數的探究爲凸顯其成功的寫作特色，目光所觸惟見缺失與不足。這樣的研究取向，潛藏兩個重大的問題，深廣地影響著對於其間意蘊的理解。其一，是將學術問題簡化處理。在學術發展的過程中，每個人都在面對的一個沒有特定答案的問題：該走向何方？或說是，什麼才是值得追尋與建構的呢？因爲不能預見未來，每個具有卓越眼光，識見足以洞悉事物的人，在融攝傳統的資源後，根據自身所養成的思維模式，各自展現出獨特的學術走向，嘗試爲未知的學術發展貢獻心力。這是有體有得，多元而不同的精彩呈現。以此看待「古文」的發展，不僅在歐陽脩之前，推動「古文」創作的過程，必然是多元而精彩，其間曲折複雜的面貌底下所蘊含的價值脈絡，更是歐陽脩走向成功所汲取的資源。其二，弱化了學術的價值精神。雖然宋代「古文」源自於唐代韓愈的「古文」，但這已不是本來面目，透過諸儒的努力，已經開展出「高出前代」的特質，換言之，即是迥異於唐代「古文」的呈現。然而，在不能洞悉發展過程中多元面貌下的思維脈絡，有關層層轉進的可貴也就無法眞正體會，對於「質變」後，始於歐陽脩之體現宋學精神的「古文」

─────────────

〔註20〕歐陽脩：〈與荊南樂秀才書〉，《歐陽脩全集》，頁660～661。

寫作，自然缺乏完盡的認知。是故，必須更加關注「內容價值」的一面，明
晰其多元發展的面貌，從而洞悉其中價值思維的脈絡，始能充分彰顯整體的
價值意義。

　　從韓愈的認知與抑揚來說，首先被關注的只在於態度的層面上，觸及的
問題包含：崇信與否？推尊者之寡眾？其次，關注有關對於韓愈學術之是非
取捨的言論。嚴格來說，這些關注，都是以韓愈學術爲一完足而明晰的客觀
對象，站在傳播與宣揚的角度，檢視其在當時的影響情形。從這個思維的角
度來看，與意在尋求「古文」寫作的完備，顯然存有差異。可惜對於兩者間
存在的差異性，卻因只局限於「形式價值」的關注而遭到了漠視，當然「古
文」作爲韓愈學術的主要呈現，也可能是造成的重要因素之一。然而，看似
無有間隙的扣合，如姜宸英（西溟，1628～1699）所言：

> 古文自韓柳始變而未盡，其徒從之者亦寡，歷五代之亂幾沒不傳，
> 宋初柳、穆闡明之於前，尹、歐諸人繼之於後，然後其學大行，蓋
> 唐與宋相賡續而成者也。〔註21〕

顯然這將「古文」發展的歷程推得更廣，由唐而宋，始於韓柳而成於尹歐，
再完整不過的表述，但實質上不僅依此以論韓愈的學術，無形中作爲整體之
韓愈學術的獨特價值就被「未盡」一語抹除了，「古文」發展的內蘊也在「大
行」的表現關注中喪失。爲呈顯韓愈學術的發展，如前所述，從「古文」的
「內容價值」切入，可以是一個良好的途徑，若立足韓愈學術本身來思考，
則當突破宣揚或回復的思維，進入到更深的一層，從學術藉由主體在互動中
轉出、化成而以整體性展現其發展。作爲一個完整的學術之「體」的展現，
圍繞於價值精神所建構起的豐富學術內涵，並非語言文字所可了無障礙的客
觀呈現，僅由韓愈與交遊師從者間存在的隔閡，就可清楚看到。如是，在宋
代，由讀者與文本的對話，韓愈的學術就蘊含了走向多元詮釋與理解的可能，
如柳開之於韓愈，王禹偁之於韓愈，穆修之於韓愈，歐陽脩之於韓愈，都有
著各自破體重生的嶄新獨特體會，只是這樣的體會，本身是否具有豐富的內
涵，並且彰顯出動人的價值精神，這是最當被關注，也是充滿最多意蘊的一
個層面。

　　綜上所述，不論從「古文」切入，或是從韓愈的詮釋角度來說，思維的
視野都必須更加的寬廣，本文之所以選取從韓愈之詮釋與理解作爲思考的角

〔註21〕姜宸英：〈唐賢三昧集序〉，《湛園集》卷1，《四庫》第1323冊，頁602。

度，即認為直接從呈現「古文」創作的「體」來分析，更能珍視多元而不同的發展面貌，藉此不僅可以完足宋代韓愈學術的意義，更能明晰「古文」的「內容價值」。

二、韓愈地位的變化

學術的發展與一時代的政治、社會、經濟、文化等各方面，或親或疏或顯或隱都具有緊密的相應關係，所謂「一代有一代之學術」其中即蘊含此一層面的意義，韓愈的學術在歷經了走向衰弱的唐朝之後，又面對了戰火不斷肆虐而造成時代環境有著劇烈變動之五代所給予的各種挑戰，學者對其學術之原有意涵與精神的認知與理解，已經存在了些許的落差，而這樣的落差就具體的呈現在詮釋與接受的狀態上，宋初柳開即云：

> 年始十五六，學為章句。越明年，趙先生指以韓文，野夫遂家得而誦讀之。當是時，天下無言古者，野夫復以其幼，而莫有與同其好者焉，但朝暮不釋于手，日漸自解之。迨年幾冠，先大夫以稱諱，野夫深得其韓文之要妙，下筆將學其為文。……諸父兄聞之，懼其實不譽于時也，誡以從俗為急務。野夫略不動意，益堅古心，惟談孔、孟、荀、揚、王、韓以為企跡，咸以為得狂疾矣。〔註22〕

此段是柳開自述所學的文字，依據文中所言：「野夫時年始二十有四。後二年別立傳以書焉，號曰補亡先生也。」參照開寶五年（972）〈答梁拾遺改名書〉一文中所述〔註23〕，則文章撰寫的時間當在此年。有別於在時代風氣已形成時所呈現之自詡，此文意在表述自身對於所學之趨向具有堅定不移的信念，可見當時對於韓文的態度與理解，尚有待開啟。進一步解析柳開的陳述，更可清楚獲知兩個重要的訊息：一是，此時韓愈文章雖仍有傳習，如趙先生之類，然由「天下無言古者」合之「日漸自解之」而言，此時（963～972）對於韓愈學術的理解已然形成了困境。二是，韓文與時俗的寫作走向，已經產生了巨大的差異，甚至是呈現對立的狀態。此訊息透過張景的論述可以獲得印證，其言云：

> 天水趙生，老儒也，持韓愈文數十篇授公曰：「質而不麗，意若難曉，子詳之何如？」公一覽，不能舍，歎曰：「唐有斯文哉！其餘不足觀

〔註22〕柳開：〈東郊野夫傳〉，《全宋文》第 3 冊，頁 687。
〔註23〕柳開：〈答梁拾遺改名書〉，《全宋文》第 3 冊，頁 587～589。

也。」因為文章，直以韓為宗尚。時韓之道獨行于公，遂名肩愈，

字紹先，又有意于子厚矣。韓之道大行于今，自公始也。〔註24〕

趙生所言「質而不麗，意若難曉」一語或許在推崇中帶有考驗之意，不過從柳開「自解」而得「韓文之要妙」來說，韓愈文章在當時確實產生了理解上「難曉」的困境，而「時韓之道獨行于公」的說法正凸顯出柳開的獨到、有得。由是而言，在中唐時期散發出耀人光輝的韓愈學術，當經歷了晚唐五代的衝擊之後，或許尚有化顯為隱的潛在影響而左右了儒者的創作與思維，但實質上時至宋初，其內涵與精神已經不為儒者所普遍地認知與肯定，有宋一代賦予韓愈學術更深廣的價值與意義，實是透過了一個重新詮釋的過程。〔註25〕從柳開的自信，不僅讓人看到其難能可貴的堅定，更凸顯出其所得要妙之真切，而此源自於「自解」之所得，其隱含之意即是暗示著一個嶄新學術發展的開啟。

初期宋學是宋代之韓愈詮釋發展的第一個區段，不過這是依據思維的視野來加以圈定的，其間呈現的崇尚風氣，仍然存有顯著的盛衰差異。

（一）轉晦為顯的太祖、太宗朝

大體上，有宋最初的兩個朝代，對於韓愈的關注，呈現的正是一個成長的趨勢。相對於柳開在乾德元年剛開始關注時的孤寂現象，到太宗淳化年間韓文已成為士人作文的理想典範之一，而在景德未變文風之前，宗主韓愈學術的風尚更達到了前所未有的高峰。以下詳述之。

有關兩朝對韓愈學術的關注情形，試觀吳曾（虎臣，1162 前後在世）〈古文自柳開始〉所云：

本朝承五季之陋，文尚儷偶，自柳開首變其風。始天水趙生，老儒也，持韓愈文數十篇授開，開歎曰：「唐有斯文哉。」因謂文章宜以韓為宗，遂名肩愈，字紹元，亦有意于子厚耳。故張景謂：「韓道大行，自開始也。」〔註26〕

〔註24〕 張景：〈故如京使金紫光祿大夫檢校司空知滄州軍州事兵馬鈐轄兼御史大夫上柱國河東縣開國伯食邑九百戶柳公行狀〉，《全宋文》第 7 冊，頁 313～314。

〔註25〕 葛曉音認為衰落是相對的，韓柳之後古文的發展仍「保住了古文運動勝利的成果」，且在一些可喜的嘗試中，「豐富了古文寫作的技巧」。見氏著〈中晚唐古文趨向新議〉，《北京大學學報》（社會科學版）1985 年第 5 期，頁 26。

〔註26〕 吳曾：〈古文自柳開始〉，《能改齋漫錄》（上海：上海古籍出版社，1979 年 11 月），頁 282。

尙不論因何緣故，使柳開首宗韓道始作古文的開創性作爲遭到了遺忘，藉此正好得以明晰韓愈學術受到關注的情形。在這段文字裡，至少彙整了柳開與張景兩人的論述，表面上雖是在釐清宋代古文發展的啓始問題，不過透過柳開學術的描繪，實淸楚可見韓愈學術發展的影子。有關柳開方面，追索其有關論述的文章，除前引文之「得狂疾」的說法，可見時風對於韓愈學術的排拒之外，所作〈昌黎集後序〉一文中亦有云：

> 世謂先生得聖人之道，惜乎不能著書。茲爲先生之少也，當時之人，亦有是語焉。余讀先生之文，自年十七至于今，凡七年，日夜不離于手，始得其十之一二者哉。嗚呼！先生之時，文章盛于古矣，猶有言也以過于先生，況下先生之後，至于今乎！是謂世不知于先生者也。〔註27〕

可知文章作於太祖開寶二年（969）。從「世不知于先生者」一語，可以瞭解到當時對於韓愈學術的價值精神是沒有深切的體認，縱使普遍上仍存有「先生得聖人之道」的印象，也只不過是表面上空言無實的虛譽而已，並不是發自於眞心的讚賞。由此可知，宋初對於韓愈學術的態度，是置而不論、視而不見的，作爲重新引起眾人關注目光的「第一人」〔註28〕，柳開在孤寂中透過「自解」的方式，不僅揭示出世所未知之韓愈學術的內涵，同時也彰顯了自我的獨特價值。至於張景方面，有別於柳開所呈現出在開創期的情景，其文可見韓愈學術受到矚目的時空。張景云：

> 天水趙生，老儒也，持韓愈文數十篇授公曰：「質而不麗，意若難曉，子詳之何如？」公一覽，不能舍，歎曰：「唐有斯文哉！其餘不足觀也。」因爲文章，直以韓爲宗尚。時韓之道獨行于公，遂名肩愈，字紹先，又有意于子厚矣。韓之道大行于今，自公始也。〔註29〕

〔註27〕柳開：〈昌黎集後序〉，《全宋文》第3冊，頁651～652。透過柳開的辨明，亦可獲知當時對於「著書」與詩文寫作的看法，是迥然不同的。

〔註28〕學術的發展必然是連綿不斷的，在新的學術中，解析並探究各個思維的元素，幾乎可以追溯到不同的發展根源，況且政治上的鼎革，無法同時截斷學術上的前後關係。因此，難以有所謂純粹的「第一人」。然而，這也並不是意味著無所謂的「第一人」，而是當在理解上必須瞭解到，意如「嶄新」者，是從「體」的角度來看，是融攝傳統而轉出的一體呈現，是部分近似而整體異化的新變。依此以見柳開的「首」、「始」，應該是較爲恰當的。

〔註29〕張景：〈故如京使金紫光祿大夫檢校司空知滄州軍州事兵馬鈐轄兼御史大夫上柱國河東縣開國伯食邑九百戶柳公行狀〉，《全宋文》第7冊，頁313～314。

顯見吳曾所述之依據當即爲此文。文章撰寫於眞宗咸平三年（1000），依文中所言，從太祖乾德元年（963）的「獨行」到此時的「大行」，一個呈現漸開崇尙韓愈學術風氣的成長趨勢，應是可以測度。此外，「大行」的用語，清楚揭示出韓愈學術在進入眞宗朝時已不再顯得沈寂，而是成爲眾所矚目的焦點。

透過了柳開與張景，雖然可以讓人初步看到對韓愈學術的關注趨勢，但在這個簡明的現象裡其實蘊含了複雜的問題。一個核心的提問：韓愈學術的精神與內涵被體現、開啓、發展而呈現出什麼樣的狀態呢？由於張景與柳開具有的師從關係，不免令人對其論述產生疑慮，問題包括：「韓之道」是否唯獨維繫在柳開身上？柳開的影響力究竟有多大？是否有爲凸顯柳開的成就而誇大了韓愈學術的崇尙狀態？藉由這些問題的釐清，不僅可以化解疑慮，同時正可瞭解此間複雜意蘊。

首先，就「獨行」來說，剔除柳開之於韓愈在「自解」上有其一家之學的獨特性，其實當時對於韓愈學術的關注，在「稽古」的趨勢下，仍然具有普遍性，如前所述之「世謂先生得聖人之道」的肯定，則張景的說法似乎就有了商榷的必要。《宋史》云：

> 五代以來，文體卑弱，周翰與高錫、柳開、范杲習尚淳古，齊名友善，當時有「高、梁、柳、范」之稱。〔註30〕

歸有光（熙甫，1507～1571）亦藉梁周翰（元褒，929～1009）指出：

> 世稱其文，能變五代之習，與高錫、柳開、范杲齊名，至嘉祐、治平，古文之盛，實胚胎於此云。〔註31〕

在創作上堪稱是宋代古文之胚胎，能夠跳脫、突破五代的卑弱格局而具有「淳古」特質的人，除了柳開之外，尙有高錫（天福，936～985）、梁周翰、范杲三個「齊名友善」的人。不僅如此，既然謂之「齊名」，當世成就自然是不相上下，但有別於柳開在太祖建隆三年才開始接觸韓文而寫作古文，三人皆是前代名士、當朝顯達，這就意味著當柳開著手進行「古文」創作的時候，已不乏類似的寫作呈現，並且其中更擁有突出的表現與地位。《宋史》即有云：

〔註30〕脫脫等：《二十四史·宋史》卷439，頁3309。
〔註31〕歸有光：〈跋商中宗廟碑〉，《歸有光全集》（臺北：盤庚出版社，1979 年 2月），頁59。

范杲好古學，大重開文，世稱爲「柳、范」。〔註32〕

「古學」讓柳開與范杲在學術的關懷上取得了交集，不僅范杲看中柳開，柳開在〈與李宗諤秀才書〉〔註33〕也表示了推崇之意，而這相應的呈現也受到時人的關注。不過，經此論述顯見兩人實有上下之分，先進後進之別。又，依柳開於〈答梁拾遺改名書〉一文中所云：

> 去秋八月已來，遂有仕進之心，以干於世。故得今以所著文投知于門下，實爲之舉進士矣。竊冀于公者，公以言譽之，公以力振之，同于常輩而是念矣。不謂公厚待曰：「賢過于韓吏部。」賜書責其不至曰：「若肩于韓而爲名，非所然也。」以至指摘韓氏之疵，恐累于小人之尚。信公于古無與儔者耳，小人謹聞命矣。〔註34〕

透過這篇文章，我們可以獲知的訊息是：其一，柳開與梁周翰的學術取向有著近似之處，在此基礎上，兩人有了學術思維上的互動與對話。「信公于古無與儔者」一語正印證了兩人在「習尚淳古」上呈現的共同趨向，而文章往返的論辯，亦正展現出和而不同的一面。其二，梁周翰對古文的欣賞與創作，時間並不晚於柳開。以柳開希望透過溫卷的方式來獲得梁周翰的青睞，又所貢之文也被譽爲「賢過于韓吏部」，則此時梁周翰對古文的態度與影響，當比柳開來得大。此外，透過梁周翰作進一步的係連，更可發現諸多肯定古文與寫作古文的人並存於世，如田錫、韓丕（太簡，？～1009）、張詠、王禹偁、胡旦（周父，978 及第）、何士宗……等人。因此，若偏取古文的角度作爲衡定的標準，柳開是難以被凸顯而具有開創性的地位。惟有透過韓愈，才能理解、彰顯柳開的特殊地位。

柳開指出：

> 或問退之、子厚優劣，野夫曰：「文近而道不同。」或人不諭，野夫曰：「吾祖多釋氏，于以不迨韓也。」〔註35〕

大體上從唐之後，只要論及於古文，無不以韓、柳爲首出，柳開當然也不例外，如〈再與韓洎書〉即云：「唐有天下三百年間，稱能文者，惟足下與我兩家。」〔註36〕雖然正面肯定了韓柳古文在唐代一同呈現了卓越的成就，但柳

〔註32〕脱脱等：《二十四史‧宋史》卷 440，頁 3314。
〔註33〕柳開：〈與李宗諤秀才書〉，《全宋文》第 3 冊，頁 632。
〔註34〕柳開：〈答梁拾遺改名書〉，《全宋文》第 3 冊，頁 587～589。
〔註35〕柳開：〈東郊野夫傳〉，《全宋文》第 3 冊，頁 687～689。
〔註36〕柳開：〈再與韓洎書〉，《全宋文》第 3 冊，頁 635～636。

開終究對之有所別異，「文近而道不同」的特殊見解，可說是一針見血的將兩者的異同作了清楚的劃分。或許有人會認爲當沾染釋氏的柳宗元與竭力斥佛的韓愈在儒釋色彩上已呈現出鮮明的對比時，要進行這樣的分辨是極其簡易的事，應不具有何特殊的意義，然而意義通常就不只是存在於新異的事物而已，尤其是深厚純粹的內涵多隱含於一般性中，是輕視、漠視將其深深地埋藏了。柳開即是當眾人惑於「文」之相近的表象而漠視了「道」之不同的價值精神時，透過「文」與「道」的統合，在凸顯一般性的謬誤中呈顯自身的特殊見解。所以能夠如此，自是柳開在「好尙韓之文」的外貌底下，對於「要妙」有著眞實而深切的體得，亦是其得以通往聖人之道的主要憑藉。也可以說即是基於這樣的見識，使強調名實相符的柳開，在名爲肩愈、字以紹元之時，相對於闡揚韓愈之道的竭盡心力，有關柳宗元的論述就顯得短淺了許多。柳開云：

> 捧書請益者咸云：「韓之下二百年，今有子矣。」野夫每報之曰：「不敢避是，願盡力焉。」或曰：「子無害其謙之光乎？」對曰：「當仁而不讓者，正在此矣。」〔註37〕

當仁不讓所蘊含的承擔之意，就是來自於對韓愈之「道」的有得，對於文近而道不同的柳宗元，顯然就不納入在視野當中。柳開如此推尊、崇尙韓愈的情形，尤其深入其中闡揚韓愈的價值內涵，這應是非常突出的。

這突出的態度與思維，正好鮮明的呈現在梁周翰與柳開的對話中。柳開記述云：

> 賜書責其不至曰：「若肩于韓而爲名，非所然也。」以至指摘韓氏之疵，恐累于小人之尙。信公于古無與儔者耳，小人謹聞命矣。然若韓氏之錄順宗、紀淮西、諫佛骨、碑羅池，其文在于今，其事顯于古，是非豈能曲于蔽與誣者乎！凡聖賢之度量大同也。唐之時，亦謂韓爲軻、雄之徒也。于今亦咸云若是也。又其言文之最者，曰元、韓、柳、陸也，是韓亦有道耳。……公之韓氏未足爲可賢也，蓋公之大于韓氏矣，亦若李耼之與先師夫子也。不其公見之者異於人哉！得不貴之乎？若教小人之更其所慕也，即小人本在漸，而不在於久矣。〔註38〕

〔註37〕 柳開：〈東郊野夫傳〉，《全宋文》第 3 冊，頁 687～689。
〔註38〕 柳開：〈答梁拾遺改名書〉，《全宋文》第 3 冊，頁 587～589。

「指摘韓氏之疵」、「以韓氏未足爲可賢」，鮮明的呈現了梁周翰對於韓愈的評價。雖然柳開的學術也不是始終鎖定、圍繞於韓愈的身上，有著由韓愈而通向於孔子之道的進程，但是從柳開的答辯裡可以瞭解到，由於將韓愈與孔子視爲是順成的關係，作爲通往孔子之道的途徑，仍視韓愈擁有其足以爲「漸」的價值內涵，是故當志在執用先師之道時，面對有關韓愈的質疑，仍盡情闡明其價值與意義。兩相對照，同爲「淳古」、「齊名」的兩個人，在有關韓愈的衡定上，意見竟然顯得如此分歧。由此可見，看似極其相近、相關的觀點，其中仍然可能存在有待分辨的差異，而這樣的差異，可能始於毫釐而終有千里之別，以柳開而言，在理論上古道、古文與韓愈的學術看似相通相容的幾個觀念，但若不加分辨，從而連繫、扣合於近似的主張，有如與梁周翰等同視之，則其間將產生種種問題。

　　是故，張景從韓愈學術的角度以「獨行」凸顯出柳開的特殊地位，應是合宜的陳述，而在宋代古文發展上運用類似「首變」之帶有開創性意味的語詞，其實也當是將韓愈的學術精神納入其中，才能言之成理。

　　其次，就影響力來說，具體可作爲衡定的依據，主要有兩個面向，一個是政治的，另一個是學術的。從政治的面向來說，雖然古代的學術普遍隱含著政教合一的思維傾向，政治因素多有左右一代學術的呈現風貌，但究其根本也只有是選擇性而不具有開創性的影響。君主透過了有利的選擇，助長了一個學術走向的倡行，主政者憑藉權位的優勢，誘引了士人的選擇與接受，這即是所謂的「風行草偃」，不過這只有在輔成中才能發揮實質的功效，試問有哪個風靡一代的學術，是能夠確立在政治上的決定呢？這是個必須分辨之本末、主從的問題，兩者最後雖可能發展至相輔相成的緊密關係，但關鍵還是在於學術本身必須先有其精彩的一面，即蘊含著開創性的質素，這樣才能有利於傳播的展開。

　　有關柳開在政治上的地位，已有研究論著將之納入了詮釋的視野，由於沒有位居顯要，影響力自當是薄弱的。從學術的面向來說，除了開創性原具難以抹滅的價值外，透過師從交遊間的對話以達到認同與融入而將學術的精神與價值傳播開來，更是影響中最屬眞切者。有關柳開的開創性思維，在當時是沒有引起太大的關注，這可從籠統的被概括爲「古道」的倡行者而等同視之瞭解到。至於在師從交遊上所呈現的意義，則尚有鑽研的必要。范仲淹指出：

懿、僖以降，寖及五代，其體薄弱。皇朝柳仲塗起而麾之，髦俊率
從焉。仲塗門人能師經探道，有文於天下者多矣。〔註39〕

范仲淹不僅用「師經探道」〔註40〕一語揭示出柳開在學術傳承上的核心內涵，
顯示出自身對於柳開學術的卓越見解，並且透過「髦俊率從」一語將柳開所
發揮之影響的層面圈點了出來。這樣的說法，相較於近似的論述，就顯得精
確而洗鍊，如《澠水燕談錄》中所述：

河東柳先生開，以高文苦學爲世宗師，後進經其題目者，翕然名重
于世。嘗有詩贈諸進士曰：「今年舉進士，必誰登高第。孫何及孫僅，
外復有丁謂。」未幾，何、僅連牓狀元，謂亦中甲科，先生之知人
也如此。〔註41〕

「爲世宗師」與「髦俊率從」的意思看似極爲相近，不過些微的差異就有可
能存在不妥貼的情形，尤其與「力弗逮」的說法大相逕庭，當如何看待呢？
順著文中所述，後進一經其題目則翕然名重於世，而科試的順利正說明了「宗
師」的影響力，這樣的情形除了孫何、孫僅（鄰幾，969～1017）與丁謂（謂
之，966～1037）之外，引人關注的尚有在眞宗、仁宗二朝具有舉足輕重的李
迪，詳盡敘述爲：

李文定公爲舉子時，從种放明逸先生學。將試京師，攜明逸書見柳
開仲塗，以文卷爲贄，與謁俱入。久之，仲塗出，曰：「讀君之文須
沐浴乃敢見。」因留之門下。一日，仲塗自出題，令文定與其諸子
及門下客同賦。賦成，驚曰：「君必魁天下，爲宰相。」令門下客與
諸子拜之，曰：「異日無忘也。」〔註42〕

科試前的贄文，其用意不難理解。李迪是景德二年（1005）的進士，此舉不
僅顯示出柳開在當時具有顯著的學術地位，並且這樣的地位是被認定爲具有
實質的影響力。當然，科舉的順利與學術的影響力原本應是不具有必然的相

〔註39〕范仲淹：〈尹師魯河南集序〉，《范仲淹全集》，頁183。

〔註40〕何喬新〈李泰伯傳〉云：「宋承五季分亂之餘，道喪文弊甚矣，天下既定，乃
有柳開、穆脩之徒，變骫骳之習，復渾雄之體，然未知本諸經以推明聖人之
道也。」雖然看到了經學在古文中的重要地位，但依此以論柳開之不足，或
未見其實，在范仲淹的視野中，顯然即非如此。文見《椒邱文集》卷20，《四
庫》第1249冊，頁318。

〔註41〕王闢之：《澠水燕談錄》（北京：中華書局，1997年12月），頁27。

〔註42〕程顥、程頤：《河南程氏文集·遺文》，《二程集》（北京：中華書局，2004年
2月），頁673。

關性，但在產生了連繫性的關係後，則意含：其一，柳開與時代主流文風有了近似的思維取向；其二，柳開的學術思維獲得了普遍的尊崇。引文中所提〈贈諸進士詩〉[註43]，是柳開在淳化二年夏天所撰寫的作品，詩文尚有云：「到京見陳訪，好尚同韓洎。……仰瞻爾數子，吾道終焉寄。無爲忽于予，斯文幸專繼。」正說明了這些將取得科名的髦俊，有如是柳開在學術取向上的延展。由是而言，在柳開有意倡行其道的基礎上[註44]，對於韓愈學術在宋代的活躍，確實起了非常大的作用。

　　然而，柳開對韓愈學術在宋初的倡行雖有顯著的貢獻，但是因而將之視爲宗主、始祖，甚至當文風轉折貼近於其逝世的時間，即視爲學術命脈之所在，恐有詮釋太過之嫌。從古文的角度，近來的研究無不指出王禹偁實際上具有更大的影響與更深的價值。[註45]以孫何、孫僅與丁謂三人來說，同樣也是經其題目，且產生的迴響似乎遠比柳開來得大，而根據現有的資料顯示，年齡相近並世生活的兩人似無往還的跡象[註46]，那麼在古文寫作上講求「法六經、尊韓愈」而自稱「希韓」[註47]的王禹偁，對於宋代韓愈學術的推行來說，實質上當是另一股強而有力的能量。不僅如此，柳開詩中所提的韓洎，透過與柳開的對話內容及其出處來看，擁有「吏部之梗概」的古文寫作呈現，想必也不是來自於柳開與王禹偁的影響。由是而言，除了柳開之外，使韓愈學術在太宗朝得以呈現昌盛的態勢，尚有多股力量同時在運作著。想要對這些力量有清楚的認識，透過吳文治所編《韓愈資料彙編》是個有利的途徑。依據所編內容，時代與柳開、王禹偁相近而非有師承關係的人，尚有种放（名逸，956～1015）、陳彭年（永年，961～1017）、陳堯佐（希元，963～1044）、姚鉉等人。今檢索《全宋文》再得田錫、張詠、趙湘（叔靈，959～994？）三人。

[註43] 柳開：〈贈諸進士詩〉，《河東集》卷13，《四庫》第1085冊，頁330。

[註44] 柳開：〈來賢亭記〉有云：「極吾心而盡於世，合吾道而比於時。」見《河東集》卷4，《四庫》第1085冊，頁264。

[註45] 黃啓方：《王禹偁研究》（臺北：學海出版社，1979年4月），頁55～71。

[註46] 馮志弘認爲柳王二人在中唐古文運動的理解有分歧，所以非同氣故有意不相交。然而，馮氏進一步解釋其間差異又回歸到文道先後輕重的問題，意在導入古文之文與道學之文的框架，值得商榷。文見〈柳開、王禹偁及其周邊人群交往考論——兼論柳、王文道觀的分歧〉，《宋代文學研究叢刊》第14期（2007年6月），頁221～248。

[註47] 王禹偁：〈送李巽學士序〉，《全宋文》第4冊，頁396。

以种放來說，雖爲一隱士，但在政治與學術上卻是引人注目的。〔註48〕根據所作〈退士傳〉自陳其學「知皇王大中之要，道德仁義之本」而「尤好孟軻書，益知聖人之道尊」，盡心於儒學的取向，極爲鮮明。雖是如此，其學術的視野卻是聚焦在韓愈的身上。試觀其所云：

> 條自古之文精粹者，漢則揚子雲，隋則王仲淹，唐則韓退之。然以退之當子雲而先仲淹，次則蜕之文、樵之《經》、《緯》，皮氏《文藪》，陸氏《叢書》，皆句句明白，剔奸塞回，無所忌諱，使學者窺之，則有列聖道德仁義之用。彼刻章斷句、補綴偶屬者，徒爲戲爾。〔註49〕

據其判斷，自古以來文章至於「精粹」的呈現有三人，而韓愈「當子雲而先仲淹」，推尊之意清晰可見。至於「剔奸塞回，無所忌諱」的說法，參照所云：「愈尊夫子道，以爲迠禹弗及。于是斥釋氏，續頹綱，俾忠恕之道，煥然復如日月之明，民到于今賴之。」〔註50〕從強烈的批判態度與護教明道的思維，肯定韓愈的價值。有關於此，釋智圓有云：

> 种徵君作〈嗣禹說〉，大抵以排斥釋氏爲意，謂堯水禹治，若禹之勤，世有嗣者，而迹殊矣。乃始陳仲尼能嗣禹績，次列孟軻、揚雄、王通。其末云：「……能嗣禹者，韓愈也。」……嗚呼！徵君宗聖爲文，力揚韓愈之道，反令上古之書皆成妄說，大禹之績但有其言而無其功矣。〔註51〕

釋智圓的反擊意味著种放的說法具有可觀的影響力，而「力揚韓愈之道」一語，更明白說明了种放學術的主要取逕。此外，參酌相關之記述：

> 初，高弁公儀作〈帝刑〉五篇以示放，放歎曰：「隋、唐以來，綴文之士罕能及之。」學者翕然競傳其文。及荷著〈過非〉九篇成，放見之，曰：「又在〈帝刑〉之上矣。」〔註52〕

〔註48〕司馬光記述：「种放以處士召見，拜諫官，眞宗待以殊禮，名動海內……。」見《涑水記聞》（北京：中華書局，1997年12月），頁105。關於种放在學術上的價值，馬茂軍指出其創作是歐曾王蘇的道路，在北宋古文運動中具有先驅的地位。文見〈种放：宋代古文運動的重要一環〉，《齊齊哈爾大學學報》（哲學社會科學版）2005年7月，頁1～4。

〔註49〕种放：〈退士傳〉，《全宋文》第5冊，頁564～565。

〔註50〕种放：〈辯學〉，《全宋文》第5冊，頁562～563。

〔註51〕釋智圓：〈駁嗣禹說〉，《全宋文》第8冊，頁253～254。

〔註52〕王闢之：《澠水燕談錄》，頁71。

> 高弁字公儀……從种放學于終南山，又學古文于柳開，與張景齊名。
> 至道中，以文謁王禹偁，禹偁奇之。〔註53〕

> 李文定公爲舉子時，從种放明逸先生學。將試京師，攜明逸書見柳
> 開仲塗，以文卷爲贄，與謁俱入。久之，仲塗出，曰：「讀君之文，
> 須沐浴乃敢見。」〔註54〕

透過高弁（公儀，生卒不詳）與李迪兩人的記述，可以窺見當時的學術氛圍。
相對於柳開與王禹偁在以文爲謁上所顯示的學術地位，經种放的品鑑後，就
形成「學者翕然競傳其文」的風潮，則各自具有的影響力可想而知。此外，
由師從者往來於三人之間，尤其以「攜明逸書見柳開仲塗」一事推論，致力
於韓愈學術的取向，眾人應無覺知其間有何顯著的不同。

又，陳彭年乃師事徐鉉爲文，且與王禹偁相同亦是「有古風，不用當時
文體」〔註55〕之畢士安（仁叟，938～1005）的門人，有關對韓愈的態度，可
自下文得知：

> 自哲人一往，作者多歧，則有孟子制其橫流，荀卿平其亂轍。……
> 唐氏雋乂爲多，比百王而雖盛，文章所尚，方三古而終殊。于是韓
> 吏部獨正其非，柳柳州輔成其事。千齡旦暮，斯豈誣哉！〔註56〕

「千齡旦暮」一語，可見推崇之意，而「獨正其非」的理解角度與种放相
近，姚鉉亦有云：「惟韓吏部超卓群流，獨高邃古，以二帝、三王爲根本，以
六經、四教爲宗師，憑陵轥轢，首唱古文，遏橫流于昏墊，闢正道于夷坦。」
〔註57〕在觀點上似乎呈現了彼此應和的情形，正說明了同時期儒者在視野上
的近似。

至於田錫，受知於宋白與梁周翰，又與王禹偁定交，則其學術取向當可
推知，其言云：

> 豈惟一詠一觴，爲文章之樂：一名一第，階雲霄之高。余欲以六經
> 爲寰區，以史籍爲藩翰，聚諸子爲職方之貢，疏眾集爲雲夢之遊。

〔註53〕脫脫等：《二十四史・宋史》卷432，頁3266。
〔註54〕程顥、程頤：《河南程氏文集・遺文》，《二程集》，頁673。
〔註55〕畢仲游：〈丞相文簡公行狀〉：「公多藏古書，博覽無所不記，著爲文章詩篇，
　　　皆辯麗宏遠，指物見意，有古風，不用當時文體。景德中，陳彭年次爲三十
　　　卷，尤善議論。」見《西臺集》（北京：中華書局，1985年），頁248。
〔註56〕陳彭年：〈故散騎常侍東海徐公集序〉，《全宋文》第5冊，頁202。
〔註57〕姚鉉：《唐文粹序》，《全宋文》第7冊，頁252～254。

> 然後左屬忠信之縶轡，右執文章之鞭弭，以與韓、柳、元、白相周
> 旋于中原。〔註58〕

這是與何士宗往返的書信內容，若再參照與胡旦的對話，可以瞭解到田錫所
謂「與韓、柳、元、白相周旋」的內涵，乃是「士君子以名節文藻相樂於升
平之世」的「儒雅」風尚，陳述雖有異於种放的批判態度，但實質意蘊應無
差異。其言云：

> 夫人之有文，經緯大道，得其道則持政于教化，失其道則忘返于靡
> 漫。孟軻、荀卿，得大道者也，其文雅正，其理淵奧。……世稱韓
> 退之、柳子厚，萌一意，措一詞，苟非美頌時政，則必激揚教義。
> 故識者觀文于韓、柳，則警心于邪僻。抑末扶本，躋人于大道可知
> 矣。然李賀作歌，二公嗟賞，豈非豔歌不害于正理，而專變於斯文
> 哉。〔註59〕

雖然對於韓愈學術的觀點是借用世人的看法，但是結合於田錫自身「經緯
大道」的文學觀點來進行論述，可知田錫對於韓愈的這種趨向是表示認同
的。所謂「美頌時政」與「激揚教義」的說法，正與同時尊韓儒者的觀點
相近。

　　然而，在這共同致力的學術取向下，趙湘的說法是值得令人關注的：

> 靈乎物者文也，固乎文者本也。本在道，而通乎神明，隨發以變，
> 萬物之情盡矣。……大哉！夫子之言，皆文也；所謂不可得而聞
> 者，本乎道而已矣。後世之謂文者，求本于飾，故爲閱玩之具，競
> 本而不疑，去道而不恥，淫巫蕩假，磨滅聲教。……彼之狀亦人
> 爾，其聖賢者心也，其心仁焉，義焉，禮焉，智焉，信焉，孝悌
> 焉，則聖賢矣。以其心之道發爲文章，教人於萬世，萬世不泯，則
> 固本也。……或曰：「今之言文本者，或異于子，如何？」對曰：「韓
> 退之、柳子厚既歿，其言者宜與余言異也。」〔註60〕

同樣將韓、柳作爲孔子的承繼者而加以肯定，但不同的是固本之「文」的
「道」，趙湘透過與聖人無異的角度，闡釋內在於人之心的仁、義、禮、智、
信即是此不可聞之「道」的所在。或許所云：「教者本乎道，道本乎性情，性

〔註58〕田錫：〈答何士宗書〉，《全宋文》第 3 冊，頁 132。
〔註59〕田錫：〈貽陳季和書〉，《全宋文》第 3 冊，頁 121。
〔註60〕趙湘：〈本文〉，《全宋文》第 4 冊，頁 760～761。

本乎心」〔註 61〕顯得粗略，不若此後理學之精詳，然而思維的轉變，應是可貴的，惟可惜未能獲得進一步的開展。

如上所述，此段期間宋儒對於韓愈學術的尊崇已成爲一個趨勢，但誠如孫沖（升伯，生卒不詳）所云：

> 韓愈死，其道彌光。後來有學韓愈氏爲文者，往往失其旨，則汨沒爲人所鄙笑，今則尤甚。嘗有人以文投陳堯佐，陳得之竟月不能讀。即召之，俾篇篇口說，然後識其句讀。陳以書謝且戲曰：「子之道，半在文，半在身。」以爲其人在則其文行，蓋謂既成之而須口說之也，是知身死則文隨而沒矣，于學古也何有哉！〔註62〕

陳堯佐亦是尊崇韓愈學術的儒者，雖然不必然契會韓愈的學術精神，不過透過他的評述我們可以看到宋初韓愈學術之所以由盛行轉向衰落的主要因素，即是學韓者在爲文方面呈現出「半在文，半在身」之文意不完整的寫作情形，當讀者難「識其句讀」，不僅學術價值及身而止，並且基於難解宜使人不喜不好的趨勢，韓愈學術自然逐漸走向了落寞。當然，此時古文寫作的呈現仍然多侷限於晦澀之中，在傳行上自然就容易產生理解的扞格，這樣的發展實不足爲奇，只是問題是否真是在此呢？陳堯佐所謂「失其旨」一語，應有值得令人玩味之處。換言之，一層可能連陳堯佐都尚未意識到的問題，即韓愈的學術精神爲何，宋初儒者是否深契、體現而發展呢？這應該才是學韓、尊韓之風發生轉折的關鍵因素。

（二）沉沒棄廢的真宗朝

孫沖寫作文章的時間是在景德元年九月（1004），時代進入到宋真宗時期，依據其論述內容已經呈現出追隨韓愈學術的走向碰到了瓶頸，由是反映到作品上寫作的風氣產生了轉變應是理所當然，晏殊即云：

> 去歲連得郵中書，并劉夢得、崔巨、樊宗師諸石記，尤慰。傾想所論韓、柳、獨孤、權、劉之文，甚善。僕爲郡以來，簿書刑訟之外益得暇閱古人集，自謂粗得其要。今試言之。古人云：「名者，天下之公器也。」某少時聞群進士盛稱韓柳，茫然未測其端。洎入館閣，則當時儁賢方習聲律，飾歌頌，誚韓柳之迂滯，靡然向風，獨立不暇。自歷二府，罷辭職，乃得探究經誥，稱量百家，然後知韓柳之

〔註61〕趙湘：〈原教〉，《全宋文》第 4 冊，頁 759～760。
〔註62〕孫沖：〈重刊絳守居園池記序〉，《全宋文》第 7 冊，頁 430～433。

獲高名爲不誣矣。〔註63〕

晏殊所指「方習聲律」，應當是指西崑體的寫作走向，之所以得以扭轉「盛稱韓柳」的崇尚風氣，即如上述所云，學韓已是扭曲的呈現，新生的學術取向自能使學者「靡然向風」。此外，透過晏殊的表述，我們也可以理解到，韓愈學術的走向沈寂，其中一個很重要的因素，就是視野形成的落差，所謂「探究經誥，稱量百家」而後能「知」，這種改變「茫然未測其端」而後的推崇，即是意味著當印本文化拓展了儒者的視野，促使仁宗時期韓愈的價值得以再次吸引眾人的目光而散發耀人的光輝。

當然，處於這個階段，仍然存有欣賞韓愈學術的儒者，除了尚存的少數幾人，諸如陳堯佐、姚鉉、陳彭年、种放等外，大多是來自於師承的關係，諸如張景、丁謂、李迪、高弁、劉顏（子望，生卒不詳）等，但受到視野的侷限，維繫的意義大於開展的價值。舉如眾所周知的穆修，其有云：

> 唐之文章，初未去周、隋五代之氣，中間稱得李、杜，其才始用爲勝，而號雄歌詩，道未極渾備。至韓、柳氏起，然後能大吐古人之風。其言與仁義相華實而不雜，如韓〈元和聖德〉、〈平淮西〉、柳雅章之類，皆辭嚴義密，製述如經。〔註64〕

以「道未極渾備」的解讀方式來分辨「李、杜」與「韓、柳」的學術價值，已透露出對於文章的關注焦點。然而，所謂「其言與仁義相華實而不雜」之意，從標舉之韓柳的作品來看，「辭嚴義密，製述如經」的闡釋，實際上與种放等人的思維視野似乎並未有太大的轉變，對於儒學、經學仍舊只有籠統的理會，要藉此來與西崑體的頌揚之風抗衡，應是有所困難的。一則相關而值得玩味的記述，文云：

> 往歲士人，多尚對偶爲文。穆修、張景輩始爲平文，當時謂之古文。穆、張嘗同造朝，待旦於東華門外，方論文次，適見有奔馬踐死一犬，二人各記其事，以較工拙。穆修曰：「馬逸，有黃犬遇蹄而斃。」張景曰：「有犬死奔馬之下。」時文體新變，二人之語皆拙澀，當時已謂之工，傳之至今。〔註65〕

筆記敘述，往往會有失實之處，如以穆修、張景是「始爲平文」的表述，當

〔註63〕晏殊：〈與富監丞書〉，《全宋文》第 10 冊，頁 198～199。

〔註64〕穆修：〈唐柳先生集後序〉，《全宋文》第 8 冊，頁 423～424。

〔註65〕沈括：《新校正夢溪筆談》（香港：中華書局香港分局，1987 年 4 月），頁155。

然在斷定上就顯得不眞切，不過藉以說明眞宗後「古文」寫作的情形，則應屬貼切。從具體的例證來看，記述者用「文體新變」之意味學術發展初期的觀點，爲「拙澀」的呈現尋求一合理的解讀，不過經過前文的論述，可以瞭解到當古文的寫作可以追溯到太宗一朝，並且曾經有過鼎盛的時期，則詮釋顯然有所失當。該如何解讀呢？兩個焦點，一爲根據「始爲平文」的現象，說明了受到西崑體的影響，此期爲人所熟知的古文作手已寥寥無幾；一爲「拙澀」的文章呈現，不僅透露寫作的趨向一直延續宋初之風並未改變，並且說明了難獲學者青睞的理由。此外，參照於孫沖的說法，缺乏對價值內涵的認知底下，「拙澀」的呈現確實是一個巨大的傳行障礙。根據邵伯溫的記述，其文云：

> 老益貧，家有唐本韓、柳集，乃丐於所親厚者，得金募工鏤板，印數百帙，攜入京師相國寺，設肆鬻之。伯長坐其旁，有儒生數輩至其肆輒取閱，伯長奪取怒視謂曰：「先輩能讀一篇，不失句讀，當以一部爲贈。」咱是經年不售。〔註66〕

「不失句讀」，只是閱讀上的基本能力，對於當時的儒生而言，竟然也成爲一大障礙，則遑論學術內涵之契會了。當然，韓愈的文章不是「拙澀」難通的作品，但除了受到當時古文寫作者的影響外，不具備理解的能力應是問題的關鍵。

三、駁雜的視野

　　經由以上了討論，看到韓愈學術在歐陽脩之前，確實經歷了一個盛衰的起伏過程，而在論述中，亦同時觸及何以柳開受到矚目的問題。有別於從文章詮釋的角度，質疑柳開的地位，本文則從價值思維的內涵，依據其由韓愈而至孔子之道的取逕，略加說明其獨特性。〔註67〕以下，即針對此點，納入並世儒者的觀點作進一步的討論。

　　與柳開並世，在文學的觀點與寫作上成爲多數論者備極推崇的王禹偁，

〔註66〕邵伯溫：《易學辨惑》，見《四庫》第9冊，頁404。

〔註67〕祝尚書即以「模擬之風與『辭澀言苦』」的柳開與「王禹偁『易道易曉』說」的對比，說明「宋初古文的難易之爭」，並將宋初古文運動的失敗歸結於奇崛苦澀的文風，而在歐陽脩登上文壇後才得以清算。難得其一端，但這只是局限於語言文字上的論斷而已，尤其若有顯著難易之爭的例子，景祐時期蔡襄與謝伯初的對話似乎才較爲明確。文參氏著《北宋古文運動發展史》（成都：巴蜀書社，1995年11月），頁71～83。

在宋儒的眼中，確實具有不可抹煞的地位，蘇頌（子容，1020～1101）云：

> 竊謂文章末流，由唐季涉五代，氣格摧弱，淪於鄙俚。國初屢有作
> 者，留意變風，而習尚難移，未能復雅。至公特起，力振斯文，根
> 源於《六經》，枝派於百氏，斥浮僞，去陳言，作而述之，一變於
> 道。後之秉筆之士，學聖人之言，由藩牆而踐突奧，繫公爲之司南
> 也。〔註68〕

「未能復雅」而因其以「一變於道」的說法，應是推許太過，但左右時代的
寫作風氣，改變五代以來的文章氣格，應是事實。宋初三先生的孫復亦有
云：「國朝自柳仲塗開、王元之禹偁、孫漢公何、种明逸放、張晦之景既往，
雖來者紛紛，鮮克有議於斯文者，誠可悲也。」〔註69〕將之與柳開並置於宋
代盡心於「斯文」的行列，足見其價值。然而，對於蘇頌以「根源於六經」
而譽之能「一變於道」的說法，應當存有商榷之處。雖然，王禹偁擁有強烈
的排佛意識，而且在鮮明的稽古思維之外，從推薦丁謂的用語云：「今之巨儒
也，其道師于六經。」〔註70〕亦以六經爲「道」之依歸，但是詳究其實，王
禹偁之「道」的思維內涵，並不純粹是儒家。有關於此，可以從兩個方面來
看，一個是個人的論述語言，一個是與之相知友善者的思維取向。

　　首先，從個人的論述語言來說，透過王禹偁自身的作品，關於「道」
的論述，不乏納入老、莊的思想質素。如淳化四年（993）所作〈日長簡仲
咸〉：

> 日長何計到黃昏，郡僻官閒晝掩門。子美集開詩世界，伯陽書見道
> 根源。〔註71〕

以老子道德經足以彰顯「道」的根源，此論斷明白展示出王禹偁的思維內涵。
又，〈崆峒山問道賦〉云：

> 我國家尚黃老之虛無，削申商之法令。坐黃屋以無事，降玄纁而外
> 聘。有以見萬國之風，咸歸乎清淨。〔註72〕

〔註68〕蘇頌：〈小畜外集序〉，蘇頌著、王同策等點校：《蘇魏公文集》（北京：中華
　　　　書局，1988 年 9 月），頁 1011。
〔註69〕孫復：〈上孔給事書〉，《全宋文》第 10 冊，頁 249～250。
〔註70〕王禹偁：〈薦丁謂與薛太保書〉，《全宋文》第 4 冊，頁 348。
〔註71〕王禹偁：〈日長簡仲咸〉，《小畜集》（臺北：臺灣商務印書館股份有限公司，
　　　　1968 年 9 月），頁 126～127。
〔註72〕王禹偁：〈崆峒山問道賦〉，《全宋文》第 4 冊，頁 224。

在這裡可以看到當時儒者納受「黃老」的思想，可能與主政的認定有很大的
關係，如羅從彥（仲素，1072～1135）即有記述云：

> 太宗嘗曰：「清淨致理，黃老之深旨也。汲黯臥理淮揚，宓子賤彈琴
> 治單父，蓋得其旨者也，朕當力行之。」呂端曰：「行黃老之道，以
> 致昇平，其效甚速。」呂蒙正曰：「老子曰：『治大國若烹小鮮。』
> 夫魚撓之則亂，比來上封事求更制度者甚眾，望陛下行清淨之
> 化。」〔註73〕

> 太宗嘗曰：「人君致理之本，莫先簡易，老子古之聖人也，立言垂
> 訓，朕所景慕，經云：『天地不仁，以萬物為芻狗。聖人不仁，以百
> 姓為芻狗。』是知覆燾之德，含容光大，本無情於仁愛，非責望於
> 品類也。」〔註74〕

從君臣的對話中，可以看到對於黃老的思想是深表認同，並且作為具體施政
的準則。順此，置身其中的儒者，確實很難不受影響，當然儒者本身的思維
最終仍是取捨的關鍵，諸如對釋氏的態度即是，則試觀王禹偁於淳化三年
（992）主動撰寫的〈厄言日出賦〉〔註75〕，文云：

> 是以大道五千，取不知而立誠；寓言十九，藉外論以同波。今我后
> 據北極之尊，窮《南華》之旨，思欲體清淨而率兆庶，故先命辭賦
> 而試多士。盛乎哉！崇道之名，不為虛美。〔註76〕

王禹偁呼應主政的思維，主動進行老莊之「道」的闡釋，應是深有所契，故
有是作，因此就「崇道之名，不為虛美」一語，當可判定王禹偁的思維視野
並未存有儒道的疆界，則所謂「老為儒術誤，瘦愛道裝輕。」〔註77〕儒道之
分實乃空言，原是一體之觀點，並無轉折取捨之本質變化。此如同羅從彥辨
微所云：「端與蒙正，知有黃老，而不知有聖人，得之於彼，而失之於此，可
勝惜哉！」〔註78〕以黃老與聖人為取捨之說，或待商榷，但以彼此渾同而不

〔註73〕 羅從彥：〈尊堯錄2・太宗〉，《羅豫章集》（北京：中華書局，1985年），頁24。
〔註74〕 羅從彥：〈尊堯錄2・太宗〉，《羅豫章集》，頁24。
〔註75〕 《宋史》於路振傳述中云：「淳化中舉進士，太宗以詞場之弊，多事輕淺，不能該貫古道，因試〈厄言日出賦〉觀其學術……」則當時對「古道」的認定，似未詳分儒道之別。文見脫脫等：《二十四史・宋史》卷441，頁3323。
〔註76〕 王禹偁：〈厄言日出賦〉，《全宋文》第4冊，頁211。
〔註77〕 王禹偁：〈病中書事上集賢錢侍郎五首〉，《小畜集》，頁172。
〔註78〕 羅從彥：〈尊堯錄2・太宗〉，《羅豫章集》，頁24。

自知斷之,當合實情。

其次,從與之相知友善者的思維取向來論,與王禹偁相互唱和而成名的羅處約(思純,960～992),《宋史》有述云:

> 處約嘗作〈黃老先六經論〉,曰:先儒以太史公論道德先黃、老而後《六經》,此其所以病也。某曰:「不然。道者何?無之稱也,無不由也。……是道與六經一也」〔註79〕

很清楚地,在羅處約的觀點中,「黃老」與「六經」之「道」乃是相通相容的價值內涵,並無先後尊卑之別,正與時代的風尙兩相契合。根據《宋名臣言行錄》的記述,其文云:

> 太宗問摶曰:「堯舜之爲天下,今可致否?」對曰:「堯舜土階三尺,茅茨不剪,其跡似不可及,然能以清淨爲治,即今之堯舜也。」
> 〔註80〕

「以清淨爲治」作爲至於堯舜的詮釋,雖然是陳摶的一家之言,但是從並世的儒者觀點來看,這樣的理解,卻是具有普遍性的。由是,再取與王禹偁定交之田錫的論述〔註81〕,其論云:

> 臣嘗讀家藏之書,見唐堯帝天下,以清靜爲理,先勞精于求賢,果得舜于側陋。舜由是舉十六相,而去四凶,海內大理,以至於無爲。〔註82〕

從時代的學術氛圍來說,擷取清靜無爲的觀點來闡釋堯舜之治,應是不足爲奇的。

綜上所述,當作爲支撐韓愈學術盛行的關鍵人物之一,其學術的思維視野,並無法契會儒學的價值精神,則對於欲「原道」的韓愈來說,兩方存在的扞格,自是必然的。因此,初期宋學對於韓愈而言,是心儀有餘而開創不足,只有在原有的框架中,「納受」諸如闢佛、宗經、明道之既經表述的觀點,而在反覆的推尊中,形塑其在學術上的地位,虛而不實自是難敵挑戰,是故不得不待歐陽脩的契會,始能有新的展開。

〔註79〕脱脱等:《二十四史‧宋史》卷440,頁3316。
〔註80〕朱熹:《宋名臣言行錄》前集卷10,《四庫》第449冊,頁114。
〔註81〕王禹偁與張詠結交於太平興國二年,見徐規:《王禹偁事迹著作編年》(北京:商務印書館,2003年4月),頁32。
〔註82〕田錫:〈設邊吏對〉,《全宋文》第3冊,頁182。

四、小 結

學術的發展原本就不是一條順暢的道路，太過規律性的描繪，反而失去了其中蘊含的精彩意義。

對於初期宋學，如何詮釋以適切說明其未足呢？本文認爲不論從古文或是從韓愈的角度切入，都必須關注於「內容價值」，認知一個作爲學術呈現之「體」，具有何種理會。根據這樣的角度，當仔細梳理初期宋學對於韓愈學術的評價，瞭解到期間並非一直處於沈沒無聞的狀態，而是曾經有過備受尊崇的階段，即能理性辨析其間蘊含的問題。

簡要來說，初期宋學在籠統的稽古思維底下，關注到了韓愈的學術，因而「納受」了諸如闢佛、宗經、明道等觀點，並著手於古文的寫作，其實並未能契會韓愈所開啓的學術精神——「能自樹立」所彰顯之價值的主體精神。爾後論者，或因關注焦點的轉移，或仍舊未見其核心的精神，僅能在古文寫作的形式上進行反覆辨析，實有扞格難通之處。舉如：何以宋代古文以柳開爲首？王禹偁與柳開的分別在哪？何以古文寫作或尊韓風尚再次走向沈寂？有關這些問題，惟有從與韓愈所彰顯之價值與主體的兩部分來衡定，才能獲得釐清。以柳開而言，就是洞悉了以六經之旨爲文的價值內涵，因此足以作爲宋代古文之開創者。至於，王禹偁與柳開的差異，其實就是「道」不同，但不是背反，而是在共同趨向於稽古的思維中，王禹偁夾雜了清淨之道。最後，有關尊韓之風的再次沈寂，自是在精神未契之下，形似的追求，終究會遇到瓶頸，孫沖所謂「失其旨」正是失之又失的中的之言。

第二節 元和風尚：初期宋學的思維脈絡

所謂「初期宋學」，本文將時間界定在宋初的三個朝代。一般在界定宋代學術的開展，不論是文學方面〔註83〕，或者是思想方面〔註84〕，對於這一

〔註83〕在宋調正式確立之前的文學發展，似乎多偏重於狀態描繪，少有肯定其意義的推進。王水照編：《宋代文學通論》（開封：河南大學出版社，1997 年 6 月），頁 82～92、190～196。

〔註84〕不論是劃定在宋初三先生或者是周敦頤之時，都是沒有正視宋初三朝的價值意義。如徐洪興討論思想的轉型，納入三先生外，加入的也僅是范仲淹。見氏著《思想的轉型：理學發生過程研究》（上海：上海人民出版社，1996 年 12 月），頁 236～376。

時期的關注，似乎不帶有正面而積極的態度。主要的原因，應是沒有迥然相異之新貌的呈現。然而，若依據錢穆所云：「然則治宋學當何自始？曰：必始於唐，而昌黎韓氏爲之率。」〔註85〕又云：「治宋學者首昌黎，則可不昧乎其所入矣。」〔註86〕錢鍾書亦有云：「韓昌黎之在北宋，可謂千秋萬歲，名不寂寞者矣。」〔註87〕意近宋人李正民所謂：「韓愈之文，學孟子作也；本朝諸公之文，學韓愈作也。」〔註88〕當學術的價值與精神可以遠遠追溯到韓愈的身上，則處於當中的這個時期，將之判定爲歧出的發展而加以漠視，似乎並十分不妥當。況且，學術的開展並非是一蹴可幾，當有藉於不斷的詮釋與調適，因此介於韓愈與「宋學」間的變化過程，實有豐富的意蘊足以令人關注。

眾所皆知，在宋代首先伴隨韓愈被留下深刻印象的有兩個人：一是柳開，一是王禹偁。其後，即是成就宋代文學新貌，被稱爲「今之韓愈」的歐陽脩。〔註89〕根據《四庫提要》所云：「宋初詩文尚沿唐末五代之習，柳開、穆修欲變文體，王禹偁欲變詩體，皆力有未逮。歐陽脩崛起爲雄，力復古格，于時曾鞏、蘇軾、蘇轍、陳師道、黃庭堅等皆尚未顯，其佐修以變文體者尹洙，佐修以變詩體者則堯臣也。」〔註90〕顯然這是從個人的才力來進行思考，並未覺知到學術的開展實際上不純粹是展現上的問題，其中最爲關鍵者，當是：價值意義的詮釋是否達到成功的轉化？

是故，從意義的脈絡來進行思考，從柳開之後，包括西崑體的盛行，將可發現其中實質上存在著一個發展的趨向。這個趨向，不僅維繫著初期宋學

〔註85〕錢穆：《中國近三百年年學術史》（臺北：臺灣商務印書館，1996年7月），頁2。

〔註86〕錢穆：《中國近三百年年學術史》，頁2。

〔註87〕錢鍾書：《談藝錄》（北京：生活‧讀書‧新知三聯書店，2001年1月），頁187。其後云：「歐陽永叔尊之爲文宗，石徂徠列之於道統。」雖「文宗」、「道統」兩分，然意在透過歐陽脩之專於文而石介之力於儒，以彰顯韓愈在宋學具有之核心地位。

〔註88〕李正民：〈再答書〉，《大隱集》卷6，見《景印文淵閣四庫全書》第1133冊（臺北：臺灣商務印書館，1986年3月），頁70。以下引書以《四庫》簡稱之。

〔註89〕蘇軾：〈六一居士集敘〉，孔凡禮點校《蘇軾文集》（北京：中華書局，2008年7月），頁316。本文引用《全宋文》皆採用此版本，以下將僅直接註明冊、頁數。

〔註90〕紀昀等：《欽定四庫全書總目》（整理本）（北京：中華書局，1997年1月），頁2054～2055。

的發展，也將更加彰顯出歐陽脩的價值與精神。有關這個思維的脈絡，本文將之稱爲「元和風尙」，詳細分疏如下。

一、初期宋學的思維脈絡

有宋一代的學術發展大體可用「稽古好文」[註91] 一語來概括，不過不同學術面貌中所蘊含的意義，卻是需要深入的體貼，才能擁有切近的掌握。經由掌握切近的意蘊，始能感知學術轉變的生命脈動，進而足以作爲學術開展的借鏡。

學者在討論宋代學術，尤其是古文的發展時，常常會引用的一段文字，即是范仲淹的論述，其云：

> 予觀堯典舜歌而下，文章之作，醇醨迭變，代無窮乎。惟抑末揚本，去鄭復雅，左右聖人之道者難之。近則唐貞元、元和之間，韓退之主盟于文，而古道最盛。懿、僖以降，寖及五代，其體薄弱。皇朝柳仲塗起而麾之，髦俊率從焉。仲塗門人能師經探道，有文於天下者多矣。洎楊大年以應用之才，獨步當世。學者刻辭鏤意，有希吳髣髴，未暇及古也。其間甚者專事藻飾，破碎大雅，反謂古道不適於用，廢而弗學者久之。[註92]

在這段文字中，不僅表述了宋初的學術轉折，也將韓愈的學術納入討論，可以說源流極其清晰。不過，此文最值得令人關注的應當是價值核心的提出，由范仲淹以「古道」貫串全文來看，可知「古道」即是核心之所在。根據韓愈的文章，其云：

> 今劉君之請，未必知歐陽生，其志在古文耳。雖然，愈之爲古文，豈獨取其句讀不類於今者邪？思古人而不得見，學古道則欲兼通其辭；通其辭者，本志於古道者也。[註93]

「古道」確實是韓愈學術的關注焦點。至於柳開，其有云：

> 古文者，非在辭澀言苦，使人難讀誦之，在于古其理，高其意，隨

〔註91〕田錫：「今天子春秋鼎盛，好文而稽古；天下底定，內寧而外安。」所言雖指太宗，不過用以表述有宋一代學術，亦稱允當。文見〈上中書相公書〉，《全宋文》第 3 冊，頁 127。

〔註92〕范仲淹：〈尹師魯河南集序〉，范仲淹著；李勇先、王蓉貴校點：《范仲淹全集》（成都：四川大學出版社，2002 年 9 月），頁 183。

〔註93〕韓愈：〈題哀辭後〉，《韓昌黎文集校注》（上海：上海古籍出版社，1987 年 6 月），頁 304～305。

> 言短長，應變作制，同古人之行事，是謂古文也。子不能味吾書，
> 取吾意，今而視之，今而誦之，不以古道觀吾心，不以古道觀吾志，
> 吾文無過矣。〔註94〕

柳開指出古文的寫作，值得令人關注的焦點並非在呈現的文字上，而是其中
蘊含的「意」與「理」，至於洞悉此內涵的方式，則惟有透過「古道」的視角。
此外，與柳開並世有名的王禹偁亦有云：

> 今子年少志專，雅識古道，又其文不背經旨，甚可嘉也。姑能遠師
> 六經，近師吏部，使句之易道，義之易曉，又輔之以學，助之以氣，
> 吾將見子以文顯于時也。〔註95〕

在具有「古道」視野的基礎上，繼續透過以六經、韓愈爲師的方式，就能夠
有所成就。以上，皆清楚可見對於「古道」的關注，正印證范仲淹的論述是
切重且合於各學術的發展核心。然而，此下有關楊億的論述，似乎就存有疑
義了。依據范仲淹的說法，「古道」的推行遭受到「廢而弗學」的挫折，乃是
源自於楊億學術所引起的廣泛影響。對照於石介的論述，其云：

> 本朝文人稱孫、丁而皆推重之，則楊爲少知古道明矣。然以性識浮
> 近，不能古道自立，好名爭勝，獨驅海內，謂古文之雄有仲塗、黃
> 州、漢公、謂之輩，度己終莫能出其右，乃斥古文而不爲，遠襲唐
> 李義山之體，作爲新制。楊亦學問通博，筆力宏壯，文字所出，後
> 生莫不愛之。然破碎大道，雕刻元質，非化成之文，而古風遂變。
>
> 〔註96〕

楊億透過自身的才能，襲取「李義山之體」而開創新制，使原本趨向於「古
道」的學術發展產生了轉變。從石介所謂「非化成之文」的嚴厲批判，可知
這種轉變是負面的。若不仔細進行分辨，范仲淹與石介的說法似乎並無太大
差異。試觀范仲淹的另一處評論，其云：

> 公以斯文爲己任，繇是東封西祀之儀，修史修書之局，皆歸大手，
> 爲皇家之盛典。當時臺閣英游，蓋多出於師門矣。而命世之才，其
> 位不充，故天下知公之文，而未知其道也。〔註97〕

〔註94〕柳開：〈應責〉，《全宋文》第 3 冊，頁 662～663。
〔註95〕王禹偁：〈答張扶書〉，《全宋文》第 4 冊，頁 358。
〔註96〕石介：〈祥符詔書記〉，《徂徠石先生文集》（北京：中華書局，1984 年 7 月），
　　　　頁 220。
〔註97〕范仲淹：〈楊文公寫眞讚〉，《范仲淹全集》，頁 167。

「以斯文爲己任」一語，在宋代是具有非常特殊的意蘊，這是各個自認有得的儒者所展現出的承擔氣魄，范仲淹揭示楊億具有這樣的志氣，並詳述其具體之展現，肯定之意溢於言表。至於，有關儒者針對西崑體提出的批判，范仲淹則回應以楊億雖有「命世之才」，但在「其位不充」的狀態下，學者徒知其「文」而加以學習與模仿，致使滑落了價值的根本——「道」。與此相對，石介云：

> 今天下有楊億之道四十年矣。今人欲反，盲天下人目，聾天下人耳，使天下人目盲，不見有楊億之道；使天下人耳聾，不聞有楊億之道。俟楊億道滅，乃發其盲、開其聾，使目唯見周公、孔子、孟軻、揚雄、文中子、吏部之道，耳唯聞周公、孔子、孟軻、揚雄、文中子、吏部之道。〔註98〕

顯然楊億的學術不僅僅只是形式上「文」的問題，在石介的觀點中，造成問題的關鍵即是在於楊億具有與周孔之「道」相對立的思維內涵。由是可知，范仲淹與石介兩人對於西崑體寫作的風潮都持以批判的態度，但對於楊億學術的認定就產生了分歧，而分歧的關鍵點就在於「道」。何者爲眞呢？《儒林公議》有記述云：「楊億在兩禁，變文章之體，劉筠、錢惟演輩皆從而學之，時號『楊劉』。三公以新詩更相屬和，極一時之麗，億乃編而敘之，題曰《西崑酬唱集》。當時佻薄者謂之『西崑體』，其它賦頌章奏，雖頗傷於彫摘，然五代以來蕪鄙之氣，由茲盡矣。」〔註99〕既然「西崑體」的稱謂成形於「佻薄者」的視野，不難想像由是而下的學術呈現當與楊億等人的寫作精神存有扞格，並且楊億等人的作品還積極發揮去除「五代以來蕪鄙之氣」的作用，可見如何適切看待楊億等人的學術呈現尚有討論的空間。〔註100〕

誠如范仲淹所云「其位不充」，楊億學術之所以風靡天下，必然存在其動

〔註98〕 石介：〈怪說中〉，《徂徠石先生文集》，頁62。

〔註99〕 田況：《儒林公議》，收錄於朱易安、傅璇琮等主編《全宋筆記》第一編（鄭州：大象出版社，2003年10月），頁87。

〔註100〕 曾棗莊與周益忠都企圖爲西崑體找尋意義，但切入的角度局限在闡述作品本身是具有「諷刺」或「托怨」的內容，則闡述的結果雖然顯示了楊億與西崑體的不同面向，但是誠如曾棗莊所謂：「並未擺脫前人藩籬。」似乎未能呈顯積極一面的意義。詳細論述參見曾棗莊：《論西崑體》第一章「《西崑集》行，風雅一變」（高雄：麗文文化，1993年10月），頁1～10。周益忠：〈詩家總愛西崑好——重新解讀西崑體〉，《西崑研究論集》（臺北：臺灣學生書局，1999年3月），頁1～40。

人之處。根據楊億在〈武夷新集自序〉一文中的表述，其云：「予亦勵精爲學，抗心希古，期漱先民之芳潤，思覘作者之壺奧。」〔註101〕在文章的寫作呈現上，也多次提及「稽古」，可見楊億確實是以「古道」爲其學術的取向。然而，或許是囿於「西崑體」的鮮明色彩，論者難以順通兩者之間的關係，因此就採取了近似於石介的模式，以前後兩期爲不同的呈現來進行詮釋。這種割裂的表述方式，或許將學術發展的現象描繪了出來，但卻無法展現其中可能蘊含的意義。其實，先擱置對「西崑體」既有的認知，不論是正面的或是負面的評價，應當較能平心探究其間存在的關聯。

一則非常重要的敘述，其中提供了適切詮釋與理解的角度。《續資治通鑑長編》記曰：

> 庚寅，知汝州、秘書監楊億言：「部內秋稼甚盛，粟一本至四十穗，麻一本至九百角。」上覽其章，謂輔臣曰：「億之詞筆冠映當世，後學皆慕之。」王旦曰：「如劉筠、宋綬、晏殊輩相繼屬文，有貞元、元和風格者，自億始也。」〔註102〕

這是一則記錄宋眞宗與王旦間對話的文字，兩人談論的主題正是關於楊億的學術。根據記載，當時爲大中祥符八年（1015）八月，距離西崑集的集成已有一段時間，楊億的學術若依論者的歸類，當是屬於轉變後之西崑體的展現。不過，王旦的評論卻呈現出不同的意蘊，所謂「有貞元、元和風格」，這不正是范仲淹推崇韓愈主盟於文而古道最盛的時期嗎？其間存在的關聯性實耐人尋味。關於這個訊息，宋祁的論述雖沒有如此鮮明，但亦足資佐證，其云：

> 億工文章，采縟閎肆，彙類古今，氣象魁然，如貞元、元和，以此倡天下而爲之師。公與劉、陳數公推轂趣和之，既乃大變。景德、祥符間，號令彬彬，謂之爾雅，而五代之氣盡矣。〔註103〕

宋祁寫作此文時已年過五十，對於韓愈與文章的寫作都有一番新的體悟，而透過這樣的視野，不僅肯定楊億得以因其文而爲天下「師」〔註104〕，更以爲

〔註101〕楊億：〈武夷新集自序〉，《全宋文》第7冊，頁712。曾棗莊即認爲《武夷新集》的文學思維用來解釋楊億學術的整體趨向是合宜的。詳見氏著〈西崑派的文論主張——讀楊億《武夷新集》〉錄《四川大學學報》（社會科學版）1993年第4期，頁53～58。

〔註102〕李燾：《續資治通鑑長編》（北京：中華書局，1979年8月），頁1945。

〔註103〕宋祁：〈石少師行狀〉，《全宋文》第13冊，頁64。

〔註104〕自韓愈開始，尤其到了宋代，儒者對於「師」的認定，轉趨嚴格且具有非常特殊的意義，這是與「道」的體悟有密切的關係。

如是取逕具有盡除「五代之氣」的成效，推崇之意溢於言表。其中，特別引人關注的，即是同樣提到「貞元、元和」的學術。

根據這個訊息，進一步審視楊億的寫作，將可發現確實具有一個以「元和」爲焦點的思維傾向。楊億云：

> 五代已還，文體一變，至于雅誥，殊未復古。公之書命也，啓迪前訓，潤色鴻業，善爲辭令，長于著書。考三代之質文，取兩漢之標格，使國朝謨訓，與元和、長慶同風者，繫公之故也。〔註105〕

此文雖然是楊億針對李沆（太初，947～1004）的文章來說，但藉以稱譽的內涵如果沒有相近的體認，如何彰顯其中意蘊呢？因此，文中所述內涵，實亦切近楊億的學術取向。由引文的論述，可知「變」五代之文體以「復古」確實也是楊億所認同的方向。如何「復古」呢？楊億透過李沆之雅誥的變革，指出當以「三代」、「兩漢」爲依歸，即能展現出與「元和、長慶」同樣的風貌。由是而言，可知「三代」、「兩漢」與「元和、長慶」，具有近似而相通的意涵。又，其云：

> 盤石尚在，念祖德之不忘；青紙遠頒，見王言之誕布。固湯誥、禹謨之可復，豈元和、長慶之足云！〔註106〕

「湯誥、禹謨」乃意味聖人之文與道，自是「元和、長慶」所無法比擬的，楊億之所以如此論述，其意當在彰顯共同的趨向下，尚有可以契及的理想。由是，亦可知「元和、長慶」的聚焦，並非即將其視爲理想的範型，而是取其能初步具現理想的價值。

根據以上的論述，可知楊億的學術在透過特定的角度來進行審視，將可理解到其前後一致的思維脈絡。這個特定的理解角度，或稱「貞元、元和」，或謂「元和、長慶」，實際上就是意指以元和爲中心之踐行「古道」的風潮，是故本文將之名爲「元和風尙」。因此，可以說范仲淹的理解當是較爲適切的。

理解了楊億學術具有「元和風尙」的思維脈絡之後，以下進一步呈現宋初以來的儒者，是否具有近似的思維取向。如王禹偁云：

> 此蓋唐初之文，有六朝淫風，有四子豔格。至貞元、元和間，吏部

〔註105〕楊億：〈宋故推忠協謀佐理功臣光祿大夫尚書右僕射兼門下侍郎同中書門下平章事監修國史上柱國隴西郡開國公食邑三千八百戶食實封一千二百戶贈太尉中書令諡曰文靖李公墓誌銘〉，《全宋文》第8冊，頁62。
〔註106〕楊億：〈與薛舍人啓〉，《全宋文》第7冊，頁674。

首唱古道，人未之從。故吏部意中自是，而人能是之者百不一二；

下筆自慚，而人是之者十有八九，故吏部有是嘆也。〔註107〕

此則是有關「立言」的論述，王禹偁透過對韓愈的詮釋揭示了其中的意蘊。
藉此，不僅可以看到有關個人所呈現的價值，所謂「首唱」，正意味著「貞
元、元和」具有時代的整體特殊性。試觀所作〈送李巽序〉，其云：

君尤善辭賦，得貞元、長慶時風格，如〈土鼓〉〈辰樓〉數篇，皆辭

理精妙，出入意表，故秉筆者許之。〔註108〕

「貞元、長慶」時間的跨度雖然大些，但無礙於指涉的焦點。王禹偁在此已
明確提出時代所具有的風格特徵，並藉以褒揚他人的文章呈現，所謂「辭理
精妙，出入意表」即是。孫何亦有云：

歷觀貞元、元和之際，垂文章大名于後者，未始不兼善其事。故其

發策決科，如取諸左右前後。自長慶已降，則文、賦、詩離爲三

家，專門自高，迭相謗斥，洎束于程試，則狼狽顛頓，失其所

負。……沛國朱嚴……其文有柳柳州之奇奧，皇甫湜之峻整；觀其

詩有賈長江之諷諭，薛許昌之清新；觀其賦有獨孤授之氣格，李繆

公之親切。〔註109〕

有別於王禹偁用「古道」一語，由價值內涵的一面來進行陳述，孫何透過「兼
善」的角度，彰顯出「貞元、元和」的文章特質。然而，這並不是說孫何的
看法有了轉變，依據所作〈文箴〉云：「奕奕李唐，木鐸再揚。文之綱紀，斷
而更張。鉅手魁筆，磊落相望。凌轢百代，直趨三王。續典紹謨，韓領其徒。
還雅歸頌，杜統其眾。」〔註110〕可知對於文章價值的貞定，在根本的趨向上，
仍是通同的。又，田錫有云：

迨至有唐貞元、長慶間，儒雅大備，洋洋乎可以兼周、漢也。帝王

好文，士君子以名節文藻相樂于升平之世，斯實天地會通之運也。

〔註111〕

所謂「儒雅大備」、「可以兼周、漢」，皆可見對於當時學術風尚的推崇之意。
此外，姚鉉指出：「世謂貞元、元和之閒，辭人咳唾，皆成珠玉，豈誣也哉！」

〔註107〕王禹偁：〈再答張扶書〉，《全宋文》第 4 冊，頁 359。
〔註108〕王禹偁：〈送李巽序〉，《全宋文》第 4 冊，頁 392。
〔註109〕孫何：〈送朱嚴應進士舉序〉，《全宋文》第 5 冊，頁 177～178。
〔註110〕孫何：〈文箴〉，《全宋文》第 5 冊，頁 189。
〔註111〕田錫：〈答胡旦書〉，《全宋文》第 3 冊，頁 130。

〔註112〕可知「貞元、元和」已經被形塑成一種具有特殊意涵的觀點，而爲世人所普遍認知。

即是具有這樣的思維取向，時至楊億之後，有關「元和風尚」的表述，不僅用語愈加精確，內涵愈加清晰，更成爲文人大儒所津津樂道的學術盛世。如歐陽脩所云：

> 以唐太宗之致治，幾乎三王之盛，獨於文章不能少變其體，豈其積習之勢，其來也遠，非久而眾勝之，則不可以驟革也？是以羣賢奮力，墾闢芟除，至於元和，然後蕪穢蕩平，嘉禾秀草爭出，而葩革萬實爛然在目矣。〔註113〕

唐太宗在政治方面雖然建構出幾近於「三王」的盛世，但是在學術方面，則仍有待至於「元和」始能變革爲善，可知在歐陽脩的觀念裡，「元和」學術乃是唐代最爲璀璨的呈現。梅堯臣（聖俞，1002～1060）亦有詩云：

> 文章革浮澆，近世無如韓，……謝公唱西都，予預歐尹觀，乃復元和盛，一變將爲難。〔註114〕

范仲淹則云：

> 鏗鏗千古嶧山桐，金石聲來造化中。誰道元和無復致，爲君堂上起薰風。〔註115〕

回到「元和」，這樣的期待，代表其中蘊含著價值性與理想性。即使包括北宋五子之一的邵雍亦有云：

> 何代無人振德輝，眾賢今日會西畿。太平文物風流事，更勝元和全盛時。〔註116〕

顯見在經過了一段詮釋與理解的過程，「元和」已被形塑成儒者得以踐行其道的光輝時代。然而，誠如歐陽脩所云：

> 予嘗考前世文章政理之盛衰，而怪唐太宗致治幾乎三王之盛，而文章不能革五代之餘習。後百有餘年，韓、李之徒出，然後元和之文

〔註112〕姚鉉：〈唐文粹序〉，《全宋文》第7冊，頁253。

〔註113〕歐陽脩：〈隋太平寺碑〉，《歐陽脩全集》（北京：中華書局，2009年1月），頁2179。

〔註114〕梅堯臣：〈依韻和王平甫見寄〉，梅堯臣著、朱東潤編年校注：《梅堯臣集編年校注》（臺北：源流文化事業有限公司，1983年4月），頁833。

〔註115〕范仲淹：〈雜詠四首〉之三，《范仲淹全集》，頁77。

〔註116〕邵雍：〈履道留題吟〉，《擊壤集》卷17，《四庫》第1101冊，頁131。

始復于古。〔註 117〕

「韓、李」的連稱，其中所蘊含之迥異於韓、柳並稱的意義，是歐陽脩重契韓愈價值精神後的展現。換言之，歐陽脩得以藉由韓愈在儒學中所開拓之價值主體的視野，繼續往前發展。據此而言，透過「韓、李」所界定的「元和之文」，雖然進一步彰顯了其中具有的意蘊，然而隨著關注的焦點轉移到個人，長期以來所進行之時代意涵的明晰與貞定，也宣告結束。不過，由是所形塑而成的觀點，已深植在儒者的心中，如陸游云：「進士高第及以文辭進於朝者，亦多稱得人，祖宗之澤猶在，黨籍諸家爲時論所貶者，其文又自爲一體，精深雅健，追還唐元和之盛。」〔註 118〕周必大云：「唐太宗治幾成、康，而士大夫文體終不能掃齊、梁之陋。下逮元和，其政化豈貞觀比哉？而韓、柳之文登漢咸周。」〔註 119〕眞德秀云：「使人知忠鯁可尚，而諛悅可羞，則元和之盛，何難致之有！」〔註 120〕皆可見對於「元和風尙」的尊崇與傾心。

二、「元和風尙」之內涵及其蘊含的意義

（一）原始內涵

談到「元和」一詞，必定會讓人聯想到所謂的「元和體」。然而，實質上這兩者並沒有緊密的關聯，最初不過是模糊的時代輪廓，經過了不斷地詮釋與理解，才貞定與明晰了它的內涵與價值。

關於「元和體」，元稹（微之，779～831）所下的定義必然是理解的主要依據，其云：

積自御史府謫官，於今十餘年矣，閒誕無事，遂專力於詩章。日益月滋，有詩向千餘首。其間感物寓意，可備矇瞽之諷者有之，詞直氣粗，罪尤是懼，固不敢陳露於人。唯杯酒光景間，屢爲小碎篇章，以自吟暢。然以爲律體卑下，格力不揚，苟無姿態，則陷流俗。常

〔註 117〕歐陽脩：〈蘇氏文集序〉，《歐陽脩全集》，頁 614。
〔註 118〕陸游：〈傳給事外制集序〉，《陸放翁全集》（北京：中國書店，1991 年 9 月），頁 86。
〔註 119〕周必大：〈家塾策問 4〉，曾棗莊、劉琳主編《全宋文》第 231 冊（上海：上海辭書出版社，2006 年 8 月），頁 81。此爲後出之《全宋文》，非本文之主要取材版本，故特別標明。
〔註 120〕眞德秀：〈癸酉五月二十二日直前奏事奏箚 1〉，《西山先生眞文忠公文集》（臺北：臺灣商務印書館股份有限公司，1968 年 9 月），頁 37。

　　欲得思深語近，韻律調新，屬對無差，而風情宛然，而病未能也。
　　江湖間多有新進小生，不知天下文有宗主，妄相倣傚，而又從而失
　　之，遂至於支離褊淺之詞，皆自謂爲元和詩體。稹與同門生白居易
　　友善，居易雅能爲詩，就中愛驅駕文字，窮極聲韻，或爲千言，或
　　爲五百言律詩，以相投寄。小生自審不能有以過之，往往戲排舊韻，
　　別創新詞，名爲次韻相酬，蓋欲以難相挑耳。江湖間爲詩者，復相
　　倣傚，力或不足，則至於顛倒語言，重複首尾，韻同意等，不異前
　　篇，亦自謂爲元和詩體。而司文者考變雅之由，往往歸咎於稹，嘗
　　以爲雕蟲小事，不足以自明。〔註121〕

文章的內容，條理清晰，藉此對於元和詩體的內容，當有清楚的認識。所謂
元和詩體，包括兩種寫作的呈現，一是倣傚盃酒光景閒的「小碎篇章」，一是
倣傚「次韻相酬」的長篇排律。然而，誠如陳寅恪〔註122〕所云：「自來多所誤
會。」不僅存有混淆作品意旨的現象，更在詮釋與理解上呈現出嚴重的失當。
其實，學術在流傳的過程中，本就易於因爲傳習者的不同視野而產生了多種
解讀，進而改變了原有的樣貌與意涵。因此，不同的詮釋與理解，仍然能夠
反映出特定的意義，端看如何取捨而已。就此處而言，本文關注的是「元和
詩體」的原有面貌與價值。陳寅恪已明確指出：「在當日並非美詞。」所言眞
確，但透過《唐語林》〔註123〕來看，其實仍是有隔，不如直接回到元稹的論
述來得了當。根據元稹的表述，「小碎篇章」到成爲「元和詩體」之一，其間
存有一個關鍵的轉折，即是失去了元稹關懷的「姿態」與「風情」，純粹只是
形式的「倣傚」而已；至於，長篇排律到成爲「元和詩體」之一，其間同樣
存有一個關鍵的轉折，所謂「顛倒語言」等現象即是，問題仍是來自於形式
的「倣傚」。此外，元稹將「倣傚」所成的「元和詩體」名之爲「變雅」，則

〔註121〕元稹：〈上令狐相公詩啓〉，《元稹集》（北京：中華書局，1982 年 8 月），頁
　　　　632～633。其中「元和詩體」前，前一「自謂」本爲「目」，今依注所云，修
　　　　改之。
〔註122〕陳寅恪：〈元和體〉，收錄於《陳寅恪先生文集》（臺北：九思出版有限公司，
　　　　1977 年 12 月），頁 1001～1004。
〔註123〕王讜有述云：「臣聞憲宗爲詩，格合前古，當時輕薄之徒，擒章繪句，聲牙崛
　　　　奇，譏諷時事，爾後鼓扇名聲，謂之元和體。」見《唐語林》（臺北：臺灣商
　　　　務印書館股份有限公司，1968 年 9 月），頁 45。又云：「元和已後文筆，學奇
　　　　於韓愈，學澁於樊中師，歌行則學流蕩於張籍，詩章則學矯激於孟郊，學淺
　　　　切於白居易，學淫靡於元稹，俱名元和體。大抵天寶之風尚黨，大歷之風尚
　　　　浮，貞元之風尚蕩，元和之風尚怪也。」見《唐語林》，頁 55。

「元和詩體」的內容與價值已清楚可見。根據這樣的結論，在「元和詩體」原本就不具有價值的內涵，以及形成之初就已被界定為流弊的情形下，往後想要透過詮釋以賦予意義，實是困難之至。〔註124〕

試觀劉克莊所云：

> 柳子厚才高，他文惟韓可對壘，古、律詩精妙，韓不及也。當舉世為元和體，韓猶未免諧俗，而子厚獨能為一家之言，豈非豪傑之士乎？〔註125〕

這是有關「元和體」的表述，又其云：

> 劉原父〈咏春草〉云：「春草綿綿不可名，水邊原上亂抽榮。似嫌車馬繁華處，才入城門便不生。」貢父絕句云：「青苔滿地初晴後，綠樹無人晝夢餘。惟有南風舊相識，逕開門戶又翻書。」皆有元和意度，不似本朝人詩。〔註126〕

此處值得關注的是對「元和意度」的稱許。兩相對照，「元和體」與「元和意度」間存有的殊異性清楚可辨，一是未嘗有所變動，指稱仿效失實的寫作呈現，一是重契有得，指稱時代的精神與氣象。當「元和體」持續被批判的狀態下，具有價值意義的「元和風尚」，可想而知，乃是一個嶄新的建構。

（二）有宋「元和風尚」之形塑〔註127〕

根據《舊唐書》的評述：「史臣曰：『貞元、太和之間，以文學聳動搢紳

〔註124〕許總由「文化轉型時代的思想革新與文風變遷」提出「元和詩變」的說法，而將「元和體」視為是「包容著那一體派紛呈、繁榮而複雜的詩壇以及創作傾向、審美情趣空前多樣且殊異的詩歌藝術表現的豐富內涵」。雖然意圖從「變」的角度，賦予元和體價值，具有啟發作用，但這應該是後來的詮釋成果。見〈文化轉型時代的思想革新與文風變遷──論元和詩變與元和體〉，《齊魯學刊》2007 年第 3 期，頁 61～65。

〔註125〕劉克莊：《後村詩話》，吳文治主編：《宋詩話全編》（南京：江蘇古籍出版社，1998 年 12 月），頁 8360。

〔註126〕劉克莊：《後村詩話》，《宋詩話全編》，頁 8370。

〔註127〕元和詩歌在文學史上具有的意義與內涵，是「變」與開啟「宋詩」，而有關此中蘊含之美學風格典範的變易，何寄澎有嘗試深入的討論。然而，這種由唐而宋的變易關注，是針對元和詩歌本身具有的意義進行闡釋，與宋儒實質賦予意義之角度，仍有不同。論述詳見〈從美學風格典範之變易論元和詩歌的文學史意義〉，收入氏著《典範的遞承：中國古典詩文論叢》（臺北：文史哲出版社，2002 年 3 月），頁 25～52。

之伍者，宗元、禹錫而已。』」〔註128〕元和（806～820）介於其中，則似乎沒有見到特殊的呈現，而李肇所撰《唐國史補》則指出：

> 元和已後爲文筆則學奇詭於韓愈，學苦澀於樊宗師，歌行則學流蕩於張籍，詩草則學矯激於孟郊，學淺切於白居易，學淫靡於元稹，俱名爲元和體。大抵天寶之風尚黨，大歷之風尚浮，貞元之風尚蕩，元和之風尚怪也。〔註129〕

「元和體」是泛指學習韓愈、樊宗師、張籍、孟郊、白居易（樂天，772～846）與元稹的寫作特色，而「元和之風尚怪」乃是此時對於這些特色的總評。藉此，可知五代時期縱使提及「元和」的時代風尚，實際上不過只是「元和體」的延伸用語而已。即使到了宋初，因爲宋太祖對於文人儒者的觀點未有實質上的改變，學術上也就沒有太大的進展。直到，宋太宗賦予士人實質的權力與地位，加上柳開等人推動古道而有「談古道，各各不相推讓」的狀況，宋代學術才開始有了重大的進展，「元和風尚」的形塑也隨之而起。〔註130〕

有關「元和風尚」之形塑，其內涵有：

1. 文物昌盛

這部分的意涵當是最初所賦予的，大多傾向於外在的理解，有指人才方面，王應麟云：「國初斯民新脫五季鋒鏑之阨，學者尚寡，海內向平，文風日起。」〔註131〕受到五代的影響，宋初人才應是如此狀態，不過孫應時（季和，1154～1206）指出：「唐興而文章之習尊矣，元和、長慶間作者方盛，無何，朋黨之俗輒熾洶湧久之已復消散就盡訖於五代，天下若無復士大夫者，國朝文明熙洽，鉅儒碩德，名公俊人，森然並出，其學問文章，氣節行誼，往往

〔註128〕楊家駱主編：《新校本舊唐書附索引》（臺北：鼎文書局，1976 年 10 月），頁4215。

〔註129〕李肇：《唐國史補》卷下，《四庫》第 1035 冊，頁 445。

〔註130〕柳開：〈送李憲序〉，《全宋文》第 3 冊，頁 639。有關宋代士人地位的變化，徐松述云：「按藝祖、太宗皆留意於科目，然開寶八年王嗣宗爲狀元止授泰州司理參軍，嘗以公事忤州路冲，冲怒械繫之於獄。然則當時狀元所授之官既卑，且不爲長官所禮，未至如後世榮進素定，要路在前之說也。至太平興國二年始命第一、第二等進士及九經授將作監丞、大理評事、通判諸州，其次皆優等注擬凡一百三十人。」可見宋代實質提升士人的地位當始於太宗，文見《宋會要輯稿》第 107 冊選舉 1（臺北：新文豐出版社股份有限公司，1976 年 10 月），頁 4218～4219。

〔註131〕王應麟：〈嵩陽書院〉，《玉海》（合璧本）（臺北：大化書局，1977 年 12 月），頁 3174。

兼前代之長，宜若可以追還三代之盛。」〔註132〕在盛衰起伏的表述裡，「元和、長慶」是屬於突出的時代，而有宋乃有凌駕之勢，直欲「追還三代之盛」，這與田錫所謂「天地會通之運」的說法有近似之意，而陳彭年則有云：「烈祖初立，庶事草創，未有貢舉，至元宗始議興置，時韓熙載、徐鉉兄弟爲當代文宗，繼以潘佑、張洎以才名顯，後主尤好儒學，故江左三十年文物，有貞元、元和之風。」〔註133〕具體運用這樣的觀點來進行評述。

又，有指君臣的相得，田錫所謂「天地會通之運」的說法亦含有此意，其後如衛博云：「臣觀憲宗君臣之間可謂知所問答矣。元和之風幾於貞觀，豈不由此而致哉！」〔註134〕史堯弼（唐英，約1118～1157）亦述及「元和之治」以爲「非吉甫不能省冗官，非憲宗不能用吉甫，君臣相得，此元和之政所以成也。」〔註135〕皆可見到有關此意的表出。

又，有指學術呈現，如王禹偁所云：「然而三百年間，聖賢相會，事業之大者，貞觀、開元；文章之盛者，貞元、長慶而已。咸通而下不足徵也。」〔註136〕揭示出「貞元、長慶」具有不同於「貞觀、開元」的價值意義。歐陽脩對此觀點即深表認同，而有云：「嗚呼！元和之際，文章之盛極矣，其怪奇至於如此！」〔註137〕此外，更對貞觀與元和間的意蘊有進一步的闡發，皆可見對於「元和」的肯定。

2. 製述如經

這部分的意涵，已呈現出對「元和風尙」的深度闡釋，也是「稽古」思維的具體展現。雖然《舊唐書》已有提到「愈、翱揮翰，語切典墳。」〔註138〕但是進入其中，體現其意涵則有待此時。所謂「製述如經」，是指學術的思維脈絡以聖人之道爲依歸，這原是穆修的用語，其言：

> 唐之文章，初未去周、隋五代之氣，中間稱得李、杜，其才始用爲
> 勝，而號雄歌詩，道未極渾備。至韓、柳氏起，然後能大吐古人之

〔註132〕孫應時：〈策問〉，《燭湖集》卷9，《四庫》第1166冊，頁625。
〔註133〕陳彭年：《江南別錄》，收錄於朱易安、傅璇琮等主編《全宋筆記》第二編（鄭州：大象出版社，2003年10月），頁207。
〔註134〕衛博：《定庵類稿》卷1，《四庫》第1152冊，頁134。
〔註135〕史堯弼：〈冗官策〉，《蓮峯集》卷4，《四庫》第1165冊，頁698。
〔註136〕王禹偁：〈東觀集序〉，《全宋文》第4冊，頁414。
〔註137〕歐陽脩：〈唐樊宗師絳守居園池記〉，《歐陽脩全集》，頁2281。
〔註138〕楊家駱主編：《新校本舊唐書附索引》，頁4216。

風。其言與仁義相華實而不離，如韓〈元和聖德〉、〈平淮西〉、柳雅

章之類，皆辭嚴義密，製述如經。〔註139〕

由於穆修個人的學術視野，所以僅能看到有關韓、柳的表述，然而他的說
法，尤其在所擇取的韓、柳作品上，與「元和風尚」的意蘊有著近似相通
之處。

　　或許是後世詮釋的結果，致使探究意義的焦點無不鎖定在韓愈及其古文
的身上，然而，在初期宋學裡，真正掌握價值的意蘊而單獨推尊韓愈的人，
應該只有柳開，以王禹偁來說，雖然也是對於韓愈表示推崇，但據其所云：
「今攜文而來者，吾悉曰韓、柳也；贄賦而來者，悉曰裴、李也；齎詩而來
者，悉曰陳、杜也。」〔註140〕顯然就沒有那麼絕對。然而，如前所述，王禹
偁亦是以其對「古道」的理解來進行取捨，尤其當其云：「今為文而捨六經，
又何法焉？」〔註141〕儒家經典依舊是最主要的依歸。據此，一則非常重要的
記載，詳細內容為：

　　丁晉公言：王二文元之，忽一日面較元和、長慶時名臣所行詔誥，
　　有勝於《尚書》，眾皆驚而請益。曰：「如元稹行牛元翼制云：『殺人
　　盈城，汝當深戒；孥戮爾眾，朕不忍聞。』且《尚書》云：『不用命
　　戮于社』，又：『予則孥戮汝』，以此方之，《書》不如矣！」其閱覽
　　精詳如此，眾皆服之。〔註142〕

兩個值得令人關注的焦點，一是揭示出「元和、長慶」具有時代的整體價值，
元稹只是其中的一個例子；二是此時的創作呈現蘊含了凌駕儒家經典——《尚
書》——的意義。是否言過其實？對於一個學術價值處於重建的時代而言，
這其實並不構成問題，「眾皆服之」正彰顯出這樣的闡釋，且成功賦予「元和
風尚」以深刻的意蘊。

　　根據這樣的意蘊，進一步審視楊億的觀點，所謂「考三代之質文，取兩
漢之標格，使國朝謨訓，與元和、長慶同風。」兩相契合，實無扞格之處，
曾鞏亦有記述云：

　　真宗常謂王旦：億詞學無比，後學多所法則，如劉筠、宋綬、晏殊

〔註139〕穆修：〈唐柳先生集後序〉，《全宋文》第 8 冊，頁 423。
〔註140〕王禹偁：〈答鄭褒書〉，《全宋文》第 4 冊，頁 356。
〔註141〕王禹偁：〈答張扶書〉，《全宋文》第 4 冊，頁 358。
〔註142〕根據尾註，這則是取自《談錄》，祝穆：《古今事文類聚》別集卷 7「唐詔誥
　　　　似尚書」條，《四庫》第 927 冊，頁 621。

而下，比比相繼，文章有貞元、元和風格自億始也。旦曰：後進皆
師慕億，惟李宗諤久與之遊，終不能得其鱗甲，蓋李昉詞體弱，不
宗尚經典故也。〔註143〕

楊億、劉筠、宋綬（公垂，991～1040）、晏殊都是「西崑體」的重要創作者，
而眞宗將眾人的文章寫作視爲具有「貞元、元和」的風格，其間蘊含的讚許
之意，不難體會。楊億的文章所以能夠展現出「貞元、元和」的風格，其中
的關鍵，即所謂的「鱗甲」，就在於是否能夠「宗尚經典」。據此，可知楊億
與王禹偁的思維，是極其近似的。換言之，從王禹偁到楊億，實可視爲一個
連續性的學術發展。

　　然而，一個不可迴避的問題，如所謂：「宋興，楊文公始以文章菰盟，然
至爲詩，專以李義山爲宗，以漁獵掇拾爲博，以儷花鬥葉爲工，號稱『西崑
體』，嫣然華靡，而氣骨不存？」〔註144〕或云：「楊億、劉筠作詩務積故實，
而語意輕淺。一時慕之，號『西崑體』，識者病之。」〔註145〕都是針對作品的
內涵提出質疑，有論者就試由「頌美」的文學觀來進行闡釋，不過當視爲是
傳統頌美觀的復興時，意義似乎就弱化了。〔註146〕當如何理會呢？根據「越
《風》、《騷》而追二《雅》」〔註147〕的說法，楊億確實是有意識的認爲創作
的方式存有優劣的區別，不過應該更加關注的當是這樣的思維具有何種意
涵？亦即所謂的「鱗甲」若未能有所掌握，如何進行適切的衡定呢？試觀楊
億所云：

大宗伯太原公嘉達人之知止，美公朝之尚德，嗟嘆不足，形于詠歌，
爲長句二百二十有四言，揄揚其事，羣公屬而和者凡十有二人。藻
繡紛敷，琳琅焜燿，登于樂府，何愧〈中和〉、〈樂職〉之詩；布于
郢中，足掩〈陽春〉〈白雪〉之唱。雅言四達，頌聲載揚；俾貞退之
有光，致風俗之歸厚。太原公之意，豈徒然哉！〔註148〕

〔註143〕曾鞏：《隆平集》卷13，《四庫》第371冊，頁133。
〔註144〕何谿汶：《竹莊詩話》，《宋詩話全編》，頁10200。
〔註145〕魏泰：《臨漢隱居詩話》，《宋詩話全編》，頁1217。
〔註146〕馮志弘：〈楊億與北宋詩文革新〉，《新亞學報》第25卷，頁343～355。葛曉
　　　　音在〈北宋詩文革新的曲折歷程〉一文中指出楊億等人的文學是適合太平時
　　　　世的雅頌之音，這是著重在現象的解釋，其實也不認爲與前代學術有連續性
　　　　的關係。文錄《中國社會科學》1989年第2期，頁107～109。
〔註147〕楊億：〈溫州聶從事雲堂集序〉，《全宋文》第7冊，頁713。
〔註148〕楊億：〈送致政朱侍郎歸江陵唱和詩序〉，《全宋文》第7冊，頁719。

這是楊億有關「雅言」、「頌聲」的表述，由詠歌美德、揄揚其事來說，相互的唱和，確實未見深刻意蘊，然而整個論述的關鍵當在於楊億指出非徒然的特殊用「意」，所謂「俾貞退之有光，致風俗之歸厚」，這是想要透過實然之德性的表出，達到化民成俗的目的。換言之，有別於虛美之頌揚，僅止於為上位者服務，楊億的雅頌是面對庶民，具有再使風俗淳的積極意義。近似之意，尚可見於〈廣平公唱和集序〉，其文曰：

> 昔者鄭國名卿，賦詩者七子；邶中高唱，屬和者數人。善歌者必能繼其聲，不學者何以言其志？故《雅》《頌》之隆替，本教化之盛衰，儻王澤之下流，必作者之間出。君臣唱和，廣載而成文；公卿宴集，答賦而為禮。廢之久矣，行之實難。非多士之盈庭，將斯文之墜地。皇宋二葉，車書混同，端拱穆清，詳延俊乂。皋、夔、稷、卨，日奉吁俞：枚、馬、嚴、徐，並在左右。禮樂追于三代，文物邁于兩漢。……頌聲奮發，爵里森布，著于簡牘，垂厥方來。當使仲尼刪詩，取《周南》而居首，班固著論稱西京之得人。蓋風化之所繫焉，豈徒緣情綺靡而而已。〔註149〕

楊億將雅頌視為是「風化之所繫」，具有實質上促成禮樂文物追蹤三代兩漢的價值意義，自覺的與「緣情綺靡」的寫作取向進行區隔，可以想見其作品之呈現必然非僅是文辭之賣弄而已。又，〈送人知宣州詩序〉一文亦有云：

> 君以治劇之能，奉求瘼之寄，所宜宣布王澤，激揚頌聲，採謠俗于下民，輔明良于治世，當俾〈中和〉、〈樂職〉之什，登薦郊丘，豈但「亭皋」、「隴首」之篇，留連景物而已！〔註150〕

作為一個耿直的士人，楊億對於「頌聲」是有實質的要求，要求一個名實相符的展現。因此，其中是有一個努力的過程，所謂「採謠俗于下民，輔明良于治世」的實際付出即是。經由以上的論述，可知楊億與王禹偁在作品的呈現上或有不同，但蘊含其中的思維取向是相近的。

由於有了這段時期的詮釋，「元和風尚」也就被形塑成具有經典的意蘊，如黃庭堅之詩曰：「夏雲涼生土囊口，周鼎湯盤見科斗。清風古氣滿眼前，乃是戶曹報章還。只今書生無此語，已在貞元、元和間。」〔註151〕即是。

〔註149〕楊億：〈廣平公唱和集序〉，《全宋文》第 7 冊，頁 720～721。

〔註150〕楊億：〈送人知宣州詩序〉，《全宋文》第 7 冊，頁 722。

〔註151〕黃庭堅：〈再次韻呈明略并寄无咎〉，黃庭堅著、劉琳等校點：《黃庭堅全集》（成都：四川大學出版社，2001 年 5 月），頁 1005。

（三）「元和風尚」之詮釋意義

經由以上的論述，可知透過「元和風尚」的角度來理解初期宋學，確實具有深切的意義。具體來說，此思維脈絡的釐清，可以獲得三個積極的面向：一是，有關楊億學術的詮釋與理解；二是，將初期宋學與整個宋學作緊密的連繫；三是，對於學術開展的進程能夠有更加清楚的掌握。關於前兩個面向，前文多已述及，以下針對第三個面向進行闡述。

嶄新學術價值的呈現必然獲得眾人的激賞，然而更具意義的是：它是如何形成的呢？形成的過程必然是曲折的，因爲沒有重構圖，甚至連簡單的指標都不存在，這是一個展現個人睿智以及努力不懈地進行明晰的過程。經由以上的論述，看到了宋初儒者基於稽古的取向而進行了「元和風尚」的形塑，然而，就因爲這只是通往宋學的過程，其中的意蘊仍是在不斷的調適當中。如石介所云：

> 李唐元和間，文人如蝟起。李翱與李觀，言雄破姦宄。孟郊及張籍，詩苦動天地。持正不退讓，子厚稱絕偉。元、白雖小道，爭名愈弗已。卒能霸斯文，昌黎韓夫子。〔註152〕

石介一一評述「元和」文人的學術呈現，而最後將「斯文」歸諸於韓愈，這種現象並非僅僅是個人的抉擇，而是在「元和風尚」之價值意蘊的明晰下必然具有的走向，最終則彰顯於歐陽脩對於韓愈的體現上。由此，可以看到「元和風尚」向「韓愈」的詮釋轉移。試取朱子所云：

> 國初人便已崇禮義、尊經術，欲復二帝三代已自勝如唐人，但說未透在，直至二程出，此理始說得透。〔註153〕

身爲理學家的朱子，他的判斷不一定能夠獲得普遍的認同，尤其是不認爲宋代學術能由理學來概括的學者，但是所謂的「未透」，其中彰顯出的不足之意，當是沒有異議的。換言之，「崇禮義、尊經術」雖然在宋初已爲士人所努力踐行，但是受到視野的局限，仍然無法完善體現價值的根本。有關於此，張知白的論述足以爲證，其云：

> 臣又聞聖人居守文之運者，將清化源，在乎正儒術。古之學者，其事簡而有限，其道精而有益。今之學者，其書無涯，其道非一。是

〔註152〕石介：〈贈張績禹功〉，《徂徠石先生文集》，頁17。

〔註153〕朱熹：《朱子語類》卷129，《朱子全書》（上海：上海古籍出版社；合肥：安徽教育出版社，2002年12月），頁4020。

故學彌多，性彌亂。至于經史子集，其帙殆萬。在于前者，悉謂之古
法；在於編者，悉謂之古書。殊不知法有可法不可法也，書有可傳
不可傳也，若盡使知之，則可謂勞而少功，博而寡要，當年不能究
其學，累世不能窮其業。……且羣書之中，真偽相半，亂聖人之微言
者既多，背大道之宗旨者非一。若使習而成功，得不採淳粹之性，
蕩中正之氣？其為吏也，安能分剖治柄，使教令必行哉！〔註154〕

論述的時間在咸平五年，「元和風尚」的詮釋也經過了一段時間，但此時學術
的發展卻呈現了嚴重的問題。所謂「悉謂之古法」、「悉謂之古書」，已經是屬
於盲從的狀態，所以如此，當然就是缺乏分辨真偽的能力，亦是所謂的「未
透」。另外，在《宋名臣言行錄》中，有記述曰：

太宗問摶曰：堯舜之為天下，今可致否？對曰：堯舜土階三尺，茅
茨不剪，其跡似不可及，然能以清淨為治，即今之堯舜也。〔註155〕

「清淨為治」乃是黃老之道，而宋初帝王的觀點竟視為是當時踐行堯舜之道
的取逕，儒家聖人之道的「不明」與「未透」是可以想見的，然而對於當時
正在摸索的儒者來說，這是最真切的展現。因此，在理解學術發展的進程中，
對於轉移到「透」以前之「未透」的理解，有必要穿透外在的殊異，進入到
其中的脈絡來進行思考。王稱（季平，生卒不詳）有云：

文章之難莫難於復古，億與筠皆以文名于世。然去古既遠，時尚駢
儷，雖詞華之妙足以暢帝謨，而議論之粹亦足以謀王體。至於屬辭
比事用各有當，雖云工矣，而簡嚴典重之體，溫厚深淳之氣，終有
愧於古焉。夫欲維持斯文，使一變而復古，必得命世之大才而後可
也。〔註156〕

由於「復古」並不是單純襲取「古」的樣貌，而是運用不同的方式展現其中
的意蘊，加上「去古既遠」，在意蘊的掌握上也同樣會出現問題，因此文章
的「復古」才會顯得困難重重。基於這樣的認識，所以王稱看到了楊億與劉
筠在「復古」方向上的努力，「暢帝謨」、「謀王體」即是「宗尚經典」的展
現，不過與「復古」的精神——「簡嚴典重之體，溫厚深淳之氣」，則是尚有
欠缺的。

〔註154〕張知白：〈上真宗論時政〉，《全宋文》第 5 冊，頁 228。
〔註155〕朱熹：《宋名臣言行錄》前集卷 10，《四庫》第 449 冊，頁 114。
〔註156〕王稱：《東都事略》卷 47，《四庫》第 382 冊，頁 298。

三、小　結

　　學術的價值與意義，乃是透過一個連續性的發展過程將之展現出來。然而，在現象上呈現的殊異性，往往使這種連續性難以被覺知。以初期宋學來說，當其介於韓愈與宋學之間，自然具有推進的作用，但是實際上就目前的研究顯示似乎看不到積極的一面。這種詮釋與理解的落差，間接也影響到小範圍的學術呈現，舉如在楊億學術的解讀上。

　　爲了呈現出韓愈到宋學間的連續性關係，本文透過對宋初儒者之論述的具體解析，發現在「回向三代」〔註157〕的過程中確實具有一個思維的脈絡，即所謂「元和風尙」。這是宋初儒者基於稽古的理想，將之具體轉出的思維脈絡。從柳開、王禹偁開始即是如此，其間包括楊億的學術，也是具有同樣的思維。依據這樣的思維脈絡，原本難以彰顯積極意義的楊億學術，將可得到適切的詮釋。

　　尤其，在「元和風尙」的掌握下，可以瞭解到初期宋學對於韓愈學術的關注，存在著一個演變的過程。從原本隸屬於稽古趨向中的一員，而後逐漸演變成風尙的代名詞。也就是說，韓愈原來被納入到「元和風尙」之中，而後在「元和風尙」的闡發過程中韓愈逐漸成爲意義的代表者，范仲淹與歐陽脩的論述就是展現此觀點的確立。

　　此外，藉由「元和風尙」的關注，得以使人瞭解到價值意義的追溯，不應只是局限在外在的相似性，而是必須納入不同的現象來進行思考，因爲整個過程總是曲折的完成。

〔註157〕余英時指出宋代有一個「回向三代」的意識，而這樣的意識在仁宗朝呈現大盛的狀態。詳見氏著《朱熹的歷史世界：宋代士大夫政治文化的研究》（北京：生活‧讀書‧新知三聯書店，2004 年 8 月），頁 184～198。